新・MINERVA社会福祉士養成テキストブック

11

岩崎晋也・白澤政和・和気純子 監修

障害者福祉

岩崎 香・小澤 温・與那嶺司 編著

ミネルヴァ書房

はじめに

　本書は，2021（令和3）年から導入される新しい社会福祉士・精神保健福祉士養成課程の教育カリキュラムに即したテキストである。今回の教育内容等の見直しでは，地域共生社会に関する科目の創設等の養成カリキュラム内容の充実，実習及び演習の充実，そして社会福祉士養成課程と精神保健福祉士養成課程との共通科目の拡充等が行われた。

　本科目については，時間数に変更はないが，名称が「障害者に対する支援と障害者自立支援制度」から「障害者福祉」に変わり，教育内容についても再編成されている。厚生労働省が示したカリキュラムによると，本科目のねらいとして，①障害の概念と特性を踏まえ，障害者とその家族の生活とこれを取り巻く社会環境について理解する，②障害者福祉の歴史と障害観の変遷，制度の発展過程について理解する，③障害者に対する法制度と支援の仕組みについて理解する，そして，④障害による生活課題を踏まえ，社会福祉士及び精神保健福祉士としての適切な支援のあり方を理解するの4点があげられている。

　本書の作成においては，このねらいや教育内容に従いつつも，各執筆者の想いや情熱から生まれる「伝えたい」内容を大切にした。本書が，障害福祉のみならずソーシャルワーカーとしての関心を深め，その学習意欲を高める契機になれば，執筆者一同大きな喜びである。

　また，このテキストを通して学んだ価値や知識を基盤とし，将来，一人のソーシャルワーカーとして活躍されること，そして，本書がそのための「道標」となることを願ってやまない。

2020年12月

編著者

i

目 次

はじめに

■ 序 章 ■ 障害者福祉における社会福祉士・精神保健福祉士の役割

隔離収容の時代から地域生活中心へ… 2　障害者福祉における援助とは… 3　障害者福祉サービス領域における職員の現状… 4　社会福祉士・精神保健福祉士の役割… 5　障害者福祉の分野の魅力… 6

■ 第1章 ■ 障害の概念と構造的な理解

① 障害者福祉とは何か　10

障害者福祉の対象と方法… 10　自立生活とその支援… 11　ケアマネジメントの考え方… 12　障害者に対するケアマネジメントの特徴… 13

② 国際障害分類から国際生活機能分類へ　14

「障害」の意味と理解：「障害は個性」をめぐって… 14　国際障害分類（ICIDH）から国際生活機能分類（ICF）への転換… 15　国際障害分類（ICIDH）と国際生活機能分類（ICF）における3つの次元の定義とその違い… 16　国際障害分類（ICIDH）と国際生活機能分類（ICF）の違いの具体例… 17　国際障害分類（ICIDH）から国際生活機能分類（ICF）への転換が生じた背景… 18　国際生活機能分類における医学モデルと社会モデル… 19

③ 障害者の定義の特徴：法制度における考え方の理解　20

■ 第2章 ■ 障害者の生活実態

① 地域移行　26

統計でみる地域移行… 26　施設における地域移行の数値目標の達成状況… 26　地域移行とは何か… 27

② 居 住　29

統計でみる居住支援… 29　居住支援に関する近年の施策の動向… 29　障害者総合支援法における居住系サービス… 30　居住支援とは… 31

③ 就 学　32

統計でみる就学… 32　就学相談… 32　家庭・教育・福祉の連携「トライアングル」プロジェクト… 32　今後の課題… 33

④ 就 労　35

統計でみる障害者就労… 35　障害者の一般就労（雇用）の状況… 35　一般就労をしている障害者の労働の実態… 35

⑤ 高齢化　38
　　統計でみる身体障害者の高齢化… 38　統計でみる知的障害者の高齢化… 38　統計でみる精神障害者
　　の高齢化… 40　高齢化による影響… 40

⑥ 介護需要　42
　　統計でみる介護需要… 42　介護保険サービスによる供給… 42　障害福祉サービスによる供給… 43
　　居住面での介護需要とその供給… 44

⑦ 障害者の芸術　45
　　統計でみる障害者の芸術… 45　障害者の芸術に関する施策の広がり… 45　障害者文化芸術活動推進
　　法の施行… 46　共生社会の実現へ… 47

⑧ 障害者のスポーツ　48
　　統計でみる障害者のスポーツ… 48　障害者のスポーツ推進体制… 48　地域の障害者スポーツ環境
　　… 49　障害者のスポーツ指導… 50　さらなる障害者スポーツの環境整備に向かって… 50

■ 第3章 ■　障害者を取り巻く社会環境

① バリアフリー　54
　　バリアフリーとは… 54　物理的なバリアフリー… 54　情報のバリアフリー… 55　制度のバリアフ
　　リー… 56　心のバリアフリー… 57　今後のバリアフリー… 57

② コンフリクト　59
　　施設コンフリクトとは… 59　住民らによる立地反対の事由… 59　施設コンフリクトへの対応… 60
　　障害者差別解消法の付帯決議… 62　施設コンフリクトを通して… 62

③ 障害者虐待　64
　　人権と虐待… 64　虐待による生物的及び心理的影響… 64　障害者と被虐待リスク… 65　障害者虐
　　待防止法施行後の状況… 65　養護者による障害者虐待… 66　障害者福祉施設従事者等による障害者
　　虐待… 66　使用者による障害者虐待… 67

④ 親なき後の支援／きょうだいへの支援　69
　　親なき後の支援… 69　きょうだいへの支援… 71

■ 第4章 ■　障害者福祉の理念と変遷

① ノーマライゼーション　76
　　バンク-ミケルセンのノーマライゼーションの原理… 76　ニィリエのノーマライゼーションの原理
　　… 77　ヴォルフェンスベルガーのノーマライゼーションの原理… 78　ノーマライゼーションの理念
　　の意義とわが国における今後の課題… 79

② ソーシャル・インクルージョン　80

ソーシャル・インクルージョン（社会的包摂）とは… 80　ソーシャル・エクスクルージョン（社会的排除）という問題… 81　多様な社会関係をふまえた包摂戦略… 81

③ 偏見と差別　82

障害者に対する偏見や差別… 82　「思い込み」が生み出す偏見や差別… 82　障害者に対する偏見や差別の歴史… 84　偏見や差別にどう対処すればいいか… 85

④ 障害者権利条約　87

基本的人権の尊重… 87　障害者の権利に関する条約の概要… 88　わが国の批准における経緯と今後の課題… 89

⑤ 障害者基本法　90

心身障害者対策基本法… 90　障害者基本法の成立… 91　障害者基本法の2004年改正… 91　障害者基本法の2011年改正… 92

■ 第5章 ■　障害者福祉制度の歴史

① 戦前・戦中までの障害者対策　100

公的扶助… 101　軍事援護… 101　衛生対策… 102　優生政策… 103　慈善事業… 103　社会福祉と優生学思想… 104

② 戦後における障害者福祉施策のはじまりと展開（1945〜1980年まで）　105

身体障害者福祉法の成立… 105　精神衛生法の成立… 106　身体障害者雇用促進法の成立… 106　知的障害者福祉法の成立… 107　難病対策… 108

③ 障害者運動の高まりと障害者福祉施策の展開（1960〜1990年）　109

親の立場… 109　職員の立場… 110　当事者の立場… 111　国際障害者年… 111　取り残された精神障害者福祉… 112

④ 社会福祉基礎構造改革と障害者福祉施策の展開（1990年〜現在）　113

障害者基本法… 113　社会福祉基礎構造改革… 114　障害者自立支援法… 115　障害者権利条約… 116　障害者福祉の歴史と社会福祉士・精神保健福祉士の役割… 117

■ 第6章 ■　障害者に対する法制度（1）

① 障害者総合支援法　122

　1 　法の概要… 122

目的・基本理念… 122　対象者等… 122　障害福祉サービス利用までの流れと障害支援区分… 124

利用者負担と負担軽減… 124　障害福祉計画… 125

2 サービス・事業… 126

　サービス・事業の全体像… 126　介護給付費… 127　訓練等給付費… 127　共生型サービス… 127

　相談支援（計画相談支援・地域相談支援）… 127　自立支援医療… 129　補装具… 130　地域生活

　支援事業… 131

3 現状と課題… 132

　障害者支援施設の意義と地域移行… 132　相談支援… 133

❷ 身体障害者福祉法　134

　法の概要… 134　身体障害者福祉法に規定されているサービスと施設… 134　身体障害者への援護

　の実施機関… 135　身体障害者への措置等による援護… 135　現状と課題… 136

❸ 知的障害者福祉法　137

　法の概要… 137　知的障害者更生相談所と知的障害者福祉司… 137　福祉事務所等… 138　歴史的経

　緯… 138　現状と課題… 139

❹ 精神保健福祉法　141

　法の概要… 141　歴史的経緯… 141　相模原市の障害者支援施設における殺傷事件と精神保健福祉

　法… 143　現状と課題… 144

❺ 児童福祉法（障害児）　145

　法の概要… 145　障害児通所支援・障害児入所支援・障害児相談支援… 145　発達支援・家族支

　援・地域支援… 146　現状と課題… 147

❻ 発達障害者支援法　148

　法の概要… 148　発達障害者の支援… 148　発達障害者支援センター… 149　現状と課題… 149

■ 第7章 ■　障害者に対する法制度（2）

❶ 障害者虐待の防止，障害者の養護者に対する支援等に関する法律

　（障害者虐待防止法）　152

　法の概要… 152　障害者虐待の防止施策… 152　市町村障害者虐待防止センター，都道府県障害者権

　利養護センターとその役割… 154　現状と課題… 154

❷ 障害を理由とする差別の解消の推進に関する法律（障害者差別解消法）　155

　法の概要… 155　差別を解消するための措置… 155　具体的な対応… 156　現状と課題… 156

❸ 障害者の雇用の促進等に関する法律（障害者雇用促進法）　158

　法の概要… 158　法定雇用率・納付金制度・特例子会社制度… 158　職業リハビリテーション・合

　理的配慮… 160　現状と課題… 161

❹ 国等による障害者就労施設等からの物品等の調達の推進等に関する法律（障害者優先

調達推進法）163

　法の概要… 163　対象となる障害者就労支援施設等と発注例… 163　現状と課題… 164

⑤ 高齢者，障害者等の移動等の円滑化の促進に関する法律（バリアフリー法）166

　法の概要… 166　重点整備地区と利用者の参画… 166　心のバリアフリーの取り組み… 167　現状と
課題… 168

■ 第8章 ■　障害者福祉における関係機関の役割

① 国，都道府県，市町村　172

　国の役割… 172　都道府県の役割… 173　市町村の役割… 174

② 障害者に対する法制度にもとづく施設・事業所　174

　障害者総合支援法に規定されている施設・事業所… 174　障害者総合支援法以外の法制度に規定さ
れている施設・事業所①… 176　障害者総合支援法以外の法制度に規定されている施設・事業所②
… 177

③ 特別支援学校　178

④ ハローワーク　179

　ハローワークの業務… 180　障害者トライアル雇用… 181　ハローワークで障害者支援を担う専門
職… 182

■ 第9章 ■　障害者福祉における専門職の役割

① 医師，看護師，保健師，理学療法士，作業療法士，言語聴覚士，公認心理師　186

　医師… 186　看護師… 186　保健師… 187　理学療法士（PT）… 188　作業療法士（OT）… 188　言
語聴覚士（ST）… 189　公認心理師… 189

② 介護福祉士，保育士　190

　介護福祉士… 190　保育士… 191

③ 相談支援専門員，サービス管理責任者，居宅介護従業者　193

　相談支援専門員… 193　サービス管理責任者… 194　居宅介護従業者… 195

④ ピアサポーター　196

　障害福祉サービスにおけるピアサポーターの活用… 196　ピアサポートの歴史と背景… 196　日本
の障害ピアサポート… 197　障害ピアサポーターを活用するメリット… 198　専門職とピアサポー
ターの協働… 198　多様な人との協働を目指して… 199

⑤ 養護教諭，スクールソーシャルワーカー　200

　養護教諭… 200　スクールソーシャルワーカー… 201

❻　家族，住民・ボランティア　204

　　障害者家族… 204　精神障害者の保護者問題… 205　支援者としての家族と支援対象としての家族

　　… 205　住民参加とボランティア… 206　障害福祉におけるボランティア… 206　地域包括ケアの時

　　代におけるボランティア活動… 207

■ 第 10 章 ■　障害者福祉における相談支援の実際

❶　地域における相談支援事例：虐待　210

　　事例の概要… 210　課題への対応… 210　対応の結果… 212　ここから学ぶこと… 213

❷　地域における相談支援事例：就労支援　215

　　事例の概要… 215　課題への対応… 217　対応の結果… 218　ここから学ぶこと… 219

❸　地域における相談支援事例：居住支援　221

　　事例の概要… 221　課題への対応… 222　対応の結果… 224　ここから学ぶこと… 225

■ 終　章 ■　これからの障害者福祉

❶　これからの障害者福祉を考える　228

　　　　：「障害者権利条約」批准をめぐる制度改革の議論をもとに

❷　障害者権利条約の批准に至るまでの歩み　228

　　「障がい者制度改革推進会議」意見書… 228　障害者基本法の改正… 229　第 3 次障害者基本計画

　　… 230　第 4 次障害者基本計画… 231

❸　骨格提言の内容と障害者福祉の課題　231

さくいん… 234

■序　章■
障害者福祉における社会福祉士・
精神保健福祉士の役割

→ 隔離収容

日本では，社会でうま
く生活していくことが
できない障害者を人里
離れた施設や病院に入
所・入院させる隔離収
容政策が長年行われて
きた。国際的な批判や
人権意識の浸透，地域
サービスの充実などに
より，現在は，障害の
ある人もない人も，地
域住民の一員としてあ
たり前に暮らすことが
目指されている。

　障害者福祉領域における福祉職の実践は，政策に大きな影響を受けてきた。**→ 隔離収容**から地域生活中心へという歴史の流れの中で，支援も専門家主導から当事者主体へと移り変わってきた。そうした時代に私たちに求められているものは何だろうか。歴史を振り返りつつ考えてみたい。

☐ 隔離収容の時代から地域生活中心へ

　戦前の日本の障害者施策は貧困対策として，恤 救 規則（1874年）や救護法（1929年）で対応されるほかは，傷痍軍人だけが1917年に制定された軍事補助法（1937年改正）の対象とされていた。精神障害者に至っては，路上の狂癲人の取扱いに関する行政警察規則（1875年）等に代表されるように，警察の取締りの対象とされるような状況しかなかった。

　第二次世界大戦後，GHQ の指示により，1949年に身体障害者福祉法が制定された。この法律では戦争によって生じた身体障害者を中心とした，経済的自立，ADL（日常生活動作）の向上に向けた訓練ということが実践の中心に置かれていた。1960年代に入り，精神薄弱者福祉法（1960年）（現在の知的障害者福祉法）が制定され，身体障害者と知的障害者に対して種別ごとの施策が展開され，高度経済成長という後押しもあって大規模な入所施設の設立が進んだ。

　精神障害者に対しても，精神衛生法（1945年）（現在の，精神保健及び精神障害者福祉に関する法律（精神保健福祉法））が制定されたが，強制的な医療を正当化するものであった。そして医療金融公庫法（1960年）など，好景気を背景とした融資も一因となり，民間の精神科病院が乱立していった。その結果，「保護」という名目による世界に類をみない大規模な隔離収容が進んでいったのである。

　しかし，日本で収容が進められていた時代，先進諸国ではすでに，障害者の人権を視野にノーマライゼーション（本書第4章第1節参照）を念頭においた施策がとられ，大規模な施設や病院が解体されていっていたのである。そんな日本にも1980年代に入ってようやく転機が訪れる。「完全参加と平等」をテーマとした国際障害者年（1981年）を足掛かりに，障害者に関する世界行動計画（1982年）及び国連・障害者の十年（1983～1992年），国際障害分類初版（ICIDH）（1980年）から国際生活機能分類（ICF）（2001年）へという変化や，2006年に障害者の権利に関する条約（Convention on the Rights of Persons with Disabilities）の国連での採択などの影響により，やっと閉ざされた扉が地域に向けて開かれていった（障害者福祉の歴史について，くわしくは本書第5章参

照）。

☐ 障害者福祉における援助とは

　先に述べたように，障害者福祉領域ではまず，職業的自立が大きな目標として掲げられ，その前提として ADL の向上を目指す指導が行われた。健康な人をモデルとして少しでもその生活に近づけること，つまり，今ある社会に適応させるということが大きな目的とされたのである。その援助観を払拭することに，長い時間が費やされてきた。

　1980年代にアメリカから日本にもたらされた身体障害者を中心とした自立生活（Independent Living：IL）運動では，自立とは自己決定することだという理念に基づき「2時間かかって自分で服を着るよりも，介助を受けて15分で着替え，社会参加するほうがより自立していると言える」とし，これまでの自立観を一蹴した。また，知的障害の当事者団体であるピープルファーストは，1973年にアメリカのオレゴン州でひらかれた会議で，当事者の「わたしたちは　『しょうがいしゃ』であるまえに　人間だ」といった言葉から命名された当事者団体であり，2004年には日本でもピープルファーストジャパンが結成されている。

　精神障害領域でも1990年代から**セルフヘルプ活動**が盛んとなり，2000年代に入り，アメリカから**リカバリー概念**が紹介されるとともに，当事者の権利性に着目した当事者活動が各地で展開されるようになっていったのである。

　介護保険法を皮切りとする「措置から契約へ」というサービスの供給システムの転換は，2005年に制定された障害者自立支援法によって障害領域にも取り入れられた。それまで障害ごとに別々の法律に定められていた障害者の福祉サービスが一元化され，これまで身体，知的，精神と障害種別ごとに実施されていたサービス供給のしくみが統一されたのである。以後，徐々に発達障害，難病，高次脳機能障害なども福祉サービスの対象としてみとめられるようになり，現在は，障害者総合支援法の下で実施されている。

　障害者自立支援法（本書第5章第4節参照）は，実に多くの変化を実践現場にもたらした。それまでは補助金として年間一定額で運営されてきた障害福祉サービスが，一人ひとりの障害者のサービス利用による給付として収入が入るしくみに転換された点，そのサービス利用料を介護保険同様に本人が負担する点（**受益者負担**については，大きな反対運動が展開され，今は改善されている）が最も大きな転換であった。2012年に施行された障害者自立支援法の一部改正では，相談支援の充

➡ セルフヘルプ活動
「自助」の訳語であり，自分自身の問題を自分で解決することを指している。精神障害者のセルフヘルプ活動は，病院の患者会などから始まり，仲間同士が支えあうことを目的に地域に広がっていった。

➡ リカバリー概念
直訳すると「回復」というような言葉になるが，1960年代以降，欧米で広がった概念で，精神障害者の支援においては，障害があっても，一人の人として充実した生活がおくれるようになることを指す。最近では，病気や症状の改善を「臨床的リカバリー」とし，個人の価値観を含んだ「パーソナル・リカバリー」と分けて説明されることも多い。

➡ 受益者負担
特定の事業（サービス）等に関して，直接利益を受ける人に費用を負担させること。

実が大きな柱となり，ケアマネジメント（ケアマネジメントについて，くわしくは次章第1節参照）が導入されることとなったのである。現在，相談支援専門員によるサービス等利用計画が作成され，それに則ったサービス提供が行われている。

この転換は，それまでその施設の考えや方法が優先し，職員主導で行われてきた支援が，当事者中心の個別的な支援への変化を求めるものであった。サービスを選択できることなど，障害者が地域で生活することを権利として保障し，その質を追求する実践が必要であり，専門家主導から，社会への積極的な参加，自己決定・自己実現を支援するといった当事者主体の実践への転換を意味していたのである。

□ 障害者福祉サービス領域における職員の現状

少子高齢化は国の大きな課題として掲げられてきた。一方，障害領域は，福祉の対象としては児童・高齢と並び称されてきたが，国民の関心は児童・高齢領域ほど高くない。その理由はさまざまだろうが，どこか「対岸の火事」のように受け止められているのではないだろうか。

令和2年度版の『障害者白書』によると，全国民の7.6％が何らかの障害を抱えている。しかしこれは行政が把握している数であり，実際はもっと多いことが推測される。にもかかわらず，身近な問題だと感じてもらえない理由には，前述してきたような隔離収容政策の影響が大きいとも考えられる。重度の障害者と接する機会は，教育現場でも社会の中でも非常に限定されてきたからである。その結果，自分たちとは違う人として，障害者への差別や偏見が今も多くの人の中にあるのではないか。大学の講義にゲストスピーカーとして障害当事者に来てもらうと，学生の感想の中に，「自分たちと同じ普通の人だった」という感想が寄せられる。気づいてくれたことはよかったが，20歳前後の国民の多くが，日常の中で障害者を身近に感じる経験をこれまで積んでこなかったということは，障害者福祉を考える上での大きな課題だと感じる。

福祉専門職の国家資格ができる以前は，閉塞的な障害者福祉の領域はもっと特殊な場所だったのかもしれない。社会福祉の学部がある大学も限られており，現場の職員となる人も，大学で教育，社会学，心理学といった近接領域の学部を出た人や，**社会福祉主事**の**任用資格**をもっている人などがいたものの，学問としての社会福祉を学んできた人は少なかった。国家資格ができた後，精神障害者領域では，精神障害者社会復帰施設には精神保健福祉士の必置義務がある施設もあり，

比較的資格をもつ職員が多く配属されていた。しかし，その他の障害
領域では必置となっておらず，障害者総合支援法になったことにより
精神障害者社会復帰施設は廃止となり，現在は事業ごとに管理者，**サ
ービス管理責任者**は必置だが，国家資格は必須とはなっていない。ケ
アマネジメントを担当する相談支援専門員も同様である。唯一，資格
が影響するのは，国家資格保持者を職員として配置していることによ
る加算だというのが実情なのである。

☐ 社会福祉士・精神保健福祉士の役割

　そうはいうものの，障害福祉現場における採用に際して，事業運営
の中心的な業務を担う職種として社会福祉士・精神保健福祉士の採用
は積極的に行われている。では，どういう役割を期待して，社会福祉
士・精神保健福祉士を雇用しているのだろうか。障害福祉領域で行わ
れている事業はさまざまで，看護師・理学療法士・作業療法士といっ
た福祉以外の専門性をもつ人や，**ピアサポーター**など，雇用されてい
る人も他の福祉領域と比較して多様である。家族，学生，市民など興
味をもってかかわってくれるボランティアを含め，その現場にかかわ
るさまざまな背景をもつ人たちを束ね，地域貢献を視野に入れた事業
展開を行っていくための人材として，社会福祉士・精神保健福祉士に
期待が寄せられている。以下に，社会福祉士・精神保健福祉士の具体
的な役割についてあげる。

①　専門的な知識を多職種に提供する

　障害福祉分野に限らず，幅広い専門的知識をもっている人材の確保
はその事業所のサービスの質を向上させる。

②　倫理観を磨く

　障害者領域において，今，一番求められているのは，高い倫理観で
ある。社会的に弱い立場に立たされ，差別や偏見にさらされた経験の
ある人たちにとっては，受けるサービスの中で自分たちが尊重される
経験が自信につながっていく。この時，社会福祉士・精神保健福祉士
は支援者主導ではなく，当事者を中心に置いて実践の道筋を照らして
いく役割を担う。また，サービス提供者と受給者の対等性やパートナ
ーシップを保証していくことの正当性をきちんと説明できることも重
要である。相手が同僚であっても，倫理的でない言動があれば，質し
ていく勇気も必要なのである。

③　ソーシャルワークの活用

　社会福祉士・精神保健福祉士には，個別支援計画の作成に始まり，
その人がサービスを利用することにより，何を望んでいるのか，その

**➡サービス管理責
任者**
福祉サービスにおいて，
利用者の個別支援計画
を作成し，アセスメン
トやモニタリングを行
い，事業所におけるサ
ービス提供プロセスを
管理する人。資格を取
得するには，実務経験
と研修が課されている。

➡ピアサポーター
ピアサポートとは，同
じような経験を持つ仲
間の支え合いを指す。
障害者領域では，障害
当事者がその経験を活
かして，支援する場合，
ピアサポーターと呼ば
れているが，そのサポ
ートの方法や内容は多
様である。全く無償の
自主的な活動に従事す
る場合もあれば，精神
科病院からの長期入院
者の退院支援などのよ
うに有償で行う活動も
ある。また，最近では
職員として雇用契約を
結んで働く人たちも増
えてきている。

ニーズを正確に把握し，実現していく専門的技術が求められる。ただ問題なく生活し，日々を送るためだけに福祉サービスが存在しているわけではない。

　また，福祉サービス事業所等においては，個別支援だけでなく，集団や行政，地域社会をも対象として働きかける。その際に，ソーシャルワークが活用できる。

④　コーディネート機能の発揮

　先に述べたように，障害福祉領域では，他の福祉分野よりも多様な人々が働いている。そうした職員集団やボランティアをコーディネートし，事業運営の基礎を固めることが利用者の利益にもなる。また，個別支援における家族，関係機関との連携，地域貢献におけるさまざまな団体との連携や交流などをマネジメントすることも，大きな役割である。

⑤　ソーシャルアクション➡と社会資源の開発

　これまでの障害者福祉の実践は特定の団体を除き，どちらかというと個別支援に比重が置かれてきた印象がある。しかし，社会モデルに基づく発想に立った支援を実現していくためには，**ソーシャルワークのグローバル定義**➡にも示されているように，多様性を許容する社会づくりや，ミクロの個別支援を起点とし，マクロな視点に立った社会資源の開発に，福祉専門職がもっと積極的にかかわっていく必要がある（ソーシャルアクション）。それこそが，地域で活躍するソーシャルワーカーの仕事なのではないだろうか。

☐　障害者福祉の分野の魅力

　障害といっても多様である。それを十把一絡げに語ることはできない。しかし，児童や高齢者と異なるのは，支援が長い経過を辿るので，本当にその人の成長や人生そのものに寄り添える点である。また，障害者支援に欠かせないのは，障害のある人とない人が社会の中で分けられてきた歴史を踏まえ，人としての対等性と尊厳をどう守れるかという視点である。以下，例を示す。

　ある自立生活センターの施設長から，施設に入所していた重度の身体障害者の人の地域自立支援をしたが，地域で暮らし始めた時，雨が降るとわざと雨に濡れたがって困った話を聞いた。雨に濡れたがる理由を聞くと，「施設は何の不自由もなかったけど，自由もなかった」という返事が返ってきたそうである。

　また，ある精神障害者地域生活支援センターでは，2004年頃から精神科病院に長期入院していた人たちの退院支援をしていた。年度末に

➡**ソーシャルアクション**
ソーシャルワークにおける技法の一つであり，「社会活動法」と呼ばれることもある。個々人がニーズを訴えるだけでは解消していかない法・制度改正や新たな社会資源の創設などについて，世論や行政などに働きかけを行う活動である。社会的弱者を支援するソーシャルワーカーにとって，重要な実践活動として位置づけられている。

➡**ソーシャルワークのグローバル定義**
2014年に国際ソーシャルワーカー連盟総会で採択された。その特徴はミクロレベルはもちろんであるが，マクロレベルでのソーシャルワークによる社会変革等を重視し，人々のエンパワメントと解放を促進することを謳っている点である。また，西洋中心主義への批判，集団的責任や多様性の尊重などを強調している。

刊行される退院した人たちの手記には，60歳前後で退院した人たちの喜びや大変さが詰まっていた。その中に，「退院してうれしいのは，自由に夜空を眺めることができること」と書いていた人がいた。日々，忙しく過ごしていると，夜空を眺めることを意識することもない。しかし，私たちには夜空を眺めることができる権利と自由があるのだ。逆にその権利を奪われ，病院の中で一生を過ごす人もいるという現実に打ちのめされた気がした。

　まだまだ障害のある人たちに対する差別や偏見は社会の中に根強く存在する。それはこれまでの社会が結果として生み出してきた負の遺産でもある。そうした差別・偏見に翻弄されながらも私たちと同じようにこの国で暮らしている人たちの思いにふれることで，福祉専門職もまた多くの気づきを得ることができる。実際に障害のある人たちと出会う機会が増えることで，障害者福祉の魅力を実感してもらえるのではないかと思うのである。

■第1章■
障害の概念と構造的な理解

① 障害者福祉とは何か

☐ 障害者福祉の対象と方法

　障害者福祉の対象は，医学的な原因で生じる「障害」に焦点をあてるのではなく，社会環境との相互作用の結果としての「障害」に焦点をあてることが重要である。前者を「医学モデル」といい，後者を「社会モデル」ということがある。障害者福祉は社会福祉の一分野なので，他の分野と同様に，対象の生活ニーズの把握とそのニーズに対応する支援のあり方を追求することが求められている。

　ここでは，支援のあり方に関して，「医学モデル」によるアプローチと「社会モデル」によるアプローチとの関係について説明する。「医学モデル」と「社会モデル」はさまざまな文脈で用いられ，簡単に定義することはできないが，生活ニーズの所在，サービス利用者の理解，サービス提供者の位置づけと支援方法などの点で対比的なモデルとしてとらえることができる。

　ニーズの所在では，「医学モデル」は，生活ニーズの発生する原因を病気や身体機能の障害といった医学的な原因へ還元してとらえる考え方であり，「社会モデル」は，生活のさまざまな側面が相互に影響しあって生み出される相互作用としてとらえる考え方である。

　サービス利用者の理解では，「医学モデル」では，対象者は知識を与えられて専門的な指導に従う存在であるのに対し，「社会モデル」では，必要な知識を経験的に理解し，自ら主体的にニーズ解決に向かう潜在的な力をもつ存在である。

　サービス提供者の位置づけと支援方法では，「医学モデル」は，専門的な知識と技術を独占して，一方的に利用者に提供する役割をもつのに対し，「社会モデル」は，利用者の生活ニーズ解決に向かう潜在的な力を引き出すような働きかけ（エンパワメント）を，利用者と共同しながら行う役割をもつ。このことから，障害者福祉における支援の意味は「社会モデル」を重視した実践であるということができる。次に，「社会モデル」を重視した支援の具体的な方法についてふれる。

　日常生活動作の改善には，リハビリテーション，生活・住宅環境の改善などの支援が考えられ，介護負担，家事負担の軽減には，ホームヘルプサービスなどの在宅福祉サービスによる支援が考えられる。経済負担には，手当，年金，生活保護などの所得保障制度が考えられ，家

族関係の改善やストレスの軽減，社会交流の促進では，障害者のグループ活動やピアサポート，地域活動への参加などの支援が考えられる。

　これらの側面にそって福祉サービスが用意されることが望ましいことは理解しやすいし，現実の福祉制度もほぼこれにそっている面がある。しかし，現実の生活ニーズはこれらの側面が相互に関連しあっているので，各側面にばらばらに対応した支援方法では，真のニーズ解決に結びつかないことが多い。そのために，障害者福祉の支援方法は，各側面に広がっている障害者の生活ニーズを整理し，その背景を分析しながら進めていくアプローチが重要である。このアプローチにはソーシャルワークやケアマネジメントが該当する。また，障害者自身のニーズ解決能力を高めるために，自立生活の支援も重要である。さらに，障害の有無にかかわらず誰でも住みやすい環境づくりとしてのコミュニティワークやソーシャルプランニングも支援方法として重要である。

❏ 自立生活とその支援

　医学モデルでは障害の程度という考え方は重要であるが，これとは別に，障害者の自己決定権と選択権が最大限に尊重されていることを自立として定義すると⁽¹⁾，自立生活とは，障害者の自己決定に基づいた生活の主体的な営みとして考えることができる。そして，その主体的な営みを生活のさまざまな側面に応じて支援していくことを，自立生活への支援（自立支援）ということができる。

　自立支援の具体的な方法は，障害者の自立生活を運動として推進してきた自立生活センターの自立生活プログラム⁽²⁾の取り組みの中で，具体的に理解することができる。

　自立生活プログラムは，自立生活に必要な技術やサービスに関する知識を学習しながら身につけ，これらの技術と知識を使いこなす主体になることを目的とするプログラムである。その点では，障害者のエンパワメント（ここでは，自分の問題解決能力をつけることを意味する）の向上を目的としたプログラムということもできる。

　プログラムの内容は，さまざまな自立生活センターの実践によって異なっており，標準化したプログラムはないが，自己認識，障害の理解，コミュニケーションの方法，社会資源に関する知識，障害関連の法制度に関する知識，権利の知識と行使の方法，介助者管理の方法，金銭管理，健康管理，安全管理，外出の方法などの項目にそって学習を進めることが多い。

　自己認識とは，自分の価値を肯定的にとらえ，障害をもったメンバ

ーを尊重する意識を生み出す取り組みである。障害者が自立生活をしようとする時，最も大きな障害は，「わざわざ苦労して自立生活をしなくても，決められた施設やサービスの中でおとなしく生活すればいいのに」といった従来の障害者福祉の価値観である。この価値観を超えて，自立生活こそ最も尊重されるべき価値であるといった意識改革が最初に必要になる。これは，自立生活の動機づけで最も重要な点である。

　障害の理解は，自分の障害の理解と同時に，自分と異なる障害の理解を含んでいる。自己認識と同様に自分の障害を肯定的にとらえ，他の障害をもった人も尊重することは重要である。ここでの障害のとらえ方は，医学的なものではなく，障害と社会とのかかわりや社会によって生み出されている障害観を中心になされる。

　コミュニケーションの方法は，自分の思いや感情を的確に相手に伝える技術を身につけるプログラムで，言語以外の方法も活用される。障害者の場合，言語障害，視覚障害，聴覚障害といった障害以外でも，知的障害や脳卒中や交通事故による高次脳機能障害といった的確に相手とコミュニケーションできない障害も多いので，この技術は非常に重要である。

☐ ケアマネジメントの考え方

　ケアマネジメントには，多くの定義が存在している。ここでは長年にわたり定着している定義を紹介する。「多様なニーズを持った人々が自分の機能を最大限発揮して健康に過ごすことを目的としてフォーマル及びインフォーマルな支援と活動のネットワークを組織し，調整し，維持することを計画する人（もしくはチーム）の活動[3]」としており，この定義は「多様なニーズ」に対する「フォーマル及びインフォーマルな活動」を強調する点で特徴的である。

　竹内孝仁はケアマネジメントについて，「自立と QOL を目指して，そのためのニーズをしっかりとらえてサービスを行う総合的な援助[4]」としており，この定義は「自立と QOL」という目標のためのニーズとサービスの調整を強調する点で特徴的である。

　また白澤政和は，「対象者の社会生活上での複数のニーズを充足させるため適切な社会資源を結びつける手続きの総体[5]」としており，この定義は，「社会生活上のニーズの把握」，「そのニーズの充足を目標とすること」，「適切な社会資源と結びつけること」の3点を強調する点で特徴的である。これらの定義に対して，岡田進一は「ケア」と「マネジメント」の原語的な意味を勘案して，「利用者や家族が納得で

きる地域生活を営むことができるように，さまざまな配慮（利用者の身体的ケアに対する配慮，利用者や家族に対する心理的配慮，利用者，家族，利用者が住む地域住民のもち味や強みに関する配慮，利用者と家族とのつながりに関する配慮など）を行い，地域における社会資源（近隣，友人，民生委員，ボランティア，介護保険でのサービス提供者，他の医療・保健・福祉サービス提供者，年金制度など）をうまく活用しながら，利用者と家族の生活を支えていくための実践活動[6]」としており，この定義は，「ケア」（配慮すること）と「マネジメント」（うまく活用すること）の２つを組み合わせた点で特徴的である。ただし，いずれの定義も，サービス利用者と必要な社会資源（社会サービス）とを結びつける取り組みという点では共通している。

☐ 障害者に対するケアマネジメントの特徴

　ケアマネジメントで重要な点には，まず利用者の生活ニーズ把握があげられる。これは，支援の対象者が社会生活を推進する上で何に困っているのかに基盤を置いたニーズ把握であり，医学における障害や疾患に重点を置いたニーズ把握とは異なる点である。これらの生活ニーズは医学的な障害や疾患の理解と異なり，障害者個々人によって大きな違いがみられることが多い。したがって，ニーズ把握の際には個別性を重視した把握が重要である。

　次に重要な点は，把握されたニーズを充足するために適切な社会資源（サービス）と結びつける取り組みである。障害者の場合は高齢者に比べて，社会資源やサービスが量的にかなり少ないことがいわれており，適切な社会資源や社会サービスが現状ではみつからない場合，それらの資源やサービスを開発することが，ケアマネジメント実践には求められている。

　これらの障害者に対するケアマネジメント実践に一貫している考えとして重要なことは，個別性の重視，サービス利用者のニーズが中心になること（利用者中心の考え方），社会環境の中での生活者として障害者の理解，利用者自身が問題解決の力をつけていくこと（エンパワメント），自己決定を中心にすえた自立観，利用者の権利を守るアドボカシー活動，の６点である。特に，障害者へのケアマネジメント実践では，利用者自身が問題解決の力をつけていくこと（エンパワメント）が非常に重要であり，障害者のケアマネジメントの中心的な目標といっても過言ではない。このことを前提に，障害者へのケアマネジメントによる支援がなされる必要がある。

国際障害分類から国際生活機能分類へ

□「障害」の意味と理解：「障害は個性」をめぐって

　2003年に出版され，2018年に映画化された渡辺一史による『こんな夜更けにバナナかよ(7)』は，書籍も映画も非常に大きな注目を集めた。この本は，進行性筋萎縮症の障害のある鹿野靖明氏とボランティアとの出会い，葛藤，人間関係，そして，ボランティア自身の成長と発見などをリアルに描いている。

　これまで，どちらかといえば援助対象でしかなかった障害のある人の生活や生き方を，さまざまな人間関係の織りなす中で，ボランティア自身の成長と生き方の再発見をリアルに描いた点で，援助者，被援助者といった伝統的な見方の転換を迫る点で興味深い。この本や映画では，障害よりも，鹿野氏その人の個性と生き方に焦点をあてて，多くの読者，聴衆の共感を呼んだと思われる。

　これまでの障害者福祉における「障害」および「障害者」に関する法制度の対象規定は，必要なさまざまなサービスを提供するために対象者を規定する側面がある。しかし反面，障害者に対するステレオタイプ的な見方を形成し，マイナスイメージを生み出し，差別，偏見の温床になってきたこともよくいわれている。そのため，障害者福祉の対象とする「障害」「障害者」という見方に対して，主に，障害のある人自身から疑問が提起されてきた。その中でも，「障害は個性」という見方，さらには，「ろう文化」に代表される「障害は文化」という見方は，これまでの障害者福祉の価値観（援助対象としての「障害」と「障害者」観）を根底的に揺さぶるものとしてとらえることができる。

　「障害は個性」という見方は，これまでマイナスイメージの強かった「障害」を，「個性」として積極的にとらえ直そうという試みである。「障害は文化」という見方は，ろう者を「手話言語を話す人」としてとらえ，言語文化には，「音声言語」の文化と「手話言語」による文化の2つがあると考え，「障害者」対「健常者」といった2項対立的な見方ではなく，単なる言語文化（あるいは言語コミュニティ）の違いであると考える点が特徴的である。なお，この見方は「障害者の権利に関する条約」（2006年）（本書第4章第4節参照）や障害者基本法（本書第4章第5節参照）の改正（2011年）において大きな影響を与え，この条約と法律では，正式に手話は言語であるとして位置づけられた。

図1-1　ICIDH

疾患
変調　→　機能・形態障害　→　能力障害　→　社会的不利

　「障害は個性」という見方も「障害は文化」という見方も，これまで
の自己否定的なセルフイメージを変化させ，障害のある人自身の，前
向きで肯定的な生き方を生み出し，生きる意欲，自立への動機付けを
強化する可能性を生み出してきた点では重要である。また，これらの
見方は，障害者問題を市民から離れた特別の課題としてみるのではな
く，市民が通常関心をもつ社会の課題の中に位置づけることの必要性
を強調する点で，市民への啓発活動にプラスの影響を与える効果も大
きいと思われる。

　このように，「障害は個性」という見方には意義深いものがあるが，
現実には，いくら「個性」を強調しても，「障害」から生じる生活の支
障は実体として存在している。また，人生の途中で障害をもった人
（いわゆる「中途障害者」）にとっては，「障害」を「個性」という見方
ではあてはまりにくいし，そのような見方による問題も大きいと思わ
れる。そのため，障害に対するプラスイメージ，マイナスイメージを
超えたさまざまな見方を体系化していく視点が必要である。ここでは，
さまざまな見方を体系化した取り組みとして「国際生活機能分類」の
誕生の背景について取り上げる。

☐ 国際障害分類（ICIDH）から国際生活機能分類（ICF）への転換

　初期の国際的な障害の概念としては，世界保健機関（WHO）の「国
際障害分類」（1980年）（以下，ICIDH）がよく知られている。

　ICIDH の目的は，障害に関する統計，研究，臨床実践，障害福祉政
策の立案・評価，市民啓発，としての有効な手段の開発がいわれてい
る。それ以前にも障害分類の試みは存在したが，この ICIDH が障害
を3次元の構造としてとらえ，体系化した点は非常に重要である。こ
こで提案された障害の3つの次元は，機能・形態障害，能力障害，社
会的不利，である（**図1-1**）。

　さらに，1997年からは WHO で国際障害分類第2版（ICIDH-2）が
検討され，1999年に試案が公表され，2001年には各国でのフィールド
テストを終えて，「国際生活機能分類」（以下，ICF）として，正式に公
表され，日本語訳は2002年に公表された。[8]

　ICF の目的としては，「健康状況と健康関連状況」（ICF は原則「障
害」という用語を使用しないが，この場合は「障害」を意味していると考

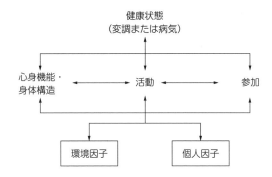

図1-2　ICFの構成要素間の相互作用

出所：障害者福祉研究会編（2002）『国際生活機能分類——国際障害分類改定版』中央法規出版，（図2）.

えられる）の研究のための科学的基盤の提供，「健康状況と健康関連状況」を表現するための共通言語の確立，国・専門分野・サービス・時期を超えたデータの比較，体系的な分類リストの提供，がいわれている。

　ICFの特徴としては，社会環境要因をより重視した形で，心身機能・身体構造，活動，参加，という3つの次元が提案されている（図1-2）。

□ 国際障害分類（ICIDH）と国際生活機能分類（ICF）における3つの次元の定義とその違い

①　ICIDHの機能障害およびICFの心身機能・身体構造と機能障害に関して

　ICIDHの定義では，「心理的，生理的または解剖的な構造，機能のなんらかの喪失または異常である」としている。これに対して，ICFでは，最初に，心身機能，身体構造を定義している。心身機能は，「身体系の生理的機能である」としており，身体構造は，「器官，肢体とその構成部分などの，身体の解剖学的部分である」としている。その上で，機能障害は「著しい変異や喪失などといった，心身機能または身体構造上の問題である」としている。つまり，ICFは「心身機能・身体構造」のありようと，そこで生じる機能の障害とを明確に切り離して定義している点は特徴的である。

②　ICIDHの能力障害およびICFの活動・活動制限に関して

　ICIDHの定義では，「人間として正常と見なされる方法や範囲で活動していく能力の（機能障害に起因する）なんらかの制限や欠如」としている。これに対して，ICFでは，最初に，活動を定義している。活動は「課題や行為の個人による遂行のことである」としている。その上で，活動制限は「個人が活動を行うときに生じる難しさのことである」としている。ここでもICFは，活動のありようと，そこで生じる

活動の制限とを明確に区別して定義している。

　③　ICIDH の社会的不利および ICF の参加・参加制約に関して

　ICIDH の定義では，「機能障害や能力障害の結果として，その個人に生じた不利益であって，その個人にとって（年齢，性別，社会文化的因子からみて）正常な役割を果たすことが制限されたり妨げられたりすること」としている。これに対して，ICF では，最初に，参加を定義している。参加は「生活・人生場面への関わりのことである」としている。その上で，参加制約は「個人が何らかの生活・人生場面に関わるときに経験する難しさのことである」としている。先と同様に，ICF は参加のあり様を定義し，そこで生じる参加の制限とを分けて定義している。

　ICF では，背景因子，個人因子によって，身体機能および身体構造の機能障害が生じ，活動の制限が生じ，社会参加の制約が生じることが示され，これまでの3次元の関係性だけで障害をとらえるモデル（ICIDH）よりも相互作用を含んだ点で複雑なモデルとなっている。

　□ 国際障害分類（ICIDH）と国際生活機能分類（ICF）の違いの具体例

　ここでは，わかりやすい例として，脳卒中という病気を取り上げる。

　ICIDH では，最初に，脳卒中という病気が生じる。次に，まひという機能障害が生じる。さらに，きき手がまひした場合，書くことの困難，という能力障害が生じる。さらに，書くことが困難になることによって，仕事をやめるといった，社会的不利が，生じる。このように，脳卒中という病気から，機能障害，能力障害，社会的不利といった，次元の異なる障害が次々と連鎖のように，あるいは，因果関係のように，生じてくる状況を，うまく整理したモデルといえる。

　これに対して，ICF では，最初に，脳卒中という病気が生じる。次に，まひという機能障害が生じる。ここまでは，ICIDH と同じである。さらに，きき手がまひした場合，書くことの困難，という活動の制限が生じる。しかし，義手などの補装具，介助具，また，コンピュータなどによる文字入力と出力など，技術的な環境改善によって，書くことに支障のない状態が提供されれば，書くことの困難という活動の制限はなくなる。また，書くことが困難になることによって，仕事をやめるといった参加制約も，同様に環境改善によってその制約がなくなる。

　このように，脳卒中という病気から機能障害，能力障害，社会的不利といった，次元の異なる障害が次々と連鎖のように，あるいは因果関係のように生じてくる状況に対して，病気や機能障害が生じても，必ずしもそれが活動制限や参加制約につながらない，環境改善の重要

性を指摘する点で，ICF は重要なモデルであると考えられる。

□ 国際障害分類（ICIDH）から国際生活機能分類（ICF）への転換が生じた背景

　障害モデルを障害に関する説明原理として考えるならば，ICIDH に比べて，ICF はより複雑な構造をもった障害モデルである。ICIDH が，直線的な，要素間の因果関係的なモデルだとしたら，ICF は複雑で，要素間の相互作用的なモデルであり，わかりやすさ，因果的な説明のしやすさからみると，ICIDH の方が優れている場合もある。

　それではなぜ，この20年間でより複雑なモデル（ICF）に進化していったのだろうか。この背景としては，この20年間，障害者福祉にかかわる思想の変化といった社会的な潮流の変化が大きいことが考えられる。

　ここでは，この間，ICF の考え方の形成に大きな影響を与えたと思われる２つの考え方（「リハビリテーション」と「エンパワメント」）を取り上げ，その変化について取り上げた。

① 「リハビリテーション」の考え方の変化に関して

　1960年代のノーマライゼーション思想の展開，1970年代の自立生活運動の展開によって，障害のある人の人権，自己決定権を，リハビリテーションの実践においても意識する状況が生じてきた。そのため，リハビリテーションを運動機能回復訓練として狭くとらえることでは，現実にあわなくなってきた。

　このような状況の変化によって，リハビリテーションが本来もっていた，人間としての尊厳を考える意味としての「全人間的復権」が，リハビリテーションの目標として認識されるようになってきた。この「全人間的復権」の意味として，「（復帰した社会での）生活の質がどうなっているのか，本当に生きがいのもてる人間的な生活が実現できているかどうか，その人が自らの人生の主体者として性格・能力や希望にふさわしい社会参加が実現できているかどうか，ということを問題とし評価のものさしとする[9]」ことがいわれている。

　つまり，障害者の個別的な生活や人生の多様な側面の全体的な質を重視し，そこから問題把握や評価視点を構成して，援助をしていく取り組みだということができる。リハビリテーションの目標が「全人間的復権」という意味としてとらえられてきたことは，リハビリテーションの目標を心身機能，活動，参加へと変化する上で重要な役割を果たしてきたといえよう。

② 「エンパワメント」の考え方の変化に関して

　エンパワメントとは，問題を抱えた人自身が自己決定し，問題解決

能力をつけていくという考え方で，様々な領域で重視されてきている。特にソーシャルワークにおいて，エンパワメントが強調されるようになってきた。このエンパワメントの特徴として，病気や障害への対応を中心とした「医学モデル」に基づいてクライエントの病理や弱さの側面を強調するあり方から，病気や障害を抱えつつもクライエントの健康や強さの側面を重視する「強さ志向の視点」の強調という援助視点への転換としてとらえることがいわれている。ソーシャルワークにおけるエンパワメント重視の背景には，伝統的なソーシャルワークへの批判，セルフヘルプ運動の展開，ソーシャルサポート形成による新しい援助方法の登場（ケアマネジメントなど），クライエント自身が問題を解決する力を身につけるための教育活動や権利擁護活動（アドボカシー），をあげることができる。

　このような思想の変化の中で，ICIDH よりもさらに，環境，社会参加，環境と個人との相互作用を重視した障害に関するモデルの必要性が高まってきたことが，ICF が生み出されてきた背景として考えられる。

☐ 国際生活機能分類における医学モデルと社会モデル

　ICF によれば，「医学モデル」とは，障害を個人の問題としてとらえ，病気・外傷などから直接的に生じるものであり，専門職による個別的な治療という形で医療などの援助を必要とするもの，としている。そして「社会モデル」とは，障害を主として社会によってつくられた問題とし，障害を社会への完全な統合の問題として，その多くが社会的環境によってつくり出されたものであるとしている。そして，ICF によれば，この２つを対立的なモデルとして位置づけ，この２つの対立の統合モデルとして ICF を位置づけている。

　障害観（「障害」をどのような立場でみるのか）に関しては，「社会モデル」と「医学モデル」とを対比しながら，その特徴を整理する考え方もある。このような整理は，「障害」をめぐる社会的な差別や権利保障，政治的な取り組みのあり方に関して一定のものの見方を提供する点で，極めて重要である。

　ICF に関しては，「医学モデル」と「社会モデル」の２つの対立するモデルの統合に基づいているとしており，「医学モデル」から「社会モデル」への転換としてとらえるのではなく，両モデルの統合としてとらえることが重要である。換言すれば，「医学モデル」と「社会モデル」との概念的な対立を超えた，両者の考え方の対話の道を拓いたと考えることもできる。

障害者の定義の特徴：法制度における考え方の理解

障害者福祉にかかわる法の中から，障害福祉サービスに関係する重要な法律として，①障害者基本法，②身体障害者福祉法，③知的障害者福祉法，④精神保健及び精神障害者福祉に関する法律（以下，精神保健福祉法），⑤発達障害者支援法，⑥障害者の日常生活及び社会生活を総合的に支援するための法律（以下，障害者総合支援法）の6つを取り上げ，障害者の定義をみていく。

①　障害者基本法における障害者の定義は，「身体障害，知的障害，精神障害（発達障害を含む。）その他の心身機能の障害（以下「障害」と総称する。）があるものであって，障害及び社会的障壁により継続的に日常生活又は社会生活に相当な制限を受ける状態にあるものをいう」（第2条1号）である。この定義は，これまでの定義と異なり，障害と環境との相互作用をかなり意識したものである。この理由として，2011年の障害者基本法の改正にあたって，「障害者の権利に関する条約」と「国際生活機能分類」の障害の考え方をふまえて改正した経緯がある。

②　身体障害者福祉法における身体障害者の定義は，「別表に掲げる身体上の障害がある18歳以上の者であつて，都道府県知事から身体障害者手帳の交付を受けたものをいう」（第4条）としている。別表では，障害の種類と程度の範囲を示している。1949年の法律制定時からみると，障害の対象の拡大など，状況に応じて徐々に改訂されたが，基本的な考え方として，機能障害の部位，障害を生み出す疾患，永続的な状態，が重視されている。

③　知的障害者福祉法では知的障害の定義はなされていない。このため，実際は，療育手帳（1973年厚生省通知）で示された考え方が代用されている。ただし，この通知では，重度に関してのみの記載しかなく，障害の程度区分は，都道府県の認定に依存している。そのため，都道府県によって，知的障害の程度区分が異なっている点で課題が多い。

④　精神保健福祉法における精神障害者の定義は，「統合失調症，精神作用物質による急性中毒又はその依存症，知的障害，精神病質その他の精神疾患を有する者をいう」（第5条）としている。この法律は，医療と福祉の2側面の制度を包括しているため，この定義が用いられ

るのは医療や予防の部分であり，福祉制度に関しては，この対象規定から知的障害が除外される。この法律では，「精神障害者保健福祉手帳」（第45条）について定めており，日常生活または社会生活の能力・支障によって，1〜3級の程度区分を行っている。

⑤　発達障害者支援法における発達障害の定義は，「自閉症，アスペルガー症候群その他の広汎性発達障害，学習障害，注意欠陥多動性障害その他これに類する脳機能の障害であってその症状が通常低年齢において発現するものとして政令で定めるものをいう」（第2条）としている。2016年の改正では障害者基本法の改正をふまえて「発達障害がある者であって発達障害及び社会的障壁により日常生活又は社会生活に制限を受けるもの」（第2条第2項）を発達障害者としている。

以上，5つの法律に関して，法律の対象である障害あるいは障害者の定義をみてきたが，法律ごとに定義とその前提となる考え方が異なる。このことは，日本の法制度における障害者の規定は複雑で理解しにくい面を生み出している。

⑥　これに対して，これらの法律とはかなり異なり，障害福祉サービスの受給資格要件という点に焦点をあてたのが2012年に成立した「障害者総合支援法」である。この法律では，身体障害，知的障害，精神障害，発達障害，難病のある者を対象とし，障害福祉サービス利用を希望する場合，利用者は市町村に申請し，市町村は障害支援区分を認定し，必要とするサービスの内容と量を決定する。障害支援区分は，障害者総合支援法の前身の法律である障害者自立支援法では障害程度区分という名称で制度化されていた。その時の考え方は障害者の心身の状態を総合的に示すものとしての位置づけがなされ，厚生労働省令で定められた。その後，障害者総合支援法施行後の2014年度に障害者の支援の程度を総合的に示すことに考え方を変更し，障害支援区分に名称を変更し，障害支援区分の認定調査の項目を変更した。

このサービスの受給資格要件という考えの萌芽は，介護保険法にみることができる。介護保険法では，サービス利用希望者（被保険者）の要介護認定の申請から始まる。要介護認定は，市町村（保険者）による訪問調査の実施，主治医の意見書，この2つをもとにした介護認定審査会による判定，という流れで行われる。要介護度の判定の根拠は，その人がどのくらいの時間，介護サービスを必要としているのかという要介護認定基準時間と，主治医の意見書，訪問調査の際の特記事項などを総合して行われる。

これと同様に，障害者総合支援法では，サービス利用希望者（身体障害者および知的障害者）の在宅サービスと施設サービスの種類ごとに，

市町村に対して支給申請を行うことから始まる。この時，障害の種類および支援の程度，障害者の介護を行う者の状況などを勘案し，申請されたサービスの目的，機能と照らし合わせながら，障害福祉サービスの支給の必要性を判断する。具体的には，在宅サービスなら支給量と支給期間，施設サービスなら障害支援区分と支給期間を定めることとしている。

　この 2 つの制度は，介護などのサービス必要量（必要時間）によって対象を規定しようとする点では共通しており，従来の障害者手帳制度に代表される対象規定とは大きく異なり，サービス受給資格の判定という面が強く出ている点が特徴的である。ただし，サービスの必要量は，環境面（住環境，家族状況，外出環境など）に加えて，自立生活の意欲，社会参加の希望，などの社会心理的な側面によって大きく影響を受ける。そのため，これらの環境と個人との相互の要因をふまえたサービスの必要量の把握が重要である点で，障害者手帳制度にみられる一元的な尺度の判定とは大きく異なっている。

◯注

(1)　小澤温（2020）「自立生活運動の問いかけたもの——専門職への懐疑」小澤温編『よくわかる障害者福祉［第7版］』ミネルヴァ書房，102-103.

(2)　八巻知香子（2020）「自立生活運動，自立生活思想の歴史と展望」小澤温編『よくわかる障害者福祉［第7版］』ミネルヴァ書房，104-107.

(3)　マクスリー，D.／野中猛・加瀬裕子監訳（1994）『ケースマネジメント入門』中央法規出版，12.

(4)　竹内孝仁（1996）『ケアマネジメント』医歯薬出版，11.

(5)　白澤政和（1996）『ケアマネジャー養成テキストブック』中央法規出版，5.

(6)　岡田進一（2011）『ケアマネジメント原論』ワールドプランニング，20.

(7)　渡辺一史（2003）『こんな夜更けにバナナかよ——筋ジス・鹿野靖明とボランティアたち』北海道新聞社.
　　　＊文庫版は，（2013）同タイトル，文芸春秋社.

(8)　障害者福祉研究会編（2002）『国際生活機能分類（ICF）——国際障害分類改定版』中央法規出版.

(9)　佐藤久夫（1999）『障害者福祉論』誠信書房，28.

■第2章■

障害者の生活実態

① 地域移行

❑ 統計でみる地域移行

　地域移行とは何か，この点を理解するためにはまず，障害のある人々がどのような場所で生活しているかを知る必要がある。日本には約940万人の障害のある人々が生活し，施設や病院で生活している人が約50万人（5.4％），それ以外の自宅やグループホーム等で生活している人が約890万人（94.6％）いるといわれている。施設（以下，障害者支援施設）で生活している人の中には知的障害の人が多く約12万人，病院で生活している人の中には精神科病院に入院している精神障害の人が多く，約30万人とされている。地域移行とはこのような施設や病院といった特定の生活様式から地域社会での生活へと生活の場を移行することだけを意味するものではない。機能障害があろうがなかろうが，どこで誰と生活するのかを自らが選択し，地域社会で生活を営み，人生を送ることを指す。

　それでは，実際の地域移行者数について把握したい。まず，精神科病院からの地域移行を確認するため，退院患者の退院先を確認してみよう。2017（平成29）年の精神科病院の退院患者数は約33,000人であった。先の地域移行の考え方に基づくと，約33,000人の約66％である約2万人が家庭へと退院している（**図2-1**）。次に，障害者支援施設からの地域移行についても退所者の退所先を確認したい。2017（平成29）年の障害者支援施設の退所者数約7,300人のうち，自宅やグループホーム等へ生活の場を移した者は約2,300人であり，約31％を占めている（**図2-2**）。このように，移行した場の生活状況まではわからないが，病院から地域社会への生活の場の移行は一定数確認でき，施設からの移行は低調になっている実態がうかがえる。

❑ 施設における地域移行の数値目標の達成状況

　これらの数値が多いのか少ないのかを確認するため，施設における地域移行の数値目標の達成状況について確認したい。2013（平成25）年度末〜2017（平成29）年度末の間で，障害者支援施設からの地域移行については，入所者の12％が地域生活へ移行することを国は基本指針に掲げている。実際は，障害者支援施設の入所者は2013（平成25）年度末に134,000人であり，その12％である約16,000人の移行を目標

図2-1　精神科病院退院患者の退院先（2017年）

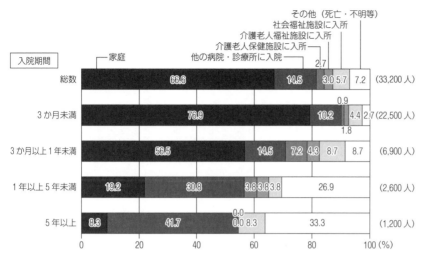

出所：厚生労働省（2017）「患者調査」を筆者加筆.

図2-2　障害者支援施設の退所先の推移

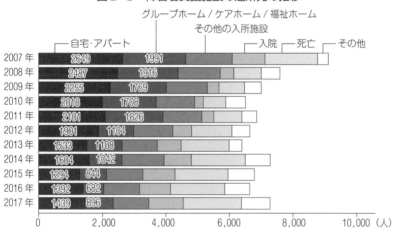

出所：厚生労働省（2008-2018）「社会福祉施設等調査」より筆者作成.

としていた。しかし，実績として，厚生労働省は3.3%（約4,000人程度と推計）の移行者数にとどまっていることを報告している[3]。このように，施設における地域移行については，数値目標に遠く及ばない実態となっている。

地域移行とは何か

　今まで，地域移行に関する具体的な数値を確認してきたが，地域移行の定義はそう簡単ではない。障害のある人の多くが過去，地域社会の中では特定の生活様式といえるような集団生活をせざるを得ない時代があった。そのことを前提に考え，そういった特定の生活様式からの脱却を目指すことを脱施設化と呼び，その手段を地域移行と呼ぶ。

障害者の権利に関する条約第19条には「自立した生活及び地域社会への包容」という表題のもと，以下の点が示されている（下記，a，b，cは，日本政府公定訳）。

　a　障害者が，他の者との平等を基礎として，居住地を選択し，及びどこで誰と生活するかを選択する機会を有すること並びに特定の生活施設で生活する義務を負わないこと

　b　地域社会における生活及び地域社会への包容を支援し，並びに地域社会からの孤立及び隔離を防止するために必要な在宅サービス，居住サービスその他の地域社会支援サービス（個別の支援を含む。）を障害者が利用する機会を有すること

　c　一般住民向けの地域社会サービス及び施設が，障害者にとって他の者との平等を基礎として利用可能であり，かつ，障害者のニーズに対応していること

　この障害者権利条約第19条の具現化が社会福祉士や精神保健福祉士には求められ，その一つの手段が地域移行といえるであろう。

② 居　住

☐ 統計でみる居住支援

　表2-1は，国による障害者数の推計であり，居住形態別に集計されている。これをみると全体としては施設入所者（精神障害者は入院患者）よりも，在宅で暮らす障害者のほうが多い。さらに障害別の割合をみると，身体障害における施設入所者の割合は1.7％，知的障害では同12.0％，精神障害における入院患者の割合は7.2％となっており，特に知的障害者で施設入所者の割合が高い。

　2011年に改正された障害者基本法の第3条2号では「地域社会における共生等」として，「全て障害者は，可能な限り，どこで誰と生活するかについての選択の機会が確保され，地域社会において他の人々と共生することを妨げられないこと」とされている。日本国憲法第22条による居住，移転の自由が，障害があることによって制限されているならば，それは改善すべき課題となる。一方，障害のある人にとって，必要な支援が確実に提供される場所として施設がつくられてきた側面もある。地域社会で必要かつ十分な支援が受けられる体制づくりも同時に進めていかなければならない。

☐ 居住支援に関する近年の施策の動向

　近年の国の施策の動向において，居住支援に関連する部分を述べる。2002年に策定された**障害者基本計画** ➡では，ノーマライゼーションの理念に基づき，「すべての障害者に対して豊かな地域生活の実現に向けた体制を確立する」ことが掲げられた。その中で，施設サービスの再構築として，「施設等から地域生活への移行の推進」と「入所施設は，真に必要なものに限定する」という国の方針が示された。具体的には，「障害者は施設で」という認識を改めるために家族や地域社会への働きかけを行うこと，施設は在宅支援の拠点として地域の重要な資源と位置づけ活用を図ること，障害の重度化・重複化，高齢化への対応，施設の一層の小規模化・個室化などがあげられている。

　また，障害者自立支援法（2005年）により市町村の策定義務となった「市町村障害福祉計画」（現在の障害者総合支援法第88条）では，厚生労働大臣による基本指針に即して，入所施設等から地域生活へ移行する者の目標数値を示すことになっている。これによって具体的な目標

➡ 障害者基本計画

障害者基本法第11条に基づき，障害者の自立及び社会参加の支援等のための施策の総合的かつ計画的な推進を図るために策定されるもので，障害者施策における最も基本的な計画である。1992年策定の「障害者対策に関する新長期計画」（計画期間1993～2002年）が，障害者基本法による第1次障害者基本計画として位置づけられ，その後第2次（同2003～12年），第3次（同2013～17年），第4次（同2018～23年）と続いている。

表2-1　障害者数推計

障害種別	年　齢	総　数（万人）	在宅者数（万人）	施設入所者数（万人）
身体障害児・者	18歳未満	7.2	6.8	0.4
	18歳以上	419.5	412.5	7.0
	合計（含不詳）	436.0	428.7	7.3
知的障害児・者	18歳未満	22.5	21.4	1.1
	18歳以上	85.1	72.9	12.2
	合計（含不詳）	109.4	96.2	13.2
	年　齢	総　数	外来患者数	入院患者数
精神障害者	20歳未満	27.1	27.3	0.3
	20歳以上	391.6	361.8	29.8
	合計（含不詳）	419.3	389.1	30.2

出所：内閣府（2020）『障害者白書（令和2年版）』をもとに筆者作成.

表2-2　障害者総合支援法における居住系サービス

事業区分	事業名	サービスの内容
介護給付	施設入所支援	施設に入所する人に，夜間や休日，入浴，排せつ，食事の介護等を行う。
訓練等給付	宿泊型自立訓練	地域移行に向けて一定期間，居住の場を提供して帰宅後における生活能力等の維持・向上のための訓練その他の支援を行う。
	共同生活援助（グループホーム）	夜間や休日，共同生活を行う住居で，相談，入浴，排せつ，食事の介護，日常生活上の援助を行う。
	自立生活援助	一人暮らしに必要な理解力・生活力等を補うため，定期的な居宅訪問や随時の対応により日常生活における課題を把握し，必要な支援を行う。

出所：事業内容の説明は，厚生労働省の資料をもとに筆者作成.

➡️共同生活援助（グループホーム）
夜間や休日，共同生活を行う住居で，相談，入浴，排せつ，食事の介護，日常生活上の援助を行う事業であり，訓練等給付の一つである。共同生活を行う住居とは，地域の一戸建てあるいは集合住宅などで，そこで4人以上で共同生活し，世話人または生活支援員による支援を受ける。

➡️自立生活援助事業
一人暮らしに必要な理解力・生活力等を補うため，定期的な居宅訪問や随時の対応により日常生活における課題を把握し必要な支援を行う事業で，2018年より訓練等給付の一つとなった。障害者支援施設やグループホーム等から一人暮らしへの移行を希望する知的障害者や精神障害者等を対象に，定期的な巡回訪問や随時の対応により，障害者の理解力，生活力等を補う支援を行う。

人数を示しながら計画的に地域移行を進める施策が始まったのである。

☐ 障害者総合支援法における居住系サービス

2013年から障害者自立支援法に代わり障害者総合支援法が施行された。そのサービス体系の中で居住系サービスと呼ばれるものの内容をまとめたのが表2-2である。この中で，地域生活を支える主要な資源である**共同生活援助（グループホーム➡️）**の実態をみてみると，2018年10月時点での事業所数は8,087か所，利用者の実人員は113,744人となっている。[4]

過去2013年6月時点での共同生活援助利用者数をみると27,097人，これに当時のケアホーム（「共同生活介護」。その後グループホームと一本化された）の利用者57,767人を足しても84,864人であるから，短い期間でいかにグループホームの利用者が増えたかがわかる。

さらに，2018年からは**自立生活援助事業➡️**が始まった。これは一人暮

らしへの移行をサポートする制度であり，グループホームだけにとどまらず地域生活を支援する形が増えてきている。今後の主な課題としては，まず相談支援体制の充実である。2012年から地域相談支援として，地域移行支援，地域定着支援が個別給付化されたが，対象者の拡大や，多様なニーズに対応できる専門職の確保など，地域生活を支えるために今後のさらなる拡充が求められる。

☐ 居住支援とは

　本節のまとめとして，居住支援について，狭義と広義それぞれの意味合いを区別しながら考えていきたい。人間の生活において，「住まい」の安定は不可欠である。ここでいう住まいは，単に物理的な「ハウス」だけを意味するのではなく，住む人にとっての心のよりどころ，安心できる居場所という「ホーム」の意味を大切にしたものでなければならない。誰にとっても自分らしい生活や住まいを見つけることは簡単ではないかもしれないが，障害のある人にとっては，特に大きな困難を伴うことが多い。それは，居住の場の選択肢自体がもともと少なく，地域で生活していく上での社会的障壁がまだまだ多いからである。

　北欧で始まり，世界的に広まったノーマライゼーション理念（本書第4章第1節参照）は「脱施設化」をテーマに掲げてきた。誰もがノーマルな，つまり普通の暮らしを送ることを保障するためには，入所施設の環境は，職員が最大限努力したとしても，集団生活という構造からくる限界，個別性や自由が制限されることは避けられない。しかし，グループホームにも職員体制や専門的支援の確保などの課題はある。ノーマライゼーション理念をまとめたニィリエ（Nirje, B.）が指摘するように，物理的な居住の場だけがノーマライゼーションを保障するものではない。単なる地域移行ではなく，「地域生活」への移行が大事であり，そのためにはコミュニティの一員として受け入れられ，自然なつながりの中で生活できること，これが実現してこそ真の「地域生活移行」となる。施設サービスの再構築とは，単に入所施設の縮小や解体だけを指すのではなく，このような視点が不可欠である。

➡ 脱施設化

ノーマライゼーションの理念などに基づき，障害者が，社会から隔離された環境である大規模入所施設ではなく，地域で生活することを支援する考え方やその施策のことである。単に大規模施設を解体するだけではなく，地域生活を支えるための社会資源を整備することやケアマネジメントなど相談支援の体制を整えることが必要不可欠である。

③ 就　学

☐ 統計でみる就学

　戦後日本において，障害児は，長い間，指導，訓練，保護の対象だった。障害児は児童福祉と障害者福祉の狭間にあり，時代の流れの中でその扱いは揺れていた。その結果，障害児は，児童の中では特別な存在であり，障害者の中でも特別な存在として扱われてきた。

　子どもの権利に関する条約と障害者の権利に関する条約を批准した現在，すべての子どもは，一人ひとりの子どもとして尊重される存在であり，障害児として扱うのは不適切である。つまり，障害の有無にかかわらず，子どもは子どもらしくいること，子どもらしい経験と役割が与えられていることを大前提としている。その上で，正しく障害を理解し，合理的配慮が適切にされることが必要である。

　2018（平成30）年度の特別支援教育資料（文部科学省）によれば，特別支援教育を利用する小学校・中学校の児童生徒の数は増加傾向（図2-3）にあり，児童生徒総数の4.6%（452,312人）である。また，**放課後等デイサービス**事業は，11,301事業所に増加し，放課後を過ごす場も整備されてきている。

☐ 就学相談

　2019（令和元）年度の小学校・**特別支援学校**就学予定者（新第1学年）として，市区町村教育委員会等の調査・審議対象人数は62,442人である。就学先の決定は，就学基準に該当する障害のある子どもは特別支援学校に原則就学するという従来のしくみを改め，障害の状態，本人の教育的ニーズ，本人・保護者の意見，教育学，医学，心理学等専門的見地からの意見，学校や地域の状況等を踏まえた総合的な観点から決定される。そして，就学時に決定した「学びの場」は，固定したものではなく，柔軟に転学ができることを，すべての関係者の共通理解とすることが重要とされる。

☐ 家庭・教育・福祉の連携「トライアングル」プロジェクト

　今まで福祉は厚生労働省，教育は文部科学省が所管であった。2017（平成29）年12月，この両省が連携し，家庭・教育・福祉の連携「トライアングル」プロジェクトが設置された。そして，就学前から学齢期，

➡放課後等デイサービス
学校（幼稚園及び大学を除く）に就学している障害児につき，授業の終了後又は休業日に児童発達支援センターその他の厚生労働省令で定める施設に通わせ，生活能力の向上のために必要な訓練，社会との交流の促進その他の便宜を供与することをいう（児童福祉法第6条の2の2の第4項）。利用する子どもや保護者のニーズに対して支援内容が多種多様となり，支援の質に大きな開きがあるとの指摘がある。

➡特別支援学校
視覚障害者，聴覚障害者，知的障害者，肢体不自由者又は病弱者（身体虚弱者を含む）に対して，幼稚園，小学校，中学校又は高等学校に準ずる教育を施すとともに，障害による学習上又は生活上の困難を克服し自立を図るために必要な知識技能を授けることを目的とする（学校教育法第72条）。障害の程度が比較的重い子どもを対象とし，各教科等に加えて，「自立活動」の指導を実施している。

図2-3　特別支援教育の対象の概念（義務教育段階）

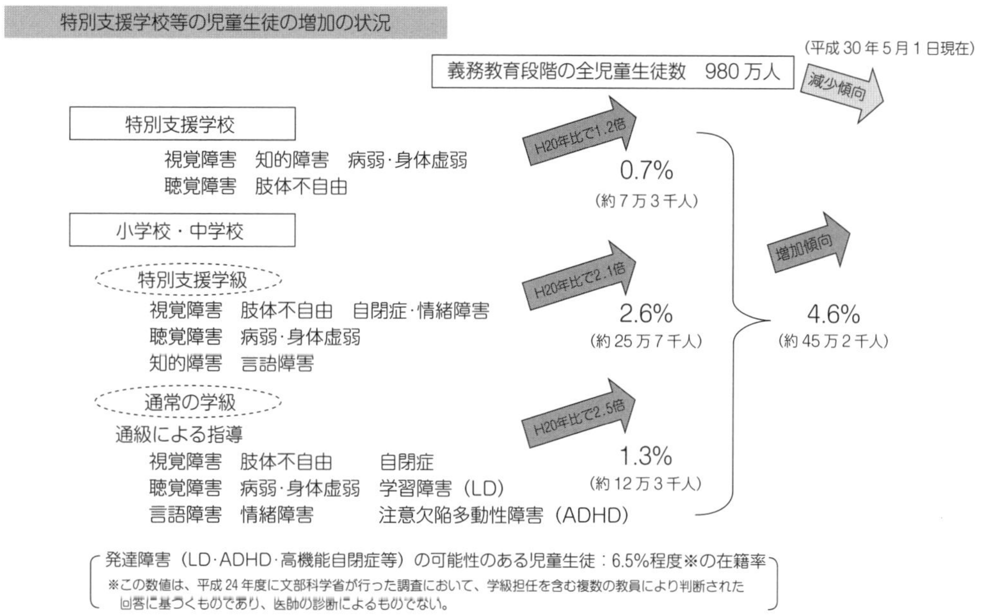

特別支援学校等の児童生徒の増加の状況

（平成30年5月1日現在）

義務教育段階の全児童生徒数　980万人

H20年比で1.2倍

減少傾向

特別支援学校

視覚障害　知的障害　病弱・身体虚弱
聴覚障害　肢体不自由

0.7%
（約7万3千人）

小学校・中学校

特別支援学級

視覚障害　肢体不自由　自閉症・情緒障害
聴覚障害　病弱・身体虚弱
知的障害　言語障害

H20年比で2.1倍

2.6%
（約25万7千人）

増加傾向

4.6%
（約45万2千人）

通常の学級

通級による指導

視覚障害　肢体不自由　　自閉症
聴覚障害　病弱・身体虚弱　学習障害（LD）
言語障害　情緒障害　　　注意欠陥多動性障害（ADHD）

H20年比で2.5倍

1.3%
（約12万3千人）

発達障害（LD・ADHD・高機能自閉症等）の可能性のある児童生徒：6.5%程度※の在籍率
※この数値は、平成24年度に文部科学省が行った調査において、学級担任を含む複数の教員により判断された
　回答に基づくものであり、医師の診断によるものでない。

出所：文部科学省（2020）「令和元年度　発達障害支援の地域連携に係る全国合同会議資料」.

社会参加まで切れ目なく支援していく体制を整備することが重要であるとして，今後取り組むべき方向性を示している。

　報告書では，教育と福祉との連携を推進するための方策として，①各地方自治体における教育委員会と福祉部局の関係構築の「場」の設置，②学校教職員等への福祉制度の周知，③学校と障害児通所支援事業所等との連携強化，④個別の支援計画の活用促進の4点をあげている。また，保護者支援を推進するための方策として，①相談窓口の整理，②情報提供の推進，③保護者同士の交流の場等の促進，④専門家による相談支援の4点をあげている。そして，国立機関の連携促進と障害の理解促進のための普及啓発を行うとしている。

☐ 今後の課題

　出生から学齢期までの時期は，もっとも支援が必要な時期であり，成人に向けた準備期間として重要である。しかし，障害を焦点化し過ぎることによって，子どもの成長・発達や家族との時間が等閑になることがある。たとえば，本人のためと思い，早期発見と早期支援，二次障害の予防，集団生活への適応などが本人のニーズよりも先行した結果，子どもの最善の利益につながらず，支援の押しつけになることがある。アセスメントが不適切であれば，支援が本人の状態と乖離し，当然，目標を達成することは難しくなる。本人や家族が障害を抱え込

図2-4　不登校児童生徒数の推移

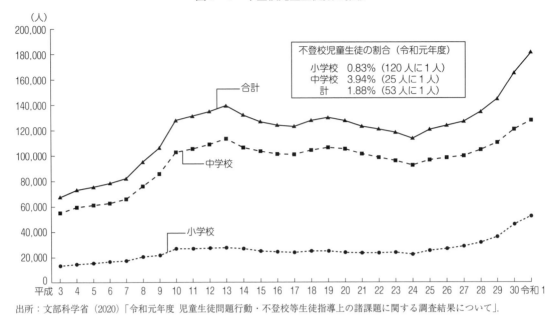

出所：文部科学省（2020）「令和元年度 児童生徒問題行動・不登校等生徒指導上の諸課題に関する調査結果について」．

むことがないよう，十分配慮することが必要である。

　不登校（**図2-4**）やひきこもり，虐待などは，喫緊に解決しなければならない課題である。多種多様な生活がある中で，すべての子どもに福祉は届いてきただろうか。さまざまな制度や施策が次々と打ち出されるが，向かうべき方向はすべての子どもが主体的に自分自身の人生を生きることにある。意思決定支援はその要である。家庭・教育・福祉の連携「トライアングル」プロジェクトが設置され，多領域，多職種連携による家族支援，地域支援のためのシステムが構築されてきている。ソーシャルワーカーは，社会資源の活用に采配を振るうだけではなく，教育や医療，保健などの分野に多少オーバーラップ気味に連携を強めていくような存在であることが期待される。

④ 就　労

❏ 統計でみる障害者就労

　障害者の就労は主に，企業や公務部門等で雇用契約を結んで働く障害者雇用促進法（本書第 7 章第 3 節参照）に関連する「**一般就労**❏」と，就業継続支援 B 型事業所や就労移行支援事業所等の社会福祉施設（障害福祉サービス）で働く障害者総合支援法（第 6 章第 1 節）に関連する「**福祉的就労**❏」に大別される。これらの障害者就労の全体の実態について，厚生労働省によると，就労支援施策の対象となる障害者数は，18 歳から 64 歳の在宅の障害者数約 377 万人（身体障害者 101.3 万人，知的障害者 58.0 万人，精神障害者 217.2 万人）となる。

　この中で障害者総合支援法に基づく就労系の障害福祉サービスで働いている障害者は約 34 万人となる。その内訳は，就労移行支援約 3.3 万人，就労継続支援 A 型約 6.9 万人，就労継続支援 B 型約 24.0 万人となる。また障害者雇用促進法と関連する企業等（従業員数 45.5 人以上）で雇用されて働く障害者は 53.5 万人となっている。また，就労系の障害福祉サービスから一般就労への移行人数が年々増加している。[8]

❏ 障害者の一般就労（雇用）の状況

　障害者の一般就労の状況と，障害者を受け入れている企業の**障害者実雇用率**❏の推移について，厚生労働省は毎年その数値を公表している（**図 2 - 5**）。[9]

　これによれば，雇用されている障害者数を 3 種の障害ごとにみると，身体障害者が多く，次いで知的障害者，精神障害者の順となっていること，精神障害者は 2018（平成 30）年時点でも他の障害種類に比べ少ないもの，2006（平成 18）年（精神障害者が統計の対象として初めて加わった）時点からすると大幅に雇用者数が伸びていることがわかる。

　また，障害者を受け入れる企業の障害者実雇用率は基本的には年々上昇傾向にあるものの，本書第 7 章で示すように 2020（令和 2）年時点での法定雇用率は企業で 2.2%（**図 2 - 5** では，図下の矢印の数値）であるが，これまで法定雇用率が達成されたことがないことがわかる。

❏ 一般就労をしている障害者の労働の実態

　厚生労働省が 5 年ごとに行っている「障害者雇用実態調査」では，

❏一般就労

企業や公的機関等で雇用契約を結んで働くことを指す。障害者雇用率にカウントされる（つまり障害を有することを雇用主に伝える）場合も，障害を有することを伝えず（隠して）働く場合も含まれる。また特例子会社で働く働き方も一般就労に含めることが多い。ただし，雇用契約を結んで働く就労継続支援 A 型は含めない（A 型は福祉的就労に含まれる）。

❏福祉的就労

障害者総合支援法等の社会福祉関連法規に基づいた働き方のこと。特に「一般就労」と対比して用いられることが多い用語である。雇用契約のない場合（B 型，就労移行）だけでなく，雇用契約のある場合（A 型）が含まれていることに注意。

❏障害者実雇用率

当該企業の従業員に対する障害のある従業員の占める割合。なお，障害者法定雇用率とは，障害者雇用促進法で定められている雇用率（すなわち遵守すべき基準）である。

図2-5 障害者の実雇用率・雇用数の推移

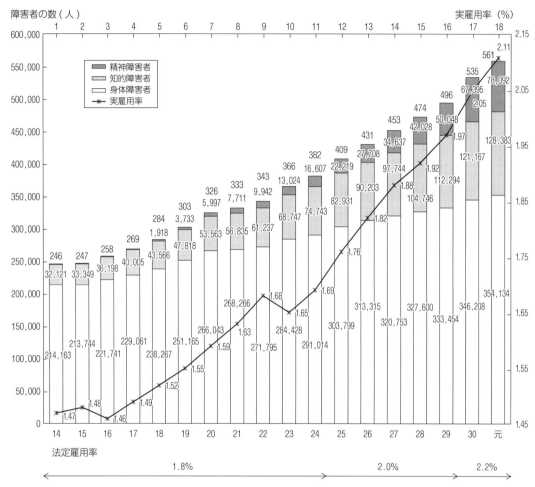

出所：厚生労働省（2019）「令和元年 障害者雇用状況の集計結果」.

一般就労をしている障害者の雇用実態について調べている。2018（平成30）年に行われたものの結果の一部は以下のとおりであった。

① 雇用形態

雇用形態をみると，身体障害者は52.5％，知的障害者は19.8％，精神障害者は25.5％，発達障害者は22.7％が正社員となっていた。

② 労働時間（週所定労働時間）

週30時間以上という通常の労働時間で仕事をする者は，身体障害者は79.8％，知的障害者は65.5％，精神障害者は47.2％，発達障害者は59.8％となっていた。一方，週20時間以上30時間未満という短時間労働については，身体障害者は16.4％，知的障害者は31.4％，精神障害者は39.7％，発達障害者は35.1％となっていた。

③ 職 業

職業別では，身体障害者は事務的職業が32.7％と最も多く，知的障

害者は生産工程の職業が37.8％と最も多かった。精神障害者はサービスの職業が30.6％と最も多く，発達障害者は販売の職業が39.1％と最も多くなっていた。

④　賃　金

2018（平成30）年5月の平均賃金をみると，身体障害者は215,000円，知的障害者は117,000円，精神障害者は125,000円，発達障害者は127,000円となっていた。

以上のように，障害者の就労といっても，障害の特徴によりかなり就労の実態が異なっていることがわかる。もちろん同種の障害であっても働き方は個々によって異なる。ソーシャルワークの実践においては，全体の傾向を把握しつつも，個々の状況にも把握して活動を展開していく必要があるだろう。

コラム　公務部門における障害者雇用数水増し計上問題

障害者雇用については，公務部門は民間の事業主に対し率先して障害者を雇用すべき立場にあり，公的部門の法定雇用率は民間企業に比べ高く設定されている。しかしながら，2018（平成30）年8月，多数の国の行政機関及び地方公共団体において，長年にわたり実際には法定雇用率を達成していなかった状況が明らかになった。すなわち，退職した職員を長年にわたり漫然と多数計上したり，精神障害を自己申告に基づく人事記録等で主観的に担当者が判断し計上することなどが行われていた。

同年同月より改めて公的機関で雇用されている障害者数の確認が行われ，国の行政機関では実雇用率は従来2.49％とされていたが実際は1.19％であったこと等が判明した。また，都道府県の機関，市町村の機関，都道府県等の教育委員会，独立行政法人等でも，国の行政機関ほどではないものの，実際よりも雇用している障害者を多く計上していた。

政府はこの事態を重く受け止め，2018（平成30）年8月から「国の行政機関における障害者雇用に係る事案に関する検証委員会」を開催，同年10月には「国の行政機関における障害者雇用に係る事案に関する検証委員会報告書」が提出され，同時に「公務部門における障害者雇用に関する基本方針」を発表した。そしてその後，不足している障害者の採用活動を急ピッチで進めた。また，国・地方公共団体における「対象障害者の不適切計上の再発防止」「精神障害者や重度障害者を含めた障害者雇用の計画的な推進」が盛り込まれた，改正障害者雇用促進法が2019（令和元）年6月に成立している。

2019（令和元）年12月に発表された公的機関の雇用障害者数は，国では実雇用率2.31％等となっており，雇用障害者数はいずれの種類の公的機関でも前年を上回っていた。2020（令和2）年3月には「公務部門における障害者雇用マニュアル」が内閣官房内閣人事局・厚生労働省・人事院より出されている。

⑤ 高齢化

　日本では高齢化が進んでおり，総人口に占める65歳以上の人口の割合（高齢化率）は年々上昇している。1990年は12.0％であったのが，2000年には17.3％，2020年は28.5％とこの30年で急速に高まっており，世界で最も高齢化率が高い国となっている。

　では障害者の高齢化はどのようになっているのであろうか。本節では，障害種別ごとの高齢化率を確認し，それぞれの特徴をとらえた上で，高齢化から引き起こされる課題を確認する。

☐ 統計でみる身体障害者の高齢化

　身体障害者の高齢化率は年々高まってきており，在宅の身体障害者4,287,000人の年齢の状況をみてみると，65歳以上が72.6％となっている（図2−6）。これは，総人口の高齢化率の27.3％と比較すると，約2.7倍となっており，身体障害者の高齢化率が非常に高いことがよくわかる。身体障害者の高齢化は近年に始まったことではなく，1970年ですでに31.4％であった。しかし，1996年は52.7％，2016年には先にもみたとおり72.6％となっており，近年になってから高齢化率が急速に上昇している。この要因として考えられるのは，総人口の高齢化，また身体障害者手帳などの制度の認識が高まり，利用する人が増加したということが考えられる。

☐ 統計でみる知的障害者の高齢化

　知的障害者の高齢化率の2016年状況は，在宅の962,000人の65歳以上の割合をみてみると15.5％であり，18歳未満は22.2％，18歳以上65歳未満は60.3％という割合であった。これは総人口と比較すると65歳以上の割合が低い点に特徴がある（図2−7）。

　この要因として，2点考えられる。1点目は，以前に比べ知的障害に対する認知度が高くなっていることから療育手帳取得者が増加したことがあげられる。もう1点は，知的障害者は一般人口よりも平均寿命が短いということである。知的障害者の平均寿命のデータは日本にはないが，海外では1970年代で59歳，1990年代で66歳と報告されている。

　一方，施設入所者に目を転じてみると，60歳以上の入所者は，1980

図 2 - 6　年齢階層別障害者数の推移（身体障害児・者（在宅））

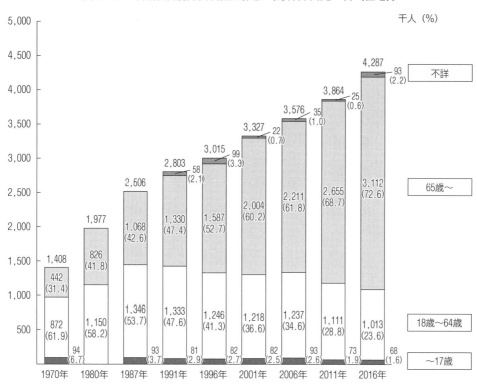

注 1 ：1980年は身体障害児（ 0 ～17歳）に係る調査を行っていない。
　　2 ：四捨五入で人数を出しているため，合計が一致しない場合がある。
出所：内閣府（2020）『障害者白書（令和 2 年版）』243.

図 2 - 7　年齢階層別障害者数の推移（知的障害児・者（在宅））

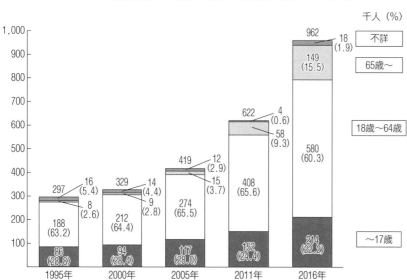

注：四捨五入で人数を出しているため，合計が一致しない場合がある。
出所：図 2 - 6 と同じ.

図2-8　年齢階層別障害者数の推移（精神障害者・外来）

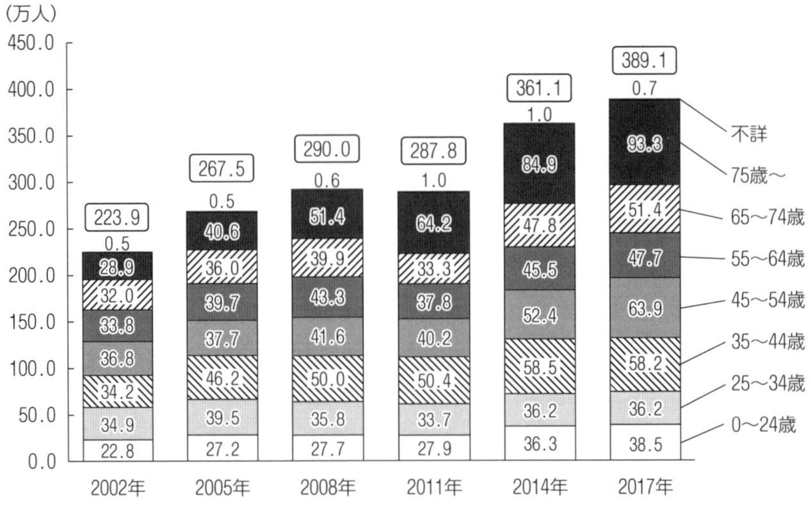

（万人）

出所：図2-6と同じ，244.

年は1.7％に過ぎなかったのが，2000年には8.8％，2020年には29.0％と総人口の高齢化率を上回っており，施設入所者の高齢化率は在宅者と比較すると高いことがわかる。

☐ 統計でみる精神障害者の高齢化

外来（在宅）の精神障害者の年齢は，2017年は，精神障害者総数3,891,000のうち，65歳以上が37.1％，25歳以上65歳未満が52.9％，25歳未満は9.9％という割合であった。また，全年齢のうち，65歳以上の割合は，2008年から2017年までの9年間で31.5％から37.1％へと上昇していることから，精神障害者も高齢化が進んでいることがわかる（図2-8）。

精神科病院に入院中の人については，2014年は，入院患者数289,000人のうち，65歳以上は54.3％，25歳以上65歳未満43.5％，25歳未満は1.8％であり，65歳以上の者の割合が高い。また，入院患者で65歳以上の割合は，1999年から2014年までの15年間で，33.1％から54.3％へと上昇しており，高齢化が進行しているといえる。

☐ 高齢化による影響

以上みてきたように，一般人口と比較して身体障害者，精神障害者の高齢化率は高く，知的障害者は低いことがわかった。ただ，知的障害者においても，施設入所者の高齢化は顕著であった。また，高齢化によって障害者に生じる影響は，少なくとも「制度の不整合」「支援の未確立」の2点が考えられる。

①　制度の不整合

高齢化によって生じると考えられる課題の一つに制度の不整合があげられる。現在の福祉制度は，児童，高齢者，障害者といったようにいわゆる「縦割り」の制度になっている。しかし，高齢化率からもわかるように，障害がある高齢者が数多く存在するが，障害がある人が高齢者になった場合，どの制度を利用するかの選択が困難になることや，使用する制度が制限されることにより，これまで受けていたサービスが使えなくなるような事態が生じることがある。

たとえば，障害者がサービスを利用する場合は「障害者総合支援法」のサービスを受けることになるが，以前は，65歳以上になると原則「介護保険法」のサービスを受けなければならないと決まっていた。そのため，現在は解消に向っているが，障害者がこれまで受けていたサービスが，「介護保険法」に移行したことにより受けられなくなる問題が生じたことがあった。

このように，高齢化が進行することにより予測できない事態が発生することがある。

②　支援の未確立

また，高齢者の支援は確立しているが，障害がある高齢者となるとまだ未確立なこともある。たとえば，知的障害者においては，高齢になると認知症になるリスクが非常に高まることが報告されている。しかし，認知症の人の支援は確立しつつあるものの，知的障害者が認知症に罹患した場合，どのような支援が適切であるのかは，まだ模索されているところである。

もちろん，総人口の高い高齢化率自体，人類には経験のない状況であるが，直接的な支援という意味においては，多くの支援方法が研究・開発され，よりよい支援が提供されるようになってきている。しかし，障害者，特に高齢化率が低い知的障害の領域においては，先にもふれたとおり，まだ支援が未確立な部分が多々ある。そして支援が未確立であることによって，不適切な支援につながることが考えられるため，支援に携わる人はどのような事態が生じるのかを予測をしながら，先回りして支援のあり方を検討し，確立していくことが求められる。

❻ 介護需要

☐ 統計でみる介護需要

　障害児者へのケアは支援を必要とする度合いに応じて障害者総合支援法のサービスにより行われる。個々のニーズに対応したケアの実際は本書第10章「障害者福祉における相談支援の実際」を参照されたい。65歳以上，もしくは40歳以上で**特定疾病**に該当する場合は，介護保険制度が適用となる。本節では，介護需要を，介護保険制度が適用対象となる障害者に対するケアの需要と定義する。

　医学の発展，公衆衛生や栄養状態の向上などを背景に，日本は世界において最も長寿の国の一つである。2065年には高齢化率が38.4％に達し，国民の約2.6人に1人が65歳以上の者となる社会が到来すると推計される。障害者人口の高齢化に加えて，一般高齢者の加齢に伴う障害の増加が見込まれ，介護需要は今後拡大が予測される。

　40〜64歳の障害者の介護需要は，特定疾病に該当して介護保険を受給する者約10.2万人[13]が該当する。これは，65歳未満の障害者数約449.5万人[14]の2.3％に相当する。

　一方，65歳以上の障害者の介護需要については十分な統計がなく，全体像が把握されていない。2015年の厚生労働省調査によれば，障害福祉サービス全利用者に占める65歳以上の者は9.8％，このうち障害福祉サービスと併せて介護保険制度を利用する者は35.7％であった[15]。この割合をもとに，現在障害福祉サービスを利用する障害者112.2万人[16]に置き換えて算出すると，障害が生じた時期が65歳到達前か以後かは不明であるが，65歳以上の障害福祉サービス利用者は約11万人で，そのうち約3.9万人が障害福祉サービスと併せて介護保険サービスを利用していると推測される。65歳以上の障害者であって介護保険サービスのみを利用する者の数は不明である。

☐ 介護保険サービスによる供給

　介護保険制度と障害者総合支援法の自立支援給付との関係では，原則として介護保険制度が優先される。たとえば，65歳前から障害福祉サービスの居宅介護（ホームヘルプ）を利用していた場合，65歳到達後は介護保険の訪問介護（ホームヘルプ）に切り替えることとなる。移行に際しての留意点としては，障害者本人の新しい環境への適応に

➡ 特定疾病

特定疾病とは，第2号被保険者（40〜64歳）が介護保険を適用してサービスを利用できる，加齢との関係が認められ，3〜6か月以上継続して要介護状態又は要支援状態となる割合が高いと考えられる疾病である。がん（がん末期）／関節リウマチ，筋萎縮性側索硬化症／後縦靱帯骨化症／骨折を伴う骨粗鬆症／初老期における認知症／進行性核上性麻痺，大脳皮質基底核変性症及びパーキンソン病（パーキンソン病関連疾患）／脊髄小脳変性症／脊柱管狭窄症／早老症／多系統萎縮症／糖尿病性神経障害，糖尿病性腎症及び糖尿病性網膜症／脳血管疾患／閉塞性動脈硬化症／慢性閉塞性肺疾患／両側の膝関節又は股関節に著しい変形を伴う変形性関節症／の16種類。

対する十分な配慮や，情報の伝達とケアの引き継ぎがあげられる。特に，ある年齢に達したかどうかが障害者本人の状態像そのものに影響するわけではないため，障害福祉領域で行われてきた障害特性や発達段階，生育歴・教育歴・経験といった生物・心理・社会面を考慮した個別支援が，移行後の高齢者ケア領域でも継続して行われる必要がある。

　なお，地域の実情に合った総合的な福祉サービスの提供を推進する「新たな時代に対応した福祉の提供ビジョン」(2015年) のもとで，共生型社会の構築に向けて複数分野の支援を総合的に提供するしくみが模索され，その一環として2018年度より**共生型サービス**➡が新設された。障害福祉サービス事業者が介護保険の共生型サービスの指定を取って65歳到達後も使い慣れた事業所で継続して支援を行うことや，介護保険の事業者が障害福祉サービスの指定を取って，65歳到達前から障害者を支援し，65歳到達後に同一事業所で介護保険サービスに切り替えることが可能となった。

☐ 障害福祉サービスによる供給

　一方，介護保険適用対象となる障害者の介護需要は，介護保険サービスだけでは必ずしも満たせない。心身の状況やサービス利用を必要とする理由は多様であり，国は支給決定を行う市町村に対して，一律に介護保険サービスを優先的に利用するものとはせず，具体的な利用意向を聞き取って適切に判断するよう求めている。その結果，介護保険の対象となる障害者であっても障害福祉サービスが利用可能な場合がある。介護保険の対象となる障害者のうち，障害福祉サービスの支給が考えられるのは以下の場合である。

　①　市町村が指定する小規模多機能型居宅介護などの地域密着型サービスも含めて，介護保険サービスの事業所・施設が身近にない，あっても利用定員に空きがない場合，その事情が解消するまでの間

　②　サービス内容や機能から，介護保険サービスには相当するものがなく障害福祉サービス固有のサービスと認められるもの（行動援護，同行援護，自立訓練（生活訓練），就労移行支援，就労継続支援等）を利用する場合

　③　介護保険の要介護認定等を受けた結果，非該当と判定された場合など当該介護保険サービスを利用できない場合であって，障害福祉サービスによる支援が必要と市町村が認めるとき

　④　介護保険サービスの区分支給限度額の制約から，当該の障害者に必要と認められる量が介護保険のケアプランでは確保できない場合

➡**共生型サービス**
介護保険又は障害福祉のいずれかの居宅サービス（デイサービス，ホームヘルプサービス，ショートステイ）の指定を受けている事業所が，もう一方の制度における居宅サービスの指定も受けやすくするために設けられたサービス。介護保険法の訪問介護，通所介護等のサービスについて，障害者総合支援法又は児童福祉法の指定を受けている事業所が基準を満たす場合と，障害者総合支援法の居宅介護，生活介護等や児童福祉法の児童発達支援や放課後等デイサービスについて，介護保険法の指定を受けている事業所が基準を満たす場合がある。

①，②，③では障害福祉サービスのみの利用となるが，中長期的には障害者本人の状態像の変化や地域資源の状況に応じて介護保険サービスの利用も候補となる。④では介護保険サービスと障害福祉サービスを併給することとなるため，市町村の障害福祉担当課と介護保険担当課，相談支援事業所，居宅介護支援事業者等の連携に加えて，利用者やその家族の生活に混乱を来さないよう，制度が異なる双方のサービスを組み込んだケースマネジメントが求められる。

☐ 居住面での介護需要とその供給

　最後に，居住面での介護需要とその供給について述べる。

　在宅の障害者については，障害者グループホームでの重度化・高齢化に対応するため，2018年度より日中サービス支援型グループホームが新たに創設され，地域における居住面での介護需要に対して障害福祉サービスによる供給が開始された。

　障害者支援施設に入所する障害者については，介護保険適用除外施設であるため，65歳到達後に介護保険制度に移行する必要はない。しかし，障害程度の重い利用者に対する介助行為の増加や医療的支援の必要に対して，障害者支援施設の施設・設備面や職員の専門性の面から支援を継続しづらい構造がある。実際に，全退所者の約15%が介護保険施設等へ移行しており，介護保険施設への移行は居住面で介護需要を満たすための選択肢の一つである。

障害者の芸術

❏ 統計でみる障害者の芸術

　障害者芸術活動支援センター（以下，支援センター）は，障害者の芸術活動に関する相談支援のほか，活動を支援する人材育成としての研修会開催や発表機会の確保としての展覧会開催等を担っている。年々，その設置都道府県数は増えており（**表2-3**），障害者が芸術活動にアクセスしやすい環境の構築に向けた取り組みが，全国的に広がっていることがわかる。

❏ 障害者の芸術に関する施策の広がり

　「障害者の芸術」という言葉が示す範囲は広い。美術や音楽，演劇，舞踊など分野を指す場合もあれば，制作する，発表する，鑑賞する，活用するなどかかわり方を指す場合もある。本節では，国の施策としての障害者の芸術に焦点をあて，その変遷と期待される今後の展望について論じる。

　2000（平成12）年以降，障害福祉に関する制度が大きく変遷してきたのは周知の事実であるが，障害者の芸術に関する施策もさまざまな展開をみせている（**表2-4**）。その中でも大きな動きにつながったのが，2013（平成25）年に文化庁・厚生労働省が設置した「障害者の芸術活動への支援を推進するための懇談会」である。懇談会では，主に美術分野を対象とした障害者の芸術活動支援のあり方や，作品展示等を推進するためのしくみについて議論され，その内容は「中間とりまとめ」として報告された。

　この中間とりまとめを受け，翌2014（平成26）年度，文化庁は複数の補助事業において障害者の芸術に関する事業も対象とし，厚生労働

表2-3　障害者芸術活動支援センター実施団体数

年度	団体数
2014	5（5都県）
2015	7（7都県）
2016	10（10都県）
2017	20（20都府県）
2018	25（24都府県）
2019	33（30都府県）
2020	37（35都府県）

表2-4　障害者の芸術に関連する主な法律・施策等

2001（平成13）年	国際障害者交流センターの設置及び第1回全国障害者芸術・文化祭の開催
2003（平成15）年	「障害者基本計画」において，文化芸術活動の振興が施策の一つとして位置づけられる
2008（平成20）年	文部科学省・厚生労働省共催による「障害者アート推進のための懇談会」の開催
2011（平成23）年	「文化芸術の振興に関する基本的な方針（第3次基本方針）」において，文化芸術は子ども・若者や，高齢者，障害者，失業者，在留外国人等にも社会参加の機会をひらく社会的基盤となり得るものであり社会包摂の機能を持つということが明示される
2012（平成24）年	全国障害者芸術・文化祭，原則として国民文化祭と同一都道府県で開催すると定められる
2013（平成25）年	文化庁・厚生労働省による「障害者の芸術活動への支援を推進するための懇談会」の設置。障害者の芸術活動（主に美術分野）に関する支援についての「中間とりまとめ」の報告
2014（平成26）年	厚生労働省「障害者の芸術活動支援モデル事業」の実施（～2016年度）
2015（平成27）年	文化庁・厚生労働省による「2020年東京オリンピック・パラリンピック競技大会にむけた障害者の芸術文化振興に関する懇談会」の設置。関係者による意見交換の実施
2017（平成29）年	・「文化芸術基本法」（文化芸術振興基本法の改正により制定）において，年齢，障害の有無，経済的な状況又は居住する地域にかかわらず，文化芸術の機会を享受することが基本理念とされる ・厚生労働省「障害者芸術文化活動普及支援事業」の実施
2018（平成30）年	「障害者文化芸術活動推進法」の施行

出所：筆者作成.

省は障害者の芸術活動を支援するためのモデル事業を始めた。冒頭に掲出した支援センター事業のうち，2014（平成26）年度からの3年間がこのモデル事業にあたる。

　2017（平成29）年度からはモデル事業の成果を全国に普及させるべく，障害者芸術文化活動普及支援事業として支援センターは広がりをみせた。モデル事業の間，対象は主に美術分野とされていたが，普及支援事業ではその対象を舞台芸術分野にも広げた。

❏ 障害者文化芸術活動推進法の施行

　さらに，2018（平成30）年6月には，「障害者による文化芸術活動の推進に関する法律（障害者文化芸術活動推進法）」（以下，推進法）が施行された。推進法は，文化芸術の「人々に心の豊かさや相互理解をもたらす」という特徴に照らし，「障害者による文化芸術活動の施策を総合的かつ計画的に推進」することで，「障害者の個性と能力の発揮と社会参加を促進」することを目的としている。施策を総合的かつ計画的に推進するために，国は障害者文化芸術活動推進基本計画を2019（平成31）年3月に策定した（計画期間，2019（平成31）～2022（令和4）年度）。推進法は，障害者基本法と文化芸術基本法の基本的な理念に則るとされており，計画もこの二つの法律の理念や方針をふまえて策定されている。計画に示されている施策の方向性（**資料2-1**）には，芸術にまつわるあらゆる側面が網羅されており，作品の販売等に係る支援など，文化芸術基本法より踏み込んだ内容も含まれている。推進

資料 2-1　障害者文化芸術活動推進基本計画の施策の方向性（抜粋）

① 鑑賞機会の拡大
・障害特性に応じた利用しやすい環境整備の推進
・地域における鑑賞機会の創出　等
② 創造機会の拡大
・創造活動の場の創出・確保
・創造活動の場と障害者をつなぐ人材の育成　等
③ 作品等の発表の機会の確保
・発表の場の創出・充実
・海外への発信　等
④ 芸術上価値が高い作品等の評価等
・作品や活動等の情報収集・発信と環境整備　等
⑤ 権利保護の推進
・作品等に関わる様々な諸権利の普及啓発
・自らの意思表示に困難を伴う障害者への配慮　等
⑥ 芸術上価値が高い作品等の販売に係る支援
・企業等における環境整備や販路拓の促進
・地域における相談支援体制の促進　等
⑦ 文化芸術活動を通じた交流の促進
・地域，国内外など幅広い交流の促進
・文化，福祉，教育等の各分野の連携・交流　等
⑧ 相談体制の整備等
・地域における相談や支援体制の全国的な整備　等
⑨ 人材の育成等
・障害者による文化活動を理解し支援等を行うための人材の育成・教育　等
⑩ 情報の収集等
・障害者による文化芸術活動の調査研究　等
⑪ 関係者の連携協力
・身近な地域におけるネットワークの整備
・各地域を結んだ広域的な連携の推進　等

出所：文部科学省・厚生労働省（2019）「障害者による文化芸術活動の推進に関する基本的な計画」.

法の施行は，地方公共団体による支援を後押しした。2019（平成31）年度に，支援センターの実施団体数が前年度比 6 県増となったが，このこともその一つの現れといえる。

◻ 共生社会の実現へ

　支援センターによる各事業が，日本における障害者の芸術に関する取り組みをさらに盛り上げていることは間違いない。一方で，推進法の制定を含め「障害」を切り取って取り組むことでかえって障害が特別扱いされることにつながるとの懸念が示されることもある。しかし，支援センターによる全国の取り組みをみても，「障害」を強調し，その啓発を前面に出して取り組んでいる例はなく，障害当事者とその家族をはじめ，福祉，教育，美術，舞台芸術，観光等の関係者や地域住民等が共働する形で展開していることは明らかである。この取り組みが共感を生む持続的な取り組みとなることで，障害者の芸術をきっかけとした共生社会の実現も期待できると考えられる。

⑧ 障害者のスポーツ

　東京2020パラリンピック大会の開催が決定した2013（平成25）年以降，障害者のスポーツ環境は大きな変革の時を迎えている。ここでは，わが国の障害者のスポーツ環境について概観する。

☐ 統計でみる障害者のスポーツ

　過去１年間に行ったスポーツ・レクリエーションの日数を障害者（成人）と一般成人でみると，週１日以上実施しているのは障害者25.3％に対して一般成人53.6％，実施していないのは障害者54.4％に対して一般成人20.6％となり，いずれも２倍以上の開きがある[18]。

　障害者が過去１年間に行ったスポーツ・レクリエーション種目は，障害種にかかわらず，「散歩（ぶらぶら歩き）」が最も多く，次いで「ウォーキング」「体操（軽い体操・ラジオ体操など）」が上位となる。従来からリハビリテーションとしても活用される「水泳」や「水中歩行」への参加も多い[19]。

　行う目的としては，「健康の維持・増進のため」（41.6％）が最も多く，次いで「気分転換・ストレス解消のため」（19.7％），「楽しみのため」（11.2％）となっている。

　現在のスポーツ・レクリエーションに対する関心・満足度は，「特にスポーツ・レクリエーションに関心はない」（51.5％）が最も多く，無関心層が約半数を占めた。一般成人を対象とした調査による無関心の割合は15.3％であり，障害者の無関心層が一般成人の３倍以上であることがわかる[20]。

☐ 障害者のスポーツ推進体制

　スポーツ基本法は，障害者が自主的かつ積極的にスポーツを行うことができるよう，障害の種類および程度に応じて必要な配慮をしたスポーツ推進について言及している。従来，障害者スポーツ振興に関する施策は福祉の観点から厚生労働省が所管してきたが，スポーツ振興の観点から一層推進していく必要性に鑑み，主な事業は2014（平成26）年度から文部科学省に移管された。2015（平成27）年10月のスポーツ庁設置以降，障害者スポーツの普及・推進に関してはスポーツ庁健康スポーツ課内の障害者スポーツ振興室，障害者スポーツの競技強化に

➡スポーツ基本法
1961（昭和36）年制定のスポーツ振興法を50年ぶりに改正。スポーツに関する基本理念を定め，国，地方公共団体の責務，スポーツ団体の努力等を明示するとともに，スポーツに関する施策の基本となる事項を定める。2011（平成23）年施行。

関しては競技スポーツ課が推進している。

　第2期スポーツ基本計画（2017（平成29）年4月～2022（令和4）年3月）では，障害者スポーツ振興について「障害者をはじめ配慮が必要な多様な人々が，スポーツを通じて社会参画することができるよう，社会全体で積極的に環境を整備すること[21]」としている。具体的施策として，地方公共団体等における障害者スポーツ振興体制の整備，障害のある人とない人が一緒に楽しめるスポーツ・レクリエーション等の推進などがあげられている。

　地域の障害者スポーツ振興の中核となるのが**都道府県障害者スポーツ協会**である。社会福祉協議会や身体障害者福祉協会などの職員が兼務している団体が多く，業務の一部として障害者スポーツ振興に携わっている[22]。そのため，業務範囲や業務時間などの制限も多く，既存事業以外の新規事業の企画・運営などに経営資源を割けないことが課題となっている。

地域の障害者スポーツ環境

　障害者が専用および優先的に使用できるスポーツ施設（以下，障害者専用・優先スポーツ施設）は国内に141施設ある[23]。施設内では，段差の解消や点字ブロックの設置，障害者用トイレの設置などのハード面はもとより，知的障害者にもわかりやすい電光掲示など情報提供面にも配慮し，障害者スポーツに必要な用具・器具も備えており，障害者のスポーツ実践の地域拠点となっている。141施設のうち，「**障がい者スポーツセンター協議会**」加盟の26施設には，利用者の多様なニーズに対応できる専門の指導員を常置している。

　障害者専用・優先スポーツ施設の主な実施事業は，障害者スポーツ教室，障害者スポーツ大会・イベント，巡回スポーツ教室（出張教室）である。ハード，ソフト両面で整備されているため，重度障害者も参加でき，そこで開催される障害者スポーツ教室や大会・イベントは参加者の多様なニーズに対応可能である。一方，巡回スポーツ教室（出張教室）は，施設により付帯設備が異なり，参加者が日常的な施設利用者でない場合も多く，正確な状態把握が困難となるため，軽スポーツや健康体操・健康ヨーガなど，どの施設でも実施可能で，誰でも参加可能な種目に限定されがちである。実施場所としては，既存の社会資源（公共スポーツ施設，公民館，学校，福祉施設など）が活用されることが多い。141施設だけでは全国の障害児・者のスポーツニーズに応えることは難しく，地域の社会資源を活用することが，身近でスポーツできる環境を整えることにつながる。

▶ **都道府県障害者スポーツ協会**
主な業務は，全国障害者スポーツ大会の予選会開催や本大会への選手派遣，障がい者スポーツ指導員養成講習会の開催など。47都道府県すべてに設置されている。

▶ **障がい者スポーツセンター協議会**
施設運営の諸問題等に関する意見交換や交流の場として，日本障がい者スポーツ協会が1984（昭和59）年に「身体障害者スポーツセンター協議会（現・障がい者スポーツセンター協議会）」として発足した。

❏ 障害者のスポーツ指導

　多様な障害者のスポーツ活動を支えるため，日本障がい者スポーツ協会は「公認障がい者スポーツ指導者制度」を定め，４種類の資格（障がい者スポーツ指導員（初級・中級・上級），障がい者スポーツコーチ，障がい者スポーツ医，障がい者スポーツトレーナー）を養成・認定している。2019（平成31）年12月31日現在，27,835人の指導者が登録している[24]。主な活動場所としては，大会等のイベント，各競技団体・障がい者スポーツ関連団体等が提供する場が多数を占める。主な役割は，大会の審判・役員・補助員，一緒にプレーする，スポーツ教室での指導補助などである。約４割の指導者が月１回以上活動している一方，まったく活動しない指導者も約３割おり[25]，指導者の効率的な活用に向けて，指導者のニーズ把握と指導機会のマッチングが今後の課題である。

❏ さらなる障害者スポーツの環境整備に向かって

　地域の障害者スポーツの環境整備を進めるには，既存事業・体制の活用，地域の福祉団体・組織とスポーツ団体・組織をつなぐ役割を都道府県障害者スポーツ協会が担うことが望ましい。都道府県行政との協働体制の構築に加え，市区町村行政とも方向性を共有し，スポーツ振興計画で障害者のスポーツ推進にふれるとともに，各地域の実態に合わせた中長期計画の策定が必要となる。

●注

(1)　内閣府（2020）『障害者白書（令和２年版）』.
(2)　同前書.
(3)　厚生労働省（2017）「成果目標及び活動指標について」社会保障審議会障害者部会第83回資料.
(4)　厚生労働省（2018）「平成30年社会福祉施設等調査の概況」（https://www.mhlw.go.jp/toukei/saikin/hw/fukushi/18/index.html）.
(5)　厚生労働省（2018）「平成29年 社会福祉施設等調査」.
(6)　文部科学省（2020）「令和元年度 特別支援教育に関する調査結果について」.
(7)　文部科学省（2012）「共生社会の形成に向けたインクルーシブ教育システム構築のための特別支援教育の推進（報告）」.
(8)　厚生労働省「障害者の就労支援対策の状況」（https://www.mhlw.go.jp/stf/seisakunitsuite/bunya/hukushi_kaigo/shougaishahukushi/service/shurou.html）（2020. 4. 6）.
(9)　厚生労働省（2019）「令和元年 障害者雇用状況の集計結果」（https://www.mhlw.go.jp/content/11704000/000580481.pdf）（2020. 4. 6）.
(10)　厚生労働省（2019）「平成30年度障害者雇用実態調査の結果を公表します」（https://www.mhlw.go.jp/stf/newpage_05390.html）（2020. 4. 6）.
(11)　内閣府（2019）『障害者白書（令和元年版）』.

なお以下の URL からも参照可能。

（https://www8.cao.go.jp/shougai/whitepaper/r01hakusho/zenbun/siryo_02.html）

⑿　Braddock, D.（1999）. Ageing and developmental disabilities: Demographic and policy issues affecting American families. *Mental Retardation*, 37, 155-161.

⒀　厚生労働省（2019）「平成30年度　介護給付費等実態統計の概況」より筆者が算出した。

⒁　厚生労働省（2016）「生活のしづらさなどに関する調査」では障害者総数936.6万人のうち65歳未満の者48％である。

⒂　厚生労働省（2015）「障害者の日常生活及び社会生活を総合的に支援するための法律に基づく自立支援給付と介護保険制度の適用関係等についての運用等実態調査結果」.

⒃　厚生労働省社会福祉サービス等報酬改定検討チーム第1回（平成31年8月29日）資料.

⒄　ビズデザイン（2015）「介護保険の適用除外施設における利用者の実態に関する調査研究事業（平成27年度厚生労働省老人保健健康増進等事業）」.

⒅　スポーツ庁（2020）「障害児・者のスポーツライフに関する調査」.

⒆　笹川スポーツ財団（2018）『地域における障害者スポーツ普及促進事業（障害者のスポーツ参加促進に関する調査研究）」報告書』スポーツ庁.

⒇　笹川スポーツ財団（2012）『スポーツライフ・データ2012』.

㉑　スポーツ庁（2017）『第2期スポーツ基本計画』.

㉒　日本障がい者スポーツ協会・笹川スポーツ財団（2017）『「都道府県・政令指定都市障がい者スポーツ協会実態調査」報告書』日本障がい者スポーツ協会.

㉓　笹川スポーツ財団（2019）『障害者専用・優先スポーツ施設に関する研究2018』.

㉔　日本障がい者スポーツ協会（2020）『障がい者スポーツの歴史と現状』.

㉕　日本障がい者スポーツ協会（2019）『「公認障がい者スポーツ指導員実態調査」報告書』.

◯**参考文献** ━━━━━

第8節

笹川スポーツ財団（2020）『スポーツ白書2020』.

■第3章■
障害者を取り巻く社会環境

① バリアフリー

❏ バリアフリーとは

　バリアフリーという言葉は，誰しも耳にしたことがあるだろう。障害者を取り巻く社会環境を整えるにあたり，「バリア（障壁）」の「フリー（除去化）」を目指すのは，現状の社会環境に障害者にとっての「バリア（障壁）」が多く存在するからである。社会環境とは人間が創りあげてきたものであるが，障害者を考慮せずに構築してしまった部分があるため，社会環境の一部がバリアとして顕在化しているのだ。公共施設の玄関にある段差や，エレベーターのない駅はその最たる例である。バリアフリーが目指すのは，社会の中にあるバリアを解消し，新たに社会環境を創る際にはバリアを生み出さないようにしていくことである。

　ICF（国際生活機能分類）（本書第1章第2節参照）の図式では，環境因子が社会参加に影響を及ぼすことが示されており，バリアの解消によって環境因子に直接働きかけることで，障害者の社会参加を促すことができる。環境因子の中身をみると，福祉用具から都市環境まで幅広い項目が含まれているが，これらが不十分であることがバリアの原因となる。つまり，個々の障害特性や状態などによって，社会環境の中のさまざまな要素がバリアとなり得るのである。

　バリアフリーというと，段差解消やスロープ設置などの物理的な取り組みがすぐに連想されるが，実際にはさまざまな領域にバリアは存在する。知的・精神的な障害を抱える人が社会参加おいて困難を抱えるケースを考えてみれば，物理的ではないバリアが存在することに気づくだろう。障害者を取り巻く社会環境には大きく4つのバリアがあるといわれている。以下では，各種のバリアの具体的な内容と，その解消に向けた取り組みについて紹介していきたい。

❏ 物理的なバリアフリー

　障害者の社会参加を実現するにあたり，移動する自由はその前提となる。通勤や通学，買い物や通院等が円滑にできなければ，地域で暮らすことはままならない。移動経路にバリアがあると遠回りしなければならないし，最悪の場合は目的地に辿り着くことができないこともある。このように移動の自由を阻害されやすいのが，肢体不自由者や，

視覚的な障害を抱える人たちである。また，移動の際にはトイレの問題も無視できない。用を足す場所がなければ，外出を躊躇するのは健常者にとっても同じことである。車椅子利用者や内部障害を抱える人にとっては，多目的トイレが街に十分に整備されていないと，自由に外出できないのである。

　それでは物理的バリアがある具体的な場面を考えてみよう。道路でいえば，歩道の段差やガタガタした舗装，幅の狭さ，車止めなどに加えて，放置自転車や移動看板なども通行の妨げとなる。電車やバスでは，車両とホームの隙間や，バスの乗降口の大きな段差といった問題や，階段を使用しなければ辿り着けないホームがある駅もバリアの代表的な例である。建物では，出入り口の回転ドア，建物内の狭い通路も移動に困難をもたらす。さらに，施設内のトイレに手すりがない，**オストメイト**➡対応の設備がない，介助を受けるのに充分な広さがないことも問題となる。

　街のさまざまな場所にある物理的バリアの解消は容易ではない。たとえば，階段解消のためにスロープやエレベーターの設置が求められるが，その取りつけには道路や建物自体の改修も伴う場合もあり，そうなると多大なコストがかかる。バスや電車のバリアフリー対応車両の導入についても同様である。簡易な装置で一時的に解決する策もあるが，利用者の安全性や都度の負担を踏まえると，恒久的な物理的バリアの解消が望ましい。社会の物理的環境を変えていくには，民間事業者や個人の負担だけでは不可能であることはいうまでもない。現在，バリアフリー法（本書第7章第5節参照）による裏付けのもと，公的予算によって補助を行い，また各種の公共事業を実施することで，物理的バリアを時間かけながらも着実に解消することを目指している。

☐ 情報のバリアフリー

　生活する上で必要な情報は，テレビやラジオ，新聞雑誌やチラシ，インターネット上のホームページなど，さまざまなメディアによって伝達され，文字，映像，音声によってその内容が伝えられる。しかし，障害があるがゆえにそれらの情報が入手できない場合がある。市民生活を送る上で重要な情報を得ることができなければ，当人にとっては不利益となるだろうし，社会参加の機会が大幅に制限される。情報の入手に困難を抱えるのは，主に視覚障害や聴覚障害をもつ人たちであるが，知的障害をもつ人も，内容理解の点から情報の入手が難しい場面もある。さらに，情報の発信という点からは，発声機能に障害をもつ人や，発達の障害をもっている人もその対象に含まれる。

➡ **オストメイト**
腹部に排泄のための「ストーマ（人工肛門・人工膀胱）」を保有する人たちを指す言葉である。定期的なストーマ装具の交換を行うので，外出先でもストーマ周辺の皮膚の清拭・洗浄，使用済装具の洗濯や廃棄ができる設備が必要となる。内部障害者は外見上は障害者であるとわかりづらいので，社会的な理解が十分に進んでいない部分もある。

情報のバリアが生ずる具体的な場面としては，まず視覚的情報と聴覚的情報のどちらかのみで内容が表示されるケースが想定される。たとえば，新聞や回覧板，案内板やタッチパネルなど，文字や記号に頼る伝達方法では目が見えなければ情報を得られない。一方で，案内放送や緊急時の警報やサイレンなどは，音声のみで伝えられるので，聴く力がない人にとっては，情報が伝えられていることにさえ気づかない。さらに，内容が複雑である，一見してわかりづらい案内や記号は，理解する力が不足している人たちには正しく伝わらない。日常的にも情報のバリアはさまざまな場面に存在するが，特に災害発生時には，避難判断や避難経路の選択に影響するため，情報の伝達は生死を分けるといっても過言ではない。

障害をもっているがゆえに情報を得られない人に対しては，情報保障を行うことでバリアの解消を目指すことが基本方針となる。情報保障とは，代替え手段を用いて情報を伝えることであり，言い換えれば複数の媒体手段を積極的に取り入れることである。点字や手話といった方法は馴染み深いものであるが，筆談や絵文字，わかりやすい表記を心掛けることも重要である。最近では ICT の発達により，音声読み上げや映像への字幕化の技術が進み，スマートフォンの普及とあいまって，今後より一層の情報保障の取り組みが期待される。

□ 制度のバリアフリー

機会の平等は社会参加を進める上で不可欠だが，障害をもっているがゆえにその機会を奪われるルールがある場合，制度的なバリアが存在しているといえる。いわゆる**欠格条項**に代表されるが，これは心身に障害があることを理由に，制度によって資格や免許を与えることを制限もしくは禁止することを意味する。また，慣習的なルールで障害をもつ人の利用や機会を制限している場合も，制度のバリアに含まれる。時代が経るとともに改められてきているが，それでもまだ社会には依然として制度のバリアがある。

法律における欠格条項は2001年に大幅な見直しが行われている。たとえば旧医師法第３条においては，医師免許について「目が見えない者，耳が聞こえない者又は口がきけない者には，免許を与えない」としていたが，現行の医師法第４条では「心身の障害により医師の業務を適正に行うことができない者として厚生労働省令で定めるもの」には「免許を与えないことがある」との内容に改められた。これは絶対的欠格条項から相対的欠格条項への変化であり，制度的に大きな前進と受け取ることができる。補助器具などの技術進歩や環境整備によっ

て能力を補えれば，欠格条項の論拠が薄れていくのは当然であり，制
度の改正は今後とも望まれるところである。もう一つの慣習的なルー
ルによるバリアは，盲導犬を断るレストランや，障害をもつことによ
る賃貸住宅への入居拒否，障害をもつことで受験を拒否する学校など
がある。こういった対応は，障害をもつ人が受けてはじめて明るみに
出る性質のものだ。ゆえに，地方自治体による障害者差別禁止条例等
に規定された合理的配慮の実現の枠組みでの解消が求められる。

❏ 心のバリアフリー

　心のバリアフリーという言葉を聞いたことがあるだろうか。これは
お互いの心の中にあるバリアを解消することを意味する。心の中のバ
リアは，他のバリアと比べても顕在化しづらく，また無意識にバリア
をつくってしまうこともある。障害者が社会参加を進める際に，いろ
いろな場面で心のバリアに遭遇してしまう。また，障害をもつ人自身
の心の中にもバリアがあるかもしれない。どこからどこまでがバリア
なのかという線引きは，他の3つのバリアを考える際にも議論となる
ところだが，ことさら意識の問題となると，判断できるかどうかさえ
定かではない。

　具体的な例をあげれば，障害をもつ人を一方的にかわいそうな人で
あると決めつける，また助けてあげなければいけないという態度は，
意識の中にある心のバリアといえる。また，障害者自身の，健常者は
どうせ自分のことをわかってくれないという思い込みもまた，心のバ
リアの一つであろう。障害のあるなしにかかわらず，すべての人が平
等に社会参加をするためには，障害のことをきちんと理解して行動し
続けるといった地道なプロセスしかない。地域や学校における福祉題
材を取り上げた学びや，障害のある人とない人が交流し協働する機会
づくりなど，さまざまな方策が実践されている。人々の意識を変える
のには時間はかかるが，心のバリアを取り除くことは，着実に進める
べき大切な取り組みの一つである。

❏ 今後のバリアフリー

　バリアフリーの推進について異論はないはずだが，障害者の社会参
加に向けて，どこまでバリアを解消すればよいのかについては議論と
なる。障害の種類はたくさんあり，また各人によって程度や様態も異
なるので，各々がバリアと感じる場面もさまざまである。それらすべ
てに対応しようとすると，膨大な手間と時間，そしてお金がかかる。
特に物理的バリアについては，すべての交通機関や公共空間のバリア

を除去することは，到底できるわけがない。その際に重要な視点が，利用者の要望や意見を反映したバリアフリーの取り組みである。たとえば，先にあげた物理的バリアであれば，障害をもつ人が実際に移動してみて，もしくは使ってみてバリアと感じた部分を優先的に解消していく。また制度のバリアや心のバリアは，バリアを経験した当事者から問題化してもらうことが，バリアの発見の方法の一つに位置づけられる。さまざまな場面において，本人中心のバリアの解消が進めば，徐々に社会環境が治されていくだろうし，結果として障害者の社会参加をより進めることにつながるのである。

② コンフリクト

❏ 施設コンフリクトとは

　コンフリクトとは，衝突や摩擦といった幅広い意味を含む言葉だが，社会環境における障害者についてのコンフリクトを考えた場合に，取り組むべき重要なテーマとして，施設コンフリクトがある。施設コンフリクトは，障害者関連の事業所や施設と，地域との二者の間に生じるものであり，多くの場合は，計画段階でその周辺地域から反対もしくは変更を求める運動として表出する。それらの運動は，住民の日常生活に多大な影響を与える大規模施設に対してだけでなく，小規模な事業所や民家を改装したグループホームに対してでも起こっている。すべてのケースで施設コンフリクトが生ずるわけではないが，残念ながら，障害者福祉にとって必要な社会資源である事業所や施設の設置に対して反対する地域の事例は後を絶たない。

　これまで施設コンフリクトは，ゴミ処理場や火葬場などの環境関連施設に対して起こる反対運動が主であり，住民側の態度は **NIMBY 問題** として位置づけられてきた。一方で，障害者の事業所や施設については，環境関連施設とは異なり，人が利用して活動や生活をする場所である点で，そのコンフリクトの様相は大きく異なる。また環境関連施設は住民の生活にとって必要な施設であるが，障害者の事業所や施設は直接関係がないと認識されることが多い。そうなると，より一層，施設コンフリクトが生じやすくなる。

　施設コンフリクトの発生の背景の一つには，1970年から80年代にかけて障害者関連施設が急増したことが挙げられる。それまで自宅で親が苦労して生活を支えていた障害者を，施設できちんとケアすることが公的責任であるとし，入所施設の拡充が図られた。それにより多くの施設が建設されたが，地域と近い場所に立地を求めたケースで施設コンフリクトが発生したのである。さらに近年では，障害者福祉の分野で通念となっている **ノーマライゼーション**（本書第4章参照）の実現に向けて，あえて地域社会の中に施設や事業所を建てようとすることが，結果として施設コンフリクトの発生に至る事例も少なくない。

❏ 住民らによる立地反対の事由

　住民による障害者関連の事業所や施設への立地反対の主張には，①

> **➡ NIMBY 問題**
> 'Not in my back yard' の各単語の頭文字をとったもの。ある施設に対して，その施設の社会的な必要性は理解できるが，自分たちの近く（バックヤード：裏庭）への設置は認め難いという態度を表す。

> **➡ ノーマライゼーション**
> 障害者福祉の領域では，「障害のある人が障害のない人と同等に生活し，ともにいきいきと活動できる社会を目指す」という理念を指す。そもそもは，デンマークで知的障害者施設への入所中心のあり方に異を唱える際に用いられた。現在は，障害者だけでなく社会的マイノリティーを含めて，「さまざまな人たちが当たり前に生活できるような社会こそが通常な社会である」という考え方として受け止められている。

無理解や偏見によるもの，②生活環境への影響を懸念するもの，③手続きや計画プロセスへの反感に基づくもの，に分類できる。住民にもさまざまな考え方や，立場による温度差はあるが，おおよそこれらの3つの主張が絡まりあって反対運動が展開されていく。

①　無理解や偏見によるもの

まず，障害者関連の事業所や施設が自分たちの住む地域につくられようとする際に，住民からは障害者に対する無理解や偏見に基づいた意見が頻繁に出てくる。特に精神障害者に対しては，暴力を振るうのではないか，事件を起こすのではないかといった偏見が根強い。事故や犯罪が起こってからでは遅いので，自分たちの地域には施設や事業所をつくってほしくないというのが，住民側の言い分である。知らない人たちが近隣で暮らすことへの漠然とした不安や，障害自体への理解不足が，障害者への差別ともとらえられる態度に結びついてしまうのである。

②　生活環境への影響を懸念するもの

次いで問題化されるのが，騒音や交通量の増加による生活環境への影響である。特に日中活動する事業所は，利用者やスタッフを含めて多くの人々がその場所に出入りする。また事業所の活動内容によっては音が出ることもあるし，利用者に大きな声を出す人も含まれる場合もある。平穏な暮らしを望む住民からは，騒々しさをもたらす事業所や施設は，できれば離れた場所に設置してほしいというのが本心なのであろう。

③　手続きや計画プロセスへの反感に基づくもの

さらには，施設や事業所の計画の進め方への反感も，住民側の態度を硬化させる。事前に地域に何の説明もなく土地を収得して，建物の計画が決まった段階になってはじめて地域で説明会を開くと，たいていの場合，その説明会は紛糾する。反対の矛先は，設置団体とそれを認めた行政部局にも向かい，マスコミも巻き込みながら，手続きの正当性を争点として，大きな問題となってしまうこともある。

以上，列挙した以外にも地域の事情に応じて，住民らはさまざまな理由を掲げて反対運動を展開する。施設や事業所ができる際には地域に何らかの影響があることから，どのケースでも潜在的に反対運動が起こる可能性があるといっても過言ではない。

❑ 施設コンフリクトへの対応

それでは，いかにして施設コンフリクトを解消すればよいのだろうか。事業所や施設を設置する側としては，そもそも住民側が障害者に

偏見を抱き間違った理解をしているのだから，正しい知識を学んで設置に同意してもらわなければならない，と考えがちである。自分たちは障害者支援を進めるための**社会資源**をつくろうとしている，すなわち社会的に善いことをしているのだ，それを住民にも理解してほしいとの思いで，時には上から目線で住民に施設や事業所の立地への賛同を求めてしまう。住民の一部には，きちんと説明すれば，そのことを理解してくれる人たちもいる。

　しかしながら，多くの住民たちにとっては，実際の障害者の生活や日常に触れる機会はまだまだ少ない。そのことが，もともとの偏見や無理解とあいまって，「得体の知れない人たち」が自分たちの生活を脅かすといった拒否反応として表出してしまうのである。また住民たちが，急に登場した団体の意見になかなか耳を傾けないのは，互いに信頼関係が構築されていないからだ。結果として，設置側と住民たちとの話し合いは，議論がかみ合わずに平行線をたどってしまい，往々にして感情的になり，説明会自体が決裂してしまうのである。

　こういった状況を踏まえた上で，まず設置側としては，住民たちが実際の障害者の生活や支援の現場をみる機会をつくり，施設や事業所が立地したとしても，日常生活に問題は生じないことを理解してもらう必要がある。障害者がどんな人たちなのかは，自分たちの目で見てみてわかることがたくさんある。たとえば，住民向けの事業所見学会の開催や，各種イベントへの招待，講演会やシンポジウムで当事者の話しを聞いてもらうのもよい。さまざまな機会を通じて，住民たちに障害者に対する共感が生まれてくれば，彼らを受け入れることへの抵抗は小さくなるだろう。

　さらに大事なことは，設置側と住民たちとをつなぐ仲介者の存在である。先に述べたように，住民らと設置側の団体に事前の関係がなければ，設置側の言い分や計画自体を信頼することは難しい。もし施設見学やイベント参加を呼びかけても，設置側の一方的なお願いでは，住民らは参加してくれないだろう。また双方の言い分が対立したときに，間に入って話し合いを進める人がいなければ，議論は簡単に紛糾してしまう。そういった状況を避けるためにも，公平かつ冷静に議論を見守ることができ，かつ双方から信頼を得ることのできる仲介者が不可欠なのだ。仲介者のもとで時間をかけていねいに取り組めば，住民たちが施設や事業所の立地を受け入れる可能性は高まっていくのである。

社会資源

社会資源とは，利用者がニーズを充足したり，問題解決するために活用されるものの総称であり，制度や情報といったしくみや，施設や機関などの組織や拠点，資金や物資などのモノやお金，さらには集団や個人の有する知識や技術などを含む。

❏ 障害者差別解消法の付帯決議

施設コンフリクトの発生の契機は，障害者関連の事業所や施設の計画を住民らがはじめて知った段階が最も多い。行政が，設置側に地域の同意を求め，それに応じて開催された住民説明会や町内会との協議の場で，住民らに計画が知らされるのである。設置に関して補助金等を支出する行政側からすると，円滑な施設運営のために地域の同意がある方がよいとの立場だが，一方で，説明会開催や協議の開始により一気に反対運動が組織されて，設置を断念するケースもある。

また，障害者であっても，住民として地域に住むことは権利として保障すべきとの考え方から，地域の同意を求めること自体が問題視され，一部の地方自治体では同意を求めない運用もみられた。同意を得ること自体が施設コンフリクトを発生させる一因でもあるとの指摘があり，**障害者差別解消法**➡の付帯決議で，同意を得る必要はないとの立場が明確となった。その具体的な文言は次のとおりである。

> 「5. 国及び地方公共団体において，グループホームやケアホーム等を含む，障害者関連施設の認可等に際して周辺住民の同意を求めないことを徹底するとともに，住民の理解を得るために積極的な啓発活動を行うこと。」（2013年5月26日　衆議院内閣委員会）

この文言からは，同意が不必要なことと，行政が主となって活動し，住民が障害者への理解を深めることによって施設コンフリクトの発生を防ぐというねらいがみて取れる。

❏ 施設コンフリクトを通して

障害者関連の事業所や施設の立地に際して，地域の同意が不必要になったことで，計画段階での施設コンフリクトの発生は避けることができる。住民らが知らないうちに地域にグループホームや事業所が設置され，気づいたころには，利用者の生活や行動には何も問題がなく，一般民家や事業所と同じように地域の一部として住民たちが受け入れるというような経過を辿るかもしれない。現に，あえて住民に告知せず地域の中で円滑に運営している事業所やホームもある。利用者にとって平穏な暮らしを望むならば，施設コンフリクトが起こらないように，地域でひっそりと活動することも選択肢の一つであろう。

その一方で，施設コンフリクトが発生し，それが解消に至ることで，地域と事業所や施設が関係構築できた事例もみられる。当初，事業所や施設に反対していた住民らが，コンフリクトを解消するプロセスの中で障害者に対する考え方を改め，結果的にはその事業所や施設を通じて障害者福祉の協力者となるのである。問題解決に向けて，設置側

➡**障害者差別解消法**

正式名称は「障害を理由とする差別の解消の推進に関する法律」といい，2013年に公布，2016年に施行された。この法律は，障害の有無によって分け隔てられることなく，相互に人格と個性を尊重し合いながら共生する社会の実現に向け，障害を理由とする差別の解消を推進することを目的とし，障害のある人への"不当な差別的取扱い"の禁止と，役所や事業者に対して"合理的配慮"の提供を求めている。くわしくは本書第7章第2節を参照。

も，自分たちが地域にとっても必要な場所になるべきと認識し，地域
へ様々な貢献活動を行うこともある。時には，地域のニーズに応えて
介護福祉事業を開始するなど活動自体の広がりもみせる。そうなれば，
利用者と住民たちとの日常的な関係づくりにも期待できるだろうし，
利用者に万が一のことがあったときにも住民が支えてくれるようにも
なるだろう。

　施設コンフリクトは可能な限り避けるべきなのか，それとも施設コ
ンフリクトの発生を受け入れて，解消するプロセスを通じて関係構築
の可能性を追求すべきなのか，その判断は難しい。障害をもった人が，
普通に住民として地域に住み，そこで色々な社会活動ができるための
社会環境づくりはまだまだ途上である。いかに社会環境を整えていけ
ばよいのかという議論と合わせて，これからも施設コンフリクトへの
対応を考えていく必要があるだろう。

③ 障害者虐待

➡ 世界人権宣言

世界人権宣言は，法的な拘束力はないが人権保障の目標ないし基準を宣言するものとして1948年に国連総会で採択された。前文には，第二次世界大戦を踏まえて，人権の無視及び軽悔が人類の良心を踏みにじった野蛮行為をもたらしたこと，人類社会のすべての構成員の固有の尊厳と平等で譲ることのできない権利とを承認することは，世界における自由，正義及び平和の基礎であることが記される。世界人権宣言は，人権および自由を尊重し確保するために「すべての人民とすべての国とが達成すべき共通の基準」である。

➡ 国際人権(B)規約

国際人権規約は，様々な人権条約の中で最も基本的かつ包括的なものである。社会権規約（国際人権（A）規約➡）と自由権規約（国際人権（B）規約）がある。世界人権宣言の内容を基礎として，1966年に国連総会において採択され，1976年に発効した。日本は1979年に批准した。このうち，「市民的及び政治的権利に関する国際規約」は自由権規約もしくは国際人権B規約と呼ぶ。人間としての平等，生命に対する権利，信教の自由，表現の自由，集会の自由，参政権，適正手続及び公正な裁判を受ける権利など，個人の市民的・政治的権利を尊重し，確保することを締約国に求めている。

□ 人権と虐待

すべての人間に固有の尊厳と平等で譲ることのできない権利があることは，**世界人権宣言**➡をはじめとした国際的な合意事項である。これらの権利には誰もが虐待等を受けないことが含まれ，**国際人権（B）規約**➡第7条は「何人も，拷問又は残虐な，非人道的な若しくは品位を傷つける取扱い若しくは刑罰を受けない」としている。

一方，すべての人間のための包括的な取り決めがあってもなお，女性，子ども，障害者，少数者，移住労働者といった社会的に脆弱（ぜいじゃく）な人たちは権利侵害を受けやすい実態があり，国連はそうした人々のための特定の基準を含んだ国際人権法を拡大してきた。2006年12月に国連総会で採択された障害者の権利に関する条約（以下，障害者権利条約）は，障害分野における国際人権法であり，その第16条「搾取，暴力及び虐待からの自由」では，家庭の内外におけるあらゆる形態の搾取，暴力及び虐待から障害者を保護するための措置を締約国がとるよう規定されている（本書第4章第4節参照）。

□ 虐待による生物的及び心理的影響

このように，虐待は重大な権利侵害であり，人権の観点から許容できるものでは決してなく，人間という集団における社会的な面において完全に否定される。それだけでなく，生物的及び心理的な面において虐待が人体に影響を及ぼすことが近年知られるようになった。友田[3]によれば，小児期の不適切な養育の経験は高頻度に精神疾患の発症を招き，脳の器質的・機能的な変化を伴う。たとえば，暴言虐待は聴覚野容積の拡大，**面前DV**➡は視覚野容積の縮小をもたらし，うつ病やPTSD，認知機能の低下を引き起こす。

より多くの種類の虐待を一度に受けると大脳辺縁系（海馬や扁桃体など）に障害を引き起こす。

虐待によるこのような生物的な変化は，非人道的で過酷な状況への適応として理解される。また，被虐待者の心理的影響としては，衝動抑制障害，薬物・アルコール乱用，反社会性パーソナリティ障害，全般性不安障害等を含む精神疾患との関連や，反応性愛着障害との強い関連が指摘される。

ICF（国際生活機能分類）モデル（本書第1章第2節参照）に依拠して考えるならば，こうした生物的及び心理的変化は，活動（個人レベルの課題や行為の遂行）や参加（生活や人生場面へのかかわり）といった生活機能に大きな影響を及ぼし，被虐待者にさまざまな形で生活のしづらさをもたらす。

❏ 障害者と被虐待リスク

日本において，1990年代には，障害者雇用の場で起きた水戸アカス事件（1995年）[4]と滋賀サングループ事件（1996年）[5]，知的障害者入所施設で起きた白河育成園事件（1997年）[6]など，障害者への虐待事件が相次いで報道された。

障害のある人たちは，上記のような極めて重大な虐待も含め，被虐待リスクが高いといわれている。英国の研究によれば，障害者は暴力や性的虐待の被害者になりやすく，警察による介入や法的保護や予防的ケアを受けづらい[7]。日本におけるいくつかの研究でも同様の傾向が報告され，障害児の障害のない児童に比べた，被虐待リスクは身体障害児4.3倍，知的障害児13.3倍であり[8]，障害児入所施設に新規入所する児童の約4割が虐待による入所と報告される[9]。

❏ 障害者虐待防止法施行後の状況

このように，障害者は一般に比べて被虐待リスクが高いため，虐待を未然に防止するとともに，虐待された場合には早期に介入・対応して権利侵害を終わらせる必要がある。障害者虐待の防止に関する法制度化は，児童虐待，配偶者暴力防止，高齢者虐待に比べて遅れていたが，障害者虐待の防止，障害者の養護者に対する支援等に関する法律（以下，障害者虐待防止法）が2011（平成23）年6月に成立，2012（平成24）年10月に施行された。

障害者虐待防止法は，「何人も，障害者に対し，虐待をしてはならない」（第3条）と規定している。また，養護者による障害者虐待，障害者福祉施設従事者等による障害者虐待，使用者による障害者虐待の3つを障害者虐待と定義し，障害者虐待を受けたと思われる障害者を発見した者に対して速やかな通報義務を課した。そして，身体的虐待，性的虐待，心理的虐待，ネグレクト，経済的虐待の5類型について，通報又は届出から虐待を受けた後の対応までの障害者虐待防止措置を規定した。法の概要については，本書第7章第1節を参照されたい。

以下に，厚生労働省が公表する「都道府県・市区町村における障害者虐待事例への対応状況等」から，障害者虐待防止法施行後の障害

▶ **国際人権（A）規約**

国際人権規約のうち，「経済的，社会的及び文化的権利に関する国際規約」を社会権規約もしくは国際人権（A）規約と呼ぶ。民族自決権のほか，労働の権利，団結権，社会保障について権利，家族に対する保護・援助，教育の権利，文化的な生活に参加する権利など，個人の経済的，社会的及び文化的な権利の保障が定められる。

▶ **面前DV**

児童の目の前でドメスティック・バイオレンスが行われること。PTSD，気分障害，不安障害，攻撃的行動，自殺企図・自殺念慮，摂食・睡眠障害，認知・行動発達の遅れなど，心理面での中長期的に深刻な影響があるといわれる。児童への被害が間接的であることから従来は児童虐待と定義されていなかったが，2004年改正の児童虐待防止法により心理的虐待のひとつとされるようになった。

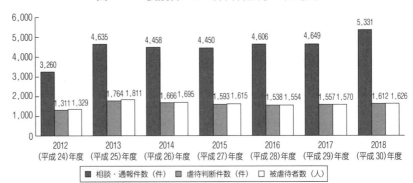

図3-1 養護者による障害者虐待の年次推移

注：2012年度は下半期のみのデータ。
出所：厚生労働省（2019）「平成30年度 都道府県・市区町村における障害者虐待事例への対応状況
　　　等（調査結果）」.

表3-1 市町村職員が判断した虐待の発生要因や状況（複数回答）

(%)

虐待者が虐待と認識していない	45.6
家庭における被虐待者と虐待者の人間関係	43.0
被虐待者の介護度や支援度の高さ	25.9
虐待者の知識や情報の不足	24.8
虐待者の介護疲れ	22.0
家庭における経済的困窮（経済的問題）	19.2

出所：図3-1と同じ.

虐待の発生・対応状況と今後の課題を述べる。

☐ 養護者による障害者虐待

　養護者による障害者虐待は，2018（平成30）年度で通報件数5,331件，虐待判断件数1,612件，被虐待障害者数は1,626件であり，2013年度から2017（平成29）年度はほぼ横ばいであったが，2018年度は件数が増加した（図3-1）。

　虐待行為の類型で多かったものから順に，身体的虐待63.6％，心理的虐待29.4％，経済的虐待21.2％であり，発生要因の上位に「虐待者が虐待と認識していない（45.6％）」「家庭における被虐待者と虐待者の人間関係（43.0％）」があがった（表3-1）。2017年，2018年には自宅における長期にわたる監禁・虐待という深刻な虐待事案が相次いで発見された。養護者の孤立を解消して適切な支援を行うとともに，早期発見と早期介入が求められる。

☐ 障害者福祉施設従事者等による障害者虐待

　障害者福祉施設従事者等による障害者虐待は，2018年度で相談・通報件数2,605件，虐待判断件数592件，被虐待障害者数は777件であり，

図3-2　障害者福祉施設従事者等による障害者虐待の年次推移

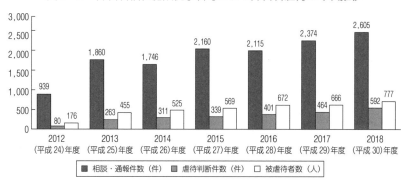

出所：厚生労働省（2019）「平成30年度都道府県・市区町村における障害者虐待事例への対応状況等（調査結果）」.

表3-2　市区町村等職員が判断した虐待の発生要因（複数回答）

	(%)
教育・知識・介護技術等に関する問題	73.1
職員のストレスや感情コントロールの問題	57.0
倫理観や理念の欠如	52.8
虐待を助長する組織風土や職員間の関係性の悪さ	22.6
人員不足や人員配置の問題及び関連する多忙さ	20.4

出所：図3-2と同じ.

件数は増加傾向にある（**図3-2**）。

　虐待行為の類型で多かったものから順に，身体的虐待51.7%，心理的虐待42.6%であり，発生原因の上位に「教育・知識・介護技術等に関する問題（73.1%）」「職員のストレスや感情コントロールの問題（57.0%）」「倫理観や理念の欠如（52.8%）」があがった（**表3-2**）。刑事事件となった深刻な虐待事案も報告され，虐待を行った職員個人の問題だけでなく，設置者，管理者が虐待行為を知りながら隠蔽するなど組織全体の問題が指摘できる。虐待疑いがあった場合の通報義務の遵守による早期発見・早期対応と，施設・事業所における虐待防止の取り組みの徹底が求められる。

☐ 使用者による障害者虐待

　使用者による障害者虐待（障害者数）は，2018（平成30）年度で通報・届出件数1,942件，虐待認定件数900件であった（**図3-3**）。通報・届出の対象となった障害者は，障害種別では精神障害（33.3%），知的障害（32.7%）の順で，虐待種別では経済的虐待（48.8%），心理的虐待（36.1%）の順であった。経済的虐待の多くは，労働基準監督署の監督指導の結果として，最低賃金の減額特例許可なく最低賃金未満の賃金を支払っていたことが判明した事案である。その他に，事業主や障害のある労働者でない他の労働者が障害者の人権や障害者虐待に

図 3 - 3　使用者による障害者虐待の件数（障害者数）の推移

■ 通報・届出　□ 認定

出所：厚生労働省（2019）「平成30年度　使用者による障害者虐待の状況等」をもとに
　　　筆者作成.

　ついて理解していないことから起きる障害者虐待も報告される。使用
者による虐待には他の労働者による虐待行為の放置も含まれ，事業主
による職場環境の構築とともに，研修実施や外部研修会への参加等を
通じて他の労働者が障害者への接し方等を学習することが求められる。

親なき後の支援／きょうだいへの支援

◻ 親なき後の支援

　障害児者の家族，とりわけ親は，食事・排泄・入浴，移動，余暇といった日常生活のさまざまな面において主たるケアを担ったり，障害児者の意思を代弁したりすることが多い。「平成28年生活のしづらさなどに関する調査[10]」によれば，65歳未満の障害児・者の親との同居率は身体障害48.6％，知的障害92.0％，精神障害67.8％で，障害種別に見ると知的障害者で親との同居率が顕著に高かった。成人した後も親と同居する障害者が珍しくない背景には，障害者自身が生殖家族を形成する例が一般に比べて少ないことにある[11]。

　在宅福祉サービスのメニューがほとんどなく，障害者のケアを家族，とりわけ親に依存してきた時代において，障害児者の親たちの関心の中心は親なき後の支援であった。障害児者の親たちは，親が亡くなった後であっても障害児者が安心して暮らすことができる終生保護の施設を求め，**コロニー政策**▶や入所施設の整備促進をもたらした。

　遠藤によれば[12]，戦後，1948年施行の児童福祉法による障害児を対象とした入所施設では，障害児の数に対して施設数が十分でなく，孤児や生活困窮など家庭環境の悪い障害児が優先して入所し，加えて指導訓練の効果が期待できる中軽度の障害児が選別される傾向があった。1960年には，児童福祉法の範囲外となる18歳を過ぎた年齢超過児を受け入れるため，知的障害のある成人を対象とした精神薄弱者援護施設等を盛り込んだ精神薄弱者福祉法（現・知的障害者福祉法）が施行されたが，重度知的障害や重複障害のある者は更生の見込みが少ないとされ，精神薄弱者援護施設への入所は難しかった。このように，在宅の重度障害児や重症心身障害児の支援は特に対応が遅れており，就学義務が猶予・免除され，受け皿となる通園施設の設置が進まない中では家庭で世話をするしかなかった。そこで，重度障害児や重症心身障害児の父母たちは運動を展開し，障害種別や程度にかかわらず乳児から老人に至るまで終生一貫した支援と，専門的な療育を可能とする施設の設置を求めた。この運動は1960年代半ばになると社会的問題として多くの人々の共感を呼び，国の政策形成に大きな影響を及ぼして，重症心身障害児施設の法定化（1967年），国立コロニー（1971年開所）の設置，知的障害者を長期にわたって保護収容する機能をもつ入所施設

▶コロニー政策

コロニー，すなわち児童期から成人期以降までの障害児・者を一貫して対応する総合的な障害児・者施設の設立に関する政策のこと。ドイツやスウェーデンなど海外のコロニーをモデルに，日本では国立コロニーが1971年に開設されるとともに，同時期に大規模な都道府県立コロニーが設立された。2000年代に入り国立コロニーについては大きく方針が転換され，運営法人が変更され，現在は入所者の地域移行に取り組むとともに重い障害のある人の自立を支援している。

の整備促進などが図られた。

在宅ケアが十分でない時代に施設整備が図られた結果，障害者の地域生活は親による介護が前提であり，親の高齢化や病気，死別などの理由によって家族によるケアが限界となった場合に，障害者のケアは残余的・補完的に入所施設が担う形で行われるようになった。親なき後の支援機能を入所施設に求めるモデルといえる。

一方，現在では，これとは対照的に，改正障害者基本法（2012年施行）の第1条に示されるように，全ての国民が障害の有無によって分け隔てられることなく，相互に人格と個性を尊重し合いながら共生する社会の実現が目指されている。

歴史を遡ると，1980年代にノーマライゼーション思想が日本に紹介され，1990年の福祉関係八法改正により在宅福祉サービスが制度に位置づけられた。2000年代に入ると「入所施設は，地域の実情を踏まえて，真に必要なものに限定する」「「障害者は施設」という認識を改める」等，脱施設化政策により入所施設整備に偏っていた政策が見直され，地域生活支援が重視されるようになった。現在も，身近な地域で利用できる在宅の障害福祉サービスのより一層の充実強化が図られている。

地域生活支援が基本となった近年，親なき後の支援をめぐる議論には大きな変化がみられる。以前と異なる点は大別して2点である。

1点目は，地域における居住施設への着目である。障害者総合支援法の衆議院・参議院の付帯決議では，「障害者の高齢化・重度化や「親亡き後」も見据えつつ，障害児・者の地域生活支援をさらに推進する観点から，ケアホームと統合した後のグループホーム，小規模入所施設等を含め，地域における居住の支援等の在り方について，早急に検討を行うこと」と書き込まれた。

これに関連して，政府は第4期障害者福祉計画（2015-2017年度）と第5期障害福祉計画（2018-2020年度）において，相談，体験の機会・場，緊急時の受入れ・対応，基幹相談支援センターの設置等を機能としてもつ「地域生活支援拠点」を設置するよう各地方自治体に求めている。

また，重度化・高齢化した障害者のグループホームでの生活継続が可能となるよう，2018年度障害福祉サービス報酬改定では重度障害者対応のグループホームが新設され，地域における居住支援の拡充が図られた。今後，地域における居住施設は，さまざまなニーズに対応できるようにさらなる検討と開発が求められる。

2点目の変化は，障害者とその親との関係性である。旧来のモデル

では，支えの限界がくるまで親が支え，親が支えきれなくなったとき
に入所施設に委ねてくることが多かった。これに対し，親が子どもを
支える機能が弱くなる，あるいは喪失してしまう前の早い段階から，
本人を中心に，支援チームが関与した暮らしの経験を重ね，親自身も
本人を支える提案もある。[15]

　旧来のモデルにみられる近親者への依存の集中は，その近親者が支
えられなくなったときに生活の危機を引き起こし，施設入所の選択や，
高齢の親による介護負担や，将来の生活不安を理由とした心中事件を
もたらす。障害者が親なき後も地域生活を継続できる，新しい支援の
スタンダードの定着が求められる。

☐ きょうだいへの支援

　障害児者とともに暮らす兄弟・姉妹（以下，きょうだい）は，早い時
期から精神的に成熟したり，忍耐力，寛容さや誠実さ，洞察力が養わ
れるといった内面的な成長がもたらされることが報告される。[16]

　その一方で，親とは違った立場として困難や不安を抱えることがあ
る。[17]具体的には，親の注意が障害児者に集中しがちなために感じるき
ょうだいの孤独感，障害児者の世話にきょうだいが労力を割かざるを
得ないことへの不満や葛藤，障害児者のネガティブな側面を自身が補
おうとする同一化といった境界の問題，自分も障害児者と同じ障害に
なるのではないかという不安，所属するコミュニティでの障害のスティ
グマによる差別や権利侵害，親が機能を失った後の世話や介護の責
任など，心理的及び社会的な面での困難や不安があげられる。

　こうしたきょうだいの支援ニーズに対応するものとして，きょうだ
い同士のピアサポートがある。きょうだいへの支援とは「障害児者と
暮らす同じ立場にあるきょうだい達に出会いの場や活動の機会を提供
し，きょうだいの心理社会的な問題の軽減・解決や，障害児・者への
理解を促すことを目的とした活動」[18]であり，代表的な例として，アメ
リカ合衆国で1990年に発祥したシブリングサポートプロジェクト
（Sibling Support Project）がある。シブリングサポートプロジェクトは，
出版，オンラインでの当事者に対するグループワーク，ワークショッ
プを通じての広報・啓発活動とともに，学齢期のきょうだいに対する
地域に根ざしたピアサポートであるSibshopを全米及び世界各地で展
開する。ジョンソン（Johnson, A. B.）によれば，[19]Sibshop経験のあるき
ょうだいはSibshopからきょうだい自身の社会や環境への適応の方略
を獲得し，9割以上がSibshopからよい影響を受けたと回答した。

　日本におけるきょうだいへの支援は，1995年に組織化された「全国

障害者とともに歩む兄弟姉妹の会」が，翌1996年にきょうだいへの支援を開始したことに始まる。現在では，知的障害や自閉症のある障害児者の親の会，各地の自閉症協会，病院，自治体単位で展開されるものなどさまざまで，きょうだいの年齢（例：学齢期，成人など）や障害児者の疾患・障害（例：自閉症，特定・慢性疾患，精神障害，知的障害など）など特定の対象に絞った活動も確認でき，「きょうだい教室」など教育機関や研究機関におけるきょうだいへの教育的支援もみられる。

　このように，きょうだいへの支援は対象や活動形態がさまざまであるものの，同じ立場にあるきょうだいとの交流は，障害児者への支援に関する情報の獲得だけでなく，安心・安全な場で自身の経験や感情を表出し，経験を分かち合うことによって，孤独感が解消されたり，ありのままの自分で他者に受け入れられるという他者受容感の獲得をもたらして，新たな役割や生きがいを見出す機会となる。きょうだいへの支援は，多様性と一人ひとりの人権の尊重が社会に求められる中，きょうだい自身の尊厳の回復にかかわる活動といえるだろう。

◯注

(1)　バリアフリー法は2006年に制定された，建築物と交通機関さらには地区全体のバリアフリーを進めることを目的とする法律である。同法の詳細については本書第7章第5節を参照のこと。

(2)　たとえば，医師が発声機能を失った場合に直ちに医師免許を剥奪するのが絶対的欠格条項であるが，器具等を用いてコミュニケーションが取れれば医師免許の継続を認めるのが相対的欠格条項となる。

(3)　友田明美（2016）「被虐待者の脳科学研究」（特集　子ども虐待とケア）『児童青年精神医学とその近接領域』5(75)，719-729.

(4)　ダンボール製造会社の経営者が，知的障害のある従業員に正当な賃金を支払わず，暴行や性的虐待を行っていた。刑事告発され執行猶予付き有罪判決を受けた。1998年に「聖者の行進」としてテレビドラマ化された。

(5)　知的障害のある従業員に正当な賃金を支払わず，障害年金の使い込みや身体的虐待を行っていた。社長が実刑判決を受けた。

(6)　障害者支援に関する知識や経験に乏しい理事長兼施設長が，必要な指導・対応と称した暴力，暴言，強要，精神安定剤などの不必要な投与を繰り返していた。

(7)　Dodd, Tricia, et al. (2004) Crime in England and Wales 2002/2003 (https://webarchive.nationalarchives.gov.uk/20110218141841/http://rds.homeoffice.gov.uk/rds/pdfs2/hosb703.pdf).

(8)　全国児童相談所長会（2009）「全国児童相談所における家庭支援への取り組み状況調査報告書」.

(9)　全国知的障害者福祉協会（2016）「平成28年度　全国知的障害児入所施設実態調査報告」.

(10)　厚生労働省（2016）「平成28年　生活のしづらさなどに関する調査（全国在宅障害児・者等実態調査）」.

(11)　「平成28年　生活のしづらさなどに関する調査」では，夫婦で暮らしている

障害者の割合は，身体障害52.1%，知的障害4.3%，精神障害27.1%であった。
⑿　遠藤浩（2014）「国立コロニー開設に至る道のり」『国立のぞみの園10周年記念紀要』1-36.
⒀　小澤温（2020）「施設化政策，脱施設化政策」小澤温編『よくわかる障害者福祉（第 7 版）』ミネルヴァ書房，58-59.
⒁　内閣府（2002）「障害者基本計画」.
⒂　大村美保・福岡寿・村岡美幸ほか（2019）『「親なき後」をみんなで支える──知的障害のある人の高齢化を考える 4 つのポイント』全国手をつなぐ育成会連合会，16-20.
⒃　柳澤亜希子（2007）「障害児・者のきょうだいが抱える諸問題と支援のあり方」『特殊教育学研究』45（1），13-23.
⒄　清水由香（2020）「家族会，親の会，きょうだいの会の展開と運動の意味するもの」小澤温編『よくわかる障害者福祉（第 7 版）』ミネルヴァ書房，130-131.
⒅　Meyer, D. J. & Vadasy, P. F.（1994）*Sibshops; Workshops for siblings of children with special needs*, Paul H. Brookes.
⒆　Johnson, A. B. & Sandall, S.（2005）*Sibshops: A Follow-Up of Participants of a Sibling Support Program*, University of Washington.

○参考文献

第 1 節
髙橋儀平（2019）『福祉のまちづくり──その思想と展開』彰国社.
光野有次（1998）『バリアフリーをつくる』岩波新書.
第 2 節
野村恭代（2018）『施設コンフリクト──対立から合意形成へのマネジメント』幻冬舎.
古川孝順・三本松政之・庄司洋子編（1993）『社会福祉施設──地域社会コンフリクト』誠信書房.
大島巌編（1995）『新しいコミュニティづくりと精神障害者施設　──「施設摩擦」への挑戦』星和書店.

■第4章■
障害者福祉の理念と変遷

障害者福祉の理念とは，「実践上あるいは制度・政策上，さらには思想的に，障害をもつ人々がどのような状態におかれることが望ましいと考えられるかということを示すもの」とされる[(1)]。しかし，実際に何をもって望ましいとするのかは，時代背景や社会の状況によって異なり，また，いくつかの異なった理念が同時に存在することもある。戦後，さまざまな障害者福祉の理念が登場し，ソーシャルワーク実践や関係施策などに影響を与えてきた。本章では，これらの理念とその背景，そしてそれに伴う施策についてみてみよう。

① ノーマライゼーション

☐ バンク-ミケルセンのノーマライゼーションの原理

　ノーマライゼーション（Normalization）の理念は，知的障害者の親の会での議論を踏まえデンマークで制定された「1959年法」において，当時行政官であったバンク-ミケルセン（Bank-Mikkelsen, N. E.）が，「知的障害者の生活を可能な限り通常の生活状態に近づけるようにすること」と定義づけたことに始まる[(2)]。1959年法は，ノーマライゼーションという言葉が初めて用いられた法律で，内容的にも画期的なものであった。

　バンク-ミケルセンは，第二次世界大戦中に，ナチスのレジスタンス運動に加わり強制収容所に入れられた経験をもつ。戦後，デンマーク社会省の行政官として郊外の大規模入所施設を訪れた際，自分が経験した収容所に雰囲気が似ていると感じた。そこで，劣悪な環境の大規模施設での生活を余儀なくされている知的障害者の処遇を改革しようと，親の会とともに処遇改善の運動を展開した。その運動が「1959年法」に結実することになる。

　今日ではノーマライゼーションという理念は，障害者福祉施策の基盤となる思想として広く受け入れられており，聞き慣れた言葉だろう。ただ，この理念が提唱された時代とその背景事情を考えると，この思想は，荒廃した大規模入所施設で知的障害者を処遇していた当時の価値観を大きく揺るがす急進的な思想であったともいえる。そのため，ノーマライゼーションの理念は，当初は必ずしも入所施設を全面的に否定するものではなかったが，やがて脱施設化や地域移行の流れを生み出していくことになる。

　バンク-ミケルセンは，ノーマライゼーションとは，「たとえ障害が

あっても，その人を平等な人として受け入れ，同時に，その人たちの生活条件を普通の生活条件と同じものとするよう努めるという考え方です。普通の生活条件とは，現在その国の一般の市民が文化的，宗教的，社会的枠組みの中で暮らしている生活条件，あるいはその枠組みの中で目標とされている生活条件ということです」とわかりやすく説明している[3]。ただ，何をノーマルにするのかという点については注意を払う必要がある。ノーマライゼーションという用語は，normal（普通，ノーマル）という英単語を接尾辞の「-ize」で動詞化し，さらに名詞化したものである。そのまま訳せば「普通化」「通常化」「ノーマル化」ということになる。ただ，バンク-ミケルセンが何度も指摘しているように，ノーマライゼーションの原理では，障害がある人を「ノーマルにする」のではなく，それらの人々が経験する生活の条件をノーマルにすることが求められている[4]。また，バンク-ミケルセンは，かれの意思に反して，しだいにこの理念が難解な原理や哲学のように受け取られることに困惑し，ごく当たり前のこと，ごく当たり前の考え方で，いたずらに難しく考える必要はないと語っている[5]。

❏ ニィリエのノーマライゼーションの原理

　また，1967年にスウェーデンで制定された知的障害者援護法にも，ノーマライゼーションの理念が盛り込まれた。その制定に尽力した人物が，スウェーデンのFUB（知的障害者の家族会）のオンブズマン兼事務局長であったニィリエ（Nirje, B.）である。ニィリエが，1969年にノーマライゼーションの原理についての論文を発表したことで世界各国の関係者に広く知られるようになった。そのため，バンク-ミケルセンが「ノーマライゼーションの父」と呼ばれるのに対し，ニィリエは「ノーマライゼーションの育ての父」と呼ばれることがある。

　ニィリエは，バンク-ミケルセンの影響を受けながら，ノーマライゼーションの原理とは，「知的障害者も一般社会または可能なかぎりそれに近い状態の日常生活やライフパターンを経験するべきであるという意味である」と説明している[6]。そして，このノーマルなライフパターンにあたる局面を，具体的に**表4-1**にある8つに整理している[7]。

　この8つのライフパターンであるノーマライゼーションの原理の各要素は，バンク-ミケルセンの定義同様，非常にわかりやすく，誰でもすぐ理解できる内容を指し示している。そのため，福祉分野におけるさまざまな実践において幅広く示唆を与えるものとなった。ただし，ここでも，何がノーマルであるのかについては，バンク-ミケルセンも指摘していたように，国，地域，時代，文化等によって異なる点に

表4-1 ノーマライゼーションの原理の各要素

1. ノーマルな一日のリズム	知的障害者が可能なかぎりノーマルな一日のリズムを経験できるような条件をつくり出すべきである
2. ノーマルな一週間のリズム	知的障害者にもノーマルな一週間のリズムが必要である
3. ノーマルな一年のリズム	知的障害者も，休日，国民の祝日や個人的に大切な意味のある日なども含めてのノーマルな四季の変化を体験する必要がある
4. ノーマルなライフサイクル	知的障害者は，人生において可能なかぎりノーマルな発達段階を経験することが可能であるべきである
5. ノーマルな自己決定の権利	知的障害者が自分で決めた選択，希望や要求事項でもあり，可能なかぎり重要視されなければならない彼らの自己決定権でもある
6. 生活している文化圏にふさわしいノーマルな性的生活のパターン	知的障害者やその他の機能障害者も男女二つの性のある世界で生きているということを示している
7. 生活している国にふさわしいノーマルな経済的パターン	知的障害者も，生活している国固有の権利や規則にそって，その経済文化に参画可能であるべきである
8. 生活している社会におけるノーマルな環境面での要求	たとえば知的障害者を対象とした寄宿ホーム，グループ住宅やアパートなどの建物基準は，一般市民と同じものでなければならない

出所：ニィリエ，B./ハンソン友子訳（2008）『再考・ノーマライゼーションの原理——その広がりと現代的意義』現代書館，112-142をもとに筆者作成.

は注意する必要がある。

◯ ヴォルフェンスベルガーのノーマライゼーションの原理

　一方，ノーマライゼーション理念を英米圏に広める上で大きな役割を果たしたヴォルフェンスベルガー（Wolfensberger, W.）は，**スティグマ**理論と**役割理論**といった社会心理学的考察を踏まえ，北欧で生まれたこの理念を実践的な理論として再構築した。彼は，ノーマライゼーション原理の概念を再構成し，「可能なかぎり文化的に通常である身体的な行動や特徴を維持したり，確立するために，可能な限り文化的に通常となっている手段を利用すること」と定義づけた[8]。その後，ヴォルフェンスベルガーは，障害者の「社会的役割の実現（social role valorization：SRV）」という概念をあらたに提唱し，知的障害者を「社会から逸脱している人」ととらえる社会意識のあり方を問題にした。

　ヴォルフェンスベルガーは，施設の設置場所や障害者の外観や行動を変えることが，知的障害者に対する偏見を含めた社会意識の改善につながると考えていた。知的障害者が「逸脱者」としてとらえられるということは，社会から価値を低められた人とみなされ，それに伴い，評価の低い役割を与えられているからであると考えた。そのため，いかにその価値を高めていくか，そして，そのための社会的な役割をいかに実現するかにノーマライゼーションの意味を見出したといえる。

➡ **スティグマ**

古くは焼きごてで印をつける意味で，犯罪者や奴隷に押されたことに始まる。そのしるしは，特に公共の場所で忌避されなければならない「けがれ」や汚点をもったものであることを示し，現代では不名誉や屈辱を引き起こすものという意味で使われている。社会福祉では，主に公的扶助の受給者が貧民として扱われることで否定的・差別的な感情をもつときに使われることが多い。

➡ **役割理論**

演劇における「役割」をもとにした役割概念を使って，個人と社会の関係をさぐろうとする理論のことを指す。個人が特定の社会状況もしくは集団のなかで占める地位に伴って期待される行動のパターンを，ここでは「役割」と呼ぶ。そして，この理論では，社会は舞台であって，人びとはあらかじめ社会が用意した台本にもとづいて各々の役割を演じていると考える。

　バンク-ミケルセンとニィリエのノーマライゼーションの考え方は，障害者自身よりもむしろ障害者の置かれている生活条件や生活環境といった社会環境の現状のあり方に焦点を当てて問題をとらえようとするものであった。一方，ヴォルフェンスベルガーのノーマライゼーションの再構成および，社会的役割の実現（SRV）は，障害者に対する社会認識の変化を意識しながらも，結局のところ，障害者自身の変容を重視し，障害者の社会への「同化」を求める適応理論であると批判されてきた経緯がある。

　しかしながら，ヴォルフェンスベルガーは，障害者が社会において生活し，人々と関係を取り結ぶ中で社会的に価値ある役割を創造し，支持されることが，ひいては，障害者自身の社会的イメージや他者に映る価値を高め，その人のもつ力の向上につながると主張した。そういった意味では，障害者の価値を低めているのは社会の意識であり，そこに問題がある点を踏まえつつも，現実的な問題解決の道を選んだともいえるかもしれない。

☐ ノーマライゼーションの理念の意義とわが国における今後の課題

　このようなノーマライゼーションの理念にまつわる論争がありつつも，その理念が広く世界に受け入れられ，国際障害者年（1981年）の「完全参加と平等」やその翌年に策定された「障害者に関する世界行動計画」（1982年）の統一標語やスローガンに受け継がれていったことはよく知られている。このように世界的に広がった理由としては，ノーマライゼーションの理念が，多くの人々が直感的に正しいと感じている事柄に言葉を与え，しかも，それが非常にわかりやすい言葉だったからかもしれない。日本でも1970年代後半からノーマライゼーションの理念が紹介され，また1981年の国際障害者年に刊行された『厚生白書』においても取り上げられ，しだいに定着することになる。そして，わが国では，障害者福祉の枠を超え，高齢者福祉や児童福祉といった他分野も含めた社会福祉全体の重要な理念となった。

　ただ，このように広く受け入れられてきたノーマライゼーションの理念に対しては，一方で批判もある。たとえば，この理念における人道主義的な価値観はいくつもの肯定的な効果を上げてきたが，現在では，その新鮮さや衝撃性が薄れてもう「古くさく」なってしまい，以前のような進歩的なパワーがないとの批判がある。[9]また，ノーマライゼーションの理念があまりに頻繁に使用されるようになったがために，かつて社会において支配的であった考え方への抵抗として生まれた思想であったことが忘れ去られてしまい，反対に，社会において受容され

➡ 社会的入院

医学的には入院治療の必要はなく，本来家庭での療養が望ましいにもかかわらず，帰る場所がない，介護者が拒否するまたはいない，あるいは在宅生活を支える社会資源がないなどの社会的な理由により退院できずにいる状態を指す。本来は治療を目的とした医療サービスが，福祉サービスを代替している状態であるともいえる。

➡ 社会的入所

入所施設におけるケアの必要性がないか，または少ないにもかかわらず，地域における「受け入れ先」がない，医療・福祉サービスが不足しているなどの社会的理由のため，施設に入所する，またはそこでの生活を継続している状態を指す。

定着し，多くの国の政策にもなる「権力者のイデオロギー」とみなされているといった指摘もある。[(10)]

　一方で，日本ではまだ精神科病棟に約30万人が入院し，また，身体障害者や知的障害者の入所施設にも，約20万人余りが入所している。[(11)] この数字を見てもわかるように，日本ではまだ長期の**社会的入院**➡や**社会的入所**➡状態となっている障害者が多く存在し，海外からも批判される大きな社会問題となっている。諸外国では，障害者向けの入所施設等が全廃またはそれに近い状態となっている国も少なくない。このようにわが国の障害者福祉施策は，なおも障害者に「ノーマルな生活条件」を提供できていない状況がある。そのような意味では，ノーマライゼーションの理念が果たす役割はなおも大きいといえる。

② ソーシャル・インクルージョン

☐ ソーシャル・インクルージョン（社会的包摂）とは

　しばしば，ノーマライゼーションの発展形態として理解される「ソーシャル・インクルージョン（social inclusion：社会的包摂）」という言葉は，フランスやイギリスをはじめとするヨーロッパ諸国の社会政策における最優先課題として位置づけられ，日本でも新しい理念として注目を浴びている。ソーシャル・インクルージョンとは，貧困やホームレス状態に陥った人々，障害を有する人々，制度の谷間にあって社会サービスの行き届かない人々を排除し孤立させるのではなく，地域社会への参加と参画を支援し，社会の構成員として包み込むことである。[(12)]

　2002年の社会保障審議会福祉部会の報告「市町村地域福祉計画及び都道府県地域福祉支援計画策定指針の在り方について（一人ひとりの地域住民への訴え）」では，「共に生きる社会づくり（ソーシャル・インクルージョン）」を地域福祉の柱として位置づけている。この報告では，ソーシャル・インクルージョンとは，「たとえば，貧困や失業に陥った人々，障害を有する人々，ホームレス状態にある人々を社会的に排除するのではなく，地域社会への参加と参画を促し社会に統合する」こととされている。

　また，ソーシャル・インクルージョンという言葉は，1980年代以降のヨーロッパ社会における移民労働者を標的にした排斥運動に象徴されるソーシャル・エクスクルージョン（social exclusion：社会的排除）

という問題に対抗するために提唱された考え方であり，社会政策の理念である。

☐ ソーシャル・エクスクルージョン（社会的排除）という問題

ソーシャル・インクルージョンという理念が日本でも注目されるようになった背景には，1990年代から，バブル経済が破綻し，日本の社会問題のありようが大きく変化してきたことなどがある。この間，失業率の上昇，ホームレスの増加，非正規・不安定雇用の拡大，そしてワーキングプア問題の深刻化などがみられた。このような問題を総括的に把握する枠組みとして，ソーシャル・エクスクルージョンという概念にも注目が集まった。

ソーシャル・エクスクルージョンという言葉は，それが行われることが普通であるとか望ましいと考えられるような社会の諸活動への「参加」の欠如を，ストレートに表現したものである。[13]他の言い方をすると，社会関係が危うくなり，ときには関係から切断されている状態であるといえる。そのような関係の欠如は，同時にものごとを決定したり，意見を述べたりする声やパワーの欠落も伴う。

この言葉は，フランスが直面した社会問題とその対応の中で生まれたといわれている。[14]フランスでは，1990年代に入ってから，ホームレス，若年失業者，外国人などを社会から排除する動きが強くなってきた。第二次世界大戦後，都市の復興のため多くの労働者をアルジェリア等の植民地から受け入れたが，復興が終わり，外国からの労働者が高齢化すると，社会の負担となってきた。また景気の低迷により失業者が増加すると，不満の矛先は低賃金で働く外国人労働者に向けられた。これに危機を抱いたフランス政府は，地域社会のつながりを高めるという政策を強力に進めてきた。1998年には社会的排除対策法の制定を行った。その後，同様の問題を抱えたイギリス，ドイツ，イタリアといったヨーロッパ諸国に広がり，EUとしても社会的排除問題を優先的政治テーマとしてとらえるようになった。

☐ 多様な社会関係をふまえた包摂戦略

社会福祉学者の岩田正美は，現在のソーシャル・インクルージョンの包摂戦略の中心は，積極的労働参加を従来の福祉政策に付加することにあり，わが国のソーシャル・エクスクルージョンへの対策も，労働参加の強調を基調としているとしていると指摘している。[15]ただ，ソーシャル・インクルージョンは，必ずしも労働市場への参加や復帰だけで達成されるものではない。労働参加は，この社会的な帰属や社会

➡ ワーキングプア

働いているにもかかわらず貧困状態にあるため，貯蓄や生活を維持する以外の商品購入ができない社会階層の人のことをいう。非正規雇用者の収入が総じて低水準であること等から，このような状態が深刻化し社会問題として指摘されるようになった。

関係の重要な部分ではあるが，すべてではない。そのため，労働だけにこだわると，むしろ排除がそこから生み出される危険がある。そこで，岩田は，人間が，地域や家族，あるいはさまざまな社会団体へ帰属するものとして承認され，これらを基点として多様な社会関係を結んでいるという視点をもちながら，取り組みを進める必要があると指摘している[16]。そのような視点にもとづいた包摂戦略が今後求められるといえるだろう。

③ 偏見と差別

□ 障害者に対する偏見や差別

わが国の高度経済成長期において，「障害者は，その経済成長に寄与することが少ない」という偏見やそれに基づいた差別を受け，優生思想，**社会防衛思想**➡，**パターナリズム**➡的保護主義等の過去の誤った考えから，「障害がない人と同様の自由等の人権を享受できないのは，やむを得ないもの」として見過ごされてきた歴史がある。本章第1節で紹介したノーマライゼーション理念のバンク-ミケルセンも，知的障害者が大規模入所施設での生活を余儀なくされていた時代には，パターナリズム的保護主義のもと，「知的障害は一生治らない固定したものだ」「知的障害者は発達しない」そして「そのような人々はただもう管理的に保護するしかない」という偏見があったと語っている[17]。

ただ，このような偏見に基づく障害者観は，今でも私たちの心の中に根強くあり，人権尊重を声高に唱えるだけではなかなか改善されない状態がある。そのような状況を変えていくために，人権思想を補完するかたちで，本章第1節のノーマライゼーションや第2節のソーシャル・インクルージョンといった新しい理念や思想が生まれてきたといえる。

□「思い込み」が生み出す偏見や差別

では，偏見や差別とはどのようなものなのか。ひとの悪意にもとづいたものなのか。また，非日常的なものなのか。そのことについて考えるために，まず，次の「みんなと一緒がいいです」（**資料4-1**）におけるある人物の言葉から始めてみたい。

この言葉は，重度の自閉症でありながら，PC や文字盤ポインティングによりコミュニケーションをとり，『自閉症の僕が跳びはねる理

➡社会防衛思想

多数の国民，いわゆる「社会」全体を守るためには，少数の障害者や病者を排除することは必要であるという考え方をいう。これまでも，公衆衛生における感染症対策や精神障害者対策において，この思想に基づく施策が行われてきた。具体的な施策としては，ハンセン病に対する「らい予防法」や優生思想に基づいた「優生保護法」などがある。

➡パターナリズム
（paternalism）

父権主義や温情的保護主義などと訳される。強い立場にある者が，弱い立場にある者の利益になるという理由から，本人の意志は問わずに介入したり，干渉したりすることをいう。親が子どものことをおもんぱかる関係においてしばしばみられるようなかかわりである。

資料4-1　「みんなと一緒がいいです」

> 「いいのよ，ひとりが好きなんだから」
> 僕たちは，この言葉を何度聞いたことでしょう。人として生まれてきたのに，ひとりぼっちが好きな人がいるなんて，僕には信じられません。
> 僕たちは気にしているのです。自分のせいで他人に迷惑をかけていないか，いやな気持にさせていないか。そのために人といるのが辛くなって，ついひとりになろうとするのです。
> 僕たちだって，みんなと一緒がいいのです。

出所：東田直樹（2007）『自閉症の僕が跳びはねる理由』角川文庫，39.

由』という世界的ベストセラーを著した東田直樹の言葉である。重度の自閉症の人が「こんなことを考えることができるのか」「こんな言葉を語ることができるのか」「こんな感情をもつことができるのか」といった大きな驚きと感動をもって，彼の著書や講演は受け止められている。

重度の自閉症であると，「自閉症のある人」というカテゴリー（分類）にもとづき，まわりの人は「ひとりのほうが落ち着いていて，集団は苦手だから，他者とかかわりたくないのだろう」ととらえてしまうことがある。それが，自閉症のある人に対するこれまでの一般的なとらえ方であったともいえる。ただ，東田は，そのとらえ方を真っ向から否定する。個別性のある自閉症のある人を，私たちがいかに「自閉症のある人」というカテゴリーに無理やり押し込んできたのかがわかる。そこには，「自閉症のある人＝ひとりが好き」といった公式が潜んでいる。そして，それを疑いのない事実であると思い込み続けてきたのかもしれない。東田の言葉は，悪意はないが意識に乏しいこのような私たちの思い込みに対して，警鐘を鳴らしているようにも思える。

偏見と差別の話に戻ろう。社会心理学において，偏見や差別とは，何らかの社会集団や社会的カテゴリー（たとえば，性別，人種，年齢層，職業，居住地域といった多種多様な分類）に向けられるものと説明される[18]。その社会的カテゴリーとして「障害者」が対象となった場合に，障害者に対する偏見や差別が生まれる。そして，ある集団に属する人に対して，特定の性格や資質をそのカテゴリーの「みんながもっている」ように見たり信じたりする傾向がステレオタイプである[19]。東田の事例でいうと，「自閉症のある人＝ひとりが好き」という思い込みがこれにあたる。そして，このステレオタイプに好感，憧憬，嫌悪，軽蔑といった感情を伴ったものが偏見，そしてこれらを根拠に接近や回避などの行動として現れたものが差別であると説明される[20]。

❏ 障害者に対する偏見や差別の歴史

　このような特徴をもった偏見や差別の恐ろしさを生々しく伝えるのは，特定の集団に対する強い憎悪を感じさせる史実である。たとえば，ナチス・ドイツによる障害者虐殺としてのT4作戦がある。T4作戦は，優生思想に基づき行われた障害者の安楽死政策である。ベルリン市内のティーアガルテン通り4番地の建物に作戦本部が置かれたため，「T4」という場所の略称が使われた。1939年に始まり1941年に中止されたが，その虐殺は第二次世界大戦終結まで行われ，約20万人の障害者が犠牲になったとされる。また，福祉国家として知られる北欧スウェーデンでも，1930年代から1970年代に入るまで，優生学を背景とした障害者の強制的な不妊手術が実施されていた。その数は約2万人にものぼるとされる。そして，日本でも，**旧優生保護法**（1948～96年）の下で，約2万5,000人もの障害者に対し不妊手術が行われていたとされる（本書第5章第4節参照）。

　これらの歴史上の出来事は，極端でまれなものであるようにも感じられる。その一方で，多くの人が身近で経験しているにもかかわらず，そのようにとらえにくい偏見や差別もある。平等主義が重んじられ，偏見や差別を容認しない社会的規範が浸透してからというもの，少数派集団の人に対してあからさまに偏見のある言動が向けられることは確かに減っている。しかし，それは単にみえにくくなっただけであり，偏見や差別は依然として存在し，偏見なく平等であろうとする人ですら無自覚の偏見をもち，少数派集団の人を差別する傾向にあることが指摘される。

　それがよくわかる事件が，2016年7月26日未明に，神奈川県相模原市で起こった障害者殺傷事件である。津久井やまゆり園という障害者支援施設において，短時間のうちに19名が殺害された。この事件の犯人が衆議院議長に宛てた手紙には，「……私の目標は重複障害者の方が家庭内での生活，及び社会的活動が極めて困難な場合，保護者の同意を得て安楽死できる世界です。……障害者は不幸を作ることしかできません」と書かれていた。これだけを聞くと，やはり極端でまれな事件のように感じる。

　ただ，この犯人が語る「社会の生産性に貢献する人間だけが生きる価値がある」「障害があって家族や周囲も不幸だ」「障害者は社会の『お荷物』だ」といった主張に呼応するように，事件後，インターネット上には，これらの考えに賛同したり，その犯行を賞賛するような書き込みが少なからずみられた。犯人の言葉が，まさに優生思想に基づいた偏見にまみれたものであったにもかかわらずである。

➡ **旧優生保護法**
1948年に制定され，1996年までわが国で施行されていた法律である。この法律の第1条では「優生上の見地から不良な子孫の出生を防止するとともに，母性の生命健康を保護することを目的とする」とうたわれ，優生思想に基づき，障害者や精神疾患の患者らに強制不妊手術をすることを認めていた。1970年代以降，この法律は障害者差別の思想を具現化した存在として批判にさらされ，1996年に母体保護法へ改正された。

　さて，これらの言葉は，みなさんの心にどのように響くのだろうか。社会学者の岡原正幸は，「（この事件の）容疑者が口にした優生思想は，それ自体，特殊な偏向的な思考として，自分たちの生活圏から排除することは難しい。彼の思考が，僕らの思考とつながり，……いつでも僕らのものとなりえること」を理解しておく必要があると語っている。[21]この犯人がもつ優生思想に基づいた偏見や差別が，私たちにも決して遠い存在ではないことがわかるだろう。

☐ 偏見や差別にどう対処すればいいか

　もちろん，偏見や差別のない社会はない。偏見や差別はあまりに自然に発生し，維持され，社会のさまざまな場面でその片鱗をみることができる。私たちはできるだけ単純なイメージを描くことで，さまざまな思考を円滑にし，時間をかけずに効率的にものごとを判断し行動することができている。ただ，このような単純なイメージによる情報処理を繰り返した結果，さまざまな社会集団に対するイメージ，つまり，ステレオタイプが形成される。そのステレオタイプには，「子ども＝かわいい」や「日本人＝礼儀正しい」といったものから，東田の例にあるような「自閉症のある人＝ひとりが好き」といったものまである。そのため，ステレオタイプは生活に欠かせないともいえ，それから生まれてくる偏見や差別を根絶することが難しい。ただし，相模原障害者殺傷事件のような極端でまれな事件や，東田の「みんなと一緒がいいです」といった訴えにつながるような事態を生まないためにも，社会あるいは個人の中にある偏見や差別の性質を知り，加えて，偏見や差別を否定する意志をもつ必要がある。それにより，社会あるいは個人として，難しさを感じながらも，差別や偏見をコントロールしていくことができる。

　では，差別や偏見をどのように抑制すればよいのか。まずできることは，偏見やステレオタイプが判断や行動に反映されることを抑えることである。つまり，対人判断や行動に表れる偏見の低減と解消である。そのためには，ステレオタイプにあてはまらない思考を促す動機をもつ必要がある。そこでは，相手に対する正確な人物判断が求められる状況やその個人との相互依存的な関係とともに，もちろん，平等主義的信念や社会的規範も大きな役割を果たす。また，ステレオタイプが人の思考へ及ぼす影響は大きいという事実そのものをしっかりと自覚することも必要となる。しかし，こうした方法は常にうまく機能するとは限らず，偏見そのものが解消されなければ，それが表出されるリスクがなくなることはない。

そこで，もう一つは，長期的かつ段階的に偏見を是正するという方法である。つまり，偏見そのものの低減と解消である。その中で有用性が高いとされる偏見の低減方法が「相手との接触」である。これは「偏見は相手への無知や誤解に基づくものであり，接触機会を増やし，真の姿に触れれば，おのずと偏見はなくなる」という接触仮説に基づくものである[22]。この仮説が偏見低減に効果を示すためには，地位の対等性，協同，社会的・制度的支持，親密な接触といった条件が必要であるが，有効な方法としてとらえられている。

　バンク-ミケルセンも，「どのような国でも，障害がある人が自分の隣人として生活することへの反対があります。その理由の多くは，未知のことへの恐れ，外見が異なる人についての無知あるいは嫌悪だったりします。しかしそのような抵抗は，障害がある人が現に隣に住むようになると，消えてしまうものです。事前に意味を知らせておくことは，ある程度有効です。しかしそれだけでは十分ではありません。もっとも良い解決策は，『経験をして学ぶこと』です。ですから，抵抗があっても，まずそこに引っ越すことです」と「関わること」，つまり，「相手との接触」の重要性を指摘している[23]。差別の反対は「無関心」だとよくいわれる。この無関心を克服するためにも，まずは何よりも障害者と接すること，そして，その中で障害者を含めた他者への想像力を培うことが重要であるといえる。

障害者権利条約

基本的人権の尊重

　人間には，人間らしく生きていく上で不可欠な権利，ただ人間であるというだけで認められるべき権利がある。時代により変遷してきたが，こうしたいわば無条件の権利を基本的人権あるいは人権と呼ぶ。人権の保障は，かつてはそれぞれの国の国内問題であった。しかし，多くの命が奪われた第二次世界大戦以降，人権を国際的にも保障していくことが必要であると考えられるようになる。そこで，第二次世界大戦後の国際社会は，まず，この基本的人権の尊重という考え方をあらためて明示することから始まった。それが，戦後つくられた国際連合によって採択された1948年の世界人権宣言である。ただ，この宣言でも，障害者は社会保障の対象としてとらえられていたが，自由と権利の主体としては十分に意識されていなかった。当時，欧米先進国では，各国が大規模入所施設を建設し，障害者を保護することに力を注いでいたことからもわかる。

　このように1960年代までは，国連でもあまり障害者問題は注目されず，障害者の人権問題は締約国や国連関係者の意識の外にあった。ただ，北欧やアメリカの脱施設化に向けた障害者や保護者の運動等もあり，障害者の権利を明示する必要があるとしだいに認識され始める。その中で，1971年に「**知的障害者の権利宣言**」，1975年に「**障害者の権利宣言**」が国連で決議されることになる。しかし，これらの人権宣言は，具体的な法的拘束力をもたないため，1981年の国際障害者年以降，1982年の障害者の世界行動計画の策定，そして，その実施に向けた国連障害者の10年（1983～1992年）の設定などのキャンペーンが展開された。国際障害者年のテーマは「完全参加と平等」であり，この年から始まる一連のキャンペーンは，わが国の障害者福祉制度の転換点とされる。

　1990年代に入ると，アメリカでは障害者に対する差別禁止を内容とする「障害のあるアメリカ人法（ADA：Americans with Disabilities Act）」が成立する。そのことが世界に大きな影響を与え，先進国においては差別禁止法制の広がりがみられるようになる。こうした世界的潮流を背景として，2006年の第61回国連総会において「障害者の権利に関する条約（以下，障害者権利条約）」が採択された。この一連の流れは，

➡ **知的障害者の権利宣言**

1971（昭和46）年，第26回国連総会で採択された障害者分野における最初の宣言である。この宣言では，「知的障害者は，実際上可能な限りにおいて，他の人間と同等の権利を有する」（第1項）とし，適当な医学的管理，教育，経済的保障，搾取や虐待等からの保護といった権利保障を唱えている。これにより，加盟国は宣言に表明された諸権利の保障に向けた施策の充実への努力が求められた。

➡ **障害者の権利宣言**

1975（昭和50）年に第30回国連総会で採択された権利宣言である。国連憲章において宣言された人権，基本的自由，平和，人間の尊厳，社会的正義などの原則を再確認し，各国に対して権利保障のための行動を要請することを目的とした。生活に必要なことを自分自身で確保することが困難な状態を包括的にとらえ，すべての障害者の権利を宣言している点が特に重要な点である。

障害者を保護の対象から権利の主体へとその障害者観を変容させる国連の取り組みの歴史であり，その到達点がこの条約であるといえる。[24]また，法的な拘束力のある条約として障害者権利条約が採択されたことは，日本を含めた各国の取り組みの実効性を推進する上で，きわめて大切な意義をもっている。

☐ 障害者の権利に関する条約の概要

障害者の権利に関する条約は，障害者の人権保障に関する初めての国際条約で，前文と全50条の本文で構成されている。第1条（目的）にあるように，障害者の人権と基本的自由の享有を確保し，障害者の固有の尊厳の尊重を促進することを目的として，障害者の権利の実現のための措置等について定めている。

その主な内容は，以下のようなものである。まず，第3条（一般原則）において，障害者の尊厳，自律・自立の尊重，無差別，社会への完全かつ効果的な参加・包容等があげられている。第4条（一般的義務）では，障害に基づくいかなる差別もなしに（合理的配慮の実施を怠ることを含め），全ての障害者のあらゆる人権と基本的自由の完全な実現を確保し，促進することを約束するとしている。そして，障害者の権利実現のための措置としては，第14条（身体の自由及び安全）等において，身体の自由，拷問の禁止，表現の自由等の自由権的権利及び教育，労働等の社会権的権利について締約国がとるべき措置等を規定している。また，条約の実施のためのしくみとして，第33条（国内における実施及び監視［モニタリング］）等において，条約の実施および監視のための枠組みを設けることを求めている。

また，障害者権利条約の基本的な考え方としては，以下の3点があげられる。[25]

① 社会モデルによる「障害」のとらえ方

従来の「障害」のとらえ方は，心身の機能の障害のみに起因するとする「医学モデル」の考え方を反映したものであった。この条約では，障害者が日常生活や社会生活において受ける制限は，心身の機能の障害のみではなく，社会におけるさまざまな障壁と相対することで生ずるとする「社会モデル」の考え方が取り入れられている。

② 平等・無差別と合理的配慮

この条約は，前述したように，障害者の人権と基本的自由の享有を確保し，障害者の固有の尊厳の尊重を促進することを目的としている。そのため，障害にもとづくあらゆる差別の禁止と合理的配慮の提供が確保されるための適切な措置を求めている。さらに，障害者に関する

➡️社会モデル

「障害」を社会環境によってつくり出された問題とみなし，その原因は主に個人ではなく社会にあるとする考え方を指す。たとえば，「歩けない」人や「見えない」人が生活において自由に移動できないのは，公共交通機関，公共建築物，歩道整備などの社会環境に問題があり，それは，個人の問題ではなく，そのように「できなくさせる」社会に原因があるととらえる。

問題については障害者との緊密な協議と積極的な関与を求めている。

　とくに重要な点は，合理的配慮という考え方である。この考え方にしたがうと，障害者が権利を行使できない環境に置かれている場合，個々の状況に応じて，その環境を改善したり調整したりする必要があるとされる。そのため，個々の状況に応じた環境の改善や調整を怠った場合は，それを差別としてみなすことになる。

③　実施に関するしくみ

　わが国では，障害者，障害者の自立・社会参加に関する事業の従事者，そして学識経験者から構成される障害者政策委員会が設置され，条約の実施を監視する役目を担う。また，国連では，障害者権利委員会が，各国の報告の検討や提案・勧告を行うこととなっている。

☐ わが国の批准における経緯と今後の課題

　2006年の障害者権利条約の採択後，わが国は，2007（平成19）年9月にこの条約に署名している。ただ，条約の批准については，国内の障害当事者等から，それに向けて国内法の整備等を進めるべきとの意見が寄せられ，民主党政権下で，2009（平成21）年に内閣総理大臣を本部長とする「**障がい者制度改革推進会議**➡」が設置され，そこでの議論をもとに，国内法の整備がなされた。

　具体的には，2011（平成23）年の障害者基本法の改正，2012（平成24）年の障害者自立支援法の改正，2013（平成25）年の障害者差別解消法の制定，同年の障害者雇用促進法の改正があげられる。こうした国内法の整備を経て，2014（平成26）年に日本もこの条約を批准した。

　また現在，障害者権利条約に関する第1回の締約国報告の審査に向け，わが国はすでに初回の政府報告を国連に提出している。ただ，日本政府の報告における課題として，独立した人権委員会の設置，障害者差別解消法における民間事業者に対する合理的配慮の努力義務の見直し，精神障害者の施設収容主義からの脱却，そして，一般労働市場から分離された**シェルタード・ワークショップ**➡の段階的廃止等が指摘されている。わが国の障害者をめぐる現実の状況には，こうした課題が多くある。これらの課題に真摯に取り組み，障害者のさらなる人権保障を進めていく姿勢が，今後も日本には求められるといえるだろう。

➡**障がい者制度改革推進会議**

障害者権利条約の締結に必要な制度改革を行うため，2009（平成21）年に「障がい者制度改革推進本部」が内閣に設置された。その本部のもとで，障害者施策の推進に関する事項について意見を求めるため，障害者や学識経験者等からなる「障がい者制度改革推進会議」が設置された。この会議では，障害者権利条約の締結に必要な国内法の整備をはじめとする障害者制度の改革推進に関する総合調整や基本的方針案の作成と検討等を行った。

➡**シェルタード・ワークショップ（sheltered workshop）**

一般労働市場から分離された福祉的就労，あるいは保護的環境における就労のことを指す。日本では，障害者総合支援法における就労移行支援や就労継続支援事業などがそれに相当する場所としてあげられる。

⑤ 障害者基本法

　障害者基本法は，その法律の性格上，障害者に対する具体的なサービスを定めているものではない。ただ，具体的な法令や国・自治体の施策はこの法律が示す目的，理念，そして方針にそったものでなければならない。そのような意味で，障害者権利条約における障害者の人権保障に取り組む上でも，障害者基本法は非常に重要な法律であるといえる。

☐ 心身障害者対策基本法

　障害者基本法の歴史は，わが国における初めての総合的な障害者政策に関する法律として1970（昭和45）年に成立した心身障害者対策基本法がもとになっている。戦後，障害者に関する法制度は，1949（昭和24）年の身体障害者福祉法に始まり，1960（昭和35）年の精神薄弱者福祉法の制定等といった医療，福祉，教育，雇用などの諸分野において整えられてきた。このように制度が一定整えられたが，それらの施策に一貫性や総合性がなく，各行政機関の連携が不十分であるといった点が指摘されるようになった。また，1964（昭和39）年の東京パラリンピックを契機に，先進諸国の障害者が置かれた状況と比べ，わが国の障害者施策が遅れていることを国民が認識し，また，経済発展と対照的なわが国の重度障害者への無関心さも強く指摘された。そこで，障害者団体の積極的な行動等により，1970年に心身障害者対策基本法が成立した。この法律は，国や自治体が障害者施策に連携して取り組めるように，各関係省庁が所管する障害者施策を推進するための基本法として，各党派一致の議員立法により制定されたものである。

　法の目的として，障害者対策に関し，国と地方公共団体の責任を明示し，障害の予防と福祉に関する基本を定め，対策の総合的推進を図ることに加え，個人の尊厳とふさわしい処遇を保障される権利，そして重度障害者の終生にわたる保護等が明示された。また，基本施策として，国に中央心身障害者推進協議会，そして，都道府県・政令指定都市に地方心身障害者対策協議会の設置を義務化すること等が盛り込まれた。制定後は，各種実定法の創設および改正により障害者施策は拡充され，心身障害者対策基本法は国民理解の推進と施策の発展の原動力となった。

❏ 障害者基本法の成立

　国際障害者年（1981年），障害者の十年（1983～1992年），アジア太平洋障害者の十年（1993～2002年）等の国際的潮流を踏まえ，心身障害者対策基本法の一部を改正する法律が，1993（平成5）年12月3日に公布された。それに伴い，心身障害者対策基本法は，障害者基本法に改称される。改正の大きな柱は，法律の名称変更である。これは障害者基本法が，単に対策を講じるためだけではなく，障害者に関する基本的な考え方を強調するためのものであった。

　当時の第1条（目的）および第3条（基本的理念）では，施策の計画的推進，障害者の自立と社会，経済，文化その他あらゆる分野の活動への参加の促進を規定し，国際障害者年のテーマである「完全参加と平等」が法文化された。また，第2条（定義）においては，障害者の定義が「身体障害，精神薄弱又は精神障害があるため，長期にわたり日常生活又は社会生活に相当な制限を受ける者」と改正された。ここでは，広く障害のある人をわかりやすく定義する趣旨で，法律の対象を，大きく，身体障害，精神薄弱（知的障害），そして精神障害の3つに規定した。この定義に精神障害者を含めたことにより，精神障害者への福祉サービスの論拠を示したといえる。

　そして，国民の理解をさらに深めるために「障害者の日」を法律で定めることが必要であるという関係者からの強い要望があった。そこで，第6条の2（障害者の日）において，1975年に国連総会で「障害者の権利宣言」が採択された日である12月9日を「障害者の日」として定めることとなった。また，第7条の2（障害者基本計画等）において，国に対しては，障害者基本計画の策定義務が，そして，都道府県と市町村に対しては，それぞれ都道府県障害者計画と市町村障害者計画の努力義務が規定されている。また第9条（年次報告）では，政府は毎年，国会に「障害者のために講じた施策の概況に関する報告書」を提出しなければならないこととされた。そのため，この改正以降，毎年，政府から国会に報告書が提出されている。その報告書の内容は，『障害者白書』として毎年発行されている。

❏ 障害者基本法の2004年改正

　その後，障害者基本法は2004（平成16）年に改正されている。2004年改正において最も重要な点は，障害者差別禁止を明確に規定したことである。この背景には，国際的な動向として，1990年の障害のあるアメリカ人法（ADA）の成立後，世界各国で障害者差別禁止法が成立したことなどがある。この改正により，当時の第3条第3項（基本的

理念）において，「何人も，障害者に対して，障害を理由として，差別することその他の権利利益を侵害する行為をしてはならない」と規定し，第4条（国及び地方公共団体の責務）や第6条（国民の責務）では，差別の防止などに関する責務が規定された。ただ，このように障害者に対する差別の禁止を規定したが，それに関する具体的な定義については明記しなかったなどの問題は残った。

　他の主な改正点としては，第7条（障害者週間）において，「障害者の日」の規定を削除し，12月3日から12月9日までを「障害者週間」と定める規定となった。すでに，1995（平成7）年に障害者施策推進本部がこの期間を障害者週間と決め，行政機関や民間団体がその1週間にさまざまな行事を行っていた。そのような状況を踏まえ規定が改められた。また，旧法では，国のみに障害者基本計画の策定が義務づけられており，都道府県と市町村は努力義務にとどまっていた。そこで，第9条（障害者基本計画等）において，都道府県と市町村に対し，それぞれ障害者のための施策に関する基本的な計画である都道府県障害者計画と市町村障害者計画の策定を義務づけた。

☐ 障害者基本法の2011年改正

　2006（平成18）年に国連において障害者権利条約が採択され，その後発効した。ただ，わが国は当時，署名はしたものの，まだ批准はしていなかった。そこで，その批准に向けての第一歩となる法律改正という位置づけで，障害者基本法の内容も大幅に変わった。

① 総　則

　第1条（目的）において，全ての国民が，障害の有無によって分け隔てられることなく，相互に人格と個性を尊重し合いながら共生する社会を実現することを法の目的としている。第1条から第13条までが，「総則」と呼ばれる法律の骨格部分になる。その主な内容は**表4-2**である。

　本改正では，（1）地域社会における共生等（第3条），（2）差別の禁止（第4条），（3）国際的協調（第5条）を基本原則としている。これらの基本原則は，障害者虐待防止法や障害者差別解消法等の個別法により具体化されている。

　第2条（定義）では，旧法においても，障害者の定義として，身体障害，知的障害，または精神障害があることが規定されていたが，この改正で，発達障害が明記され，精神障害に含まれることとなった。さらに，これらの障害に限らず，「その他の心身の機能の障害」も広く含まれることも明記された。

表 4 - 2　障害者基本法の総則における主な内容

1. 目的 （第1条関係）	全ての国民が，障害の有無にかかわらず，等しく基本的人権を享有するかけがえのない個人として尊重されるものであるとの理念にのっとり，全ての国民が，障害の有無によって分け隔てられることなく，相互に人格と個性を尊重し合いながら共生する社会を実現する
2. 障害者の定義 （第2条関係）	身体障害，知的障害，精神障害（発達障害を含む。）その他の心身の機能の障害がある者であって，障害及び社会的障壁（障害がある者にとって障壁となるような事物・制度・慣行・観念その他一切のもの）により継続的に日常生活・社会生活に相当な制限を受ける状態にあるもの
3. 地域社会における共生等 （第3条関係）	「1. 目的」に規定する社会の実現は，全ての障害者が，障害者でない者と等しく，基本的人権を享有する個人としてその尊厳が重んぜられ，その尊厳にふさわしい生活を保障される権利を有することを前提としつつ，次に掲げる事項を旨として図る (1) 全て障害者は，あらゆる分野の活動に参加する機会が確保されること (2) 全て障害者は，可能な限り，どこで誰と生活するかについての選択の機会が確保され，地域社会において他の人々と共生することを妨げられないこと (3) 全て障害者は，可能な限り，言語（手話を含む。）その他の意思疎通のための手段についての選択の機会が確保されるとともに，情報の取得又は利用のための手段についての選択の機会の拡大が図られること
4. 差別の禁止 （第4条関係）	(1) 障害を理由として，差別することその他の権利利益を侵害する行為をしてはならない (2) 社会的障壁の除去は，それを必要としている障害者が現に存し，かつ，その実施に伴う負担が過重でないときは，実施について必要かつ合理的な配慮がされなければならない (3) 国は，差別の防止を図るため必要となる情報の収集，整理及び提供を行う
5. 国際的協調 （第5条関係）	「1. 目的」に規定する社会の実現は，国際的協調の下に図られなければならない
6. 国等の責務 （第6条関係）	国及び地方公共団体は，「1. 目的」に規定する社会の実現を図るため，「3. 地域社会における共生等」から「5. 国際的協調」までに定める基本原則にのっとり，障害者の自立及び社会参加の支援等のための施策を総合的かつ計画的に実施する責務を有する
7. 国民の理解 （第7条関係）	国及び地方公共団体は，基本原則に関する国民の理解を深めるよう必要な施策を講じなければならない
8. 国民の責務 （第8条関係）	国民は，基本原則にのっとり，「1. 目的」に規定する社会の実現に寄与するよう努める
9. 施策の基本方針 （第10条関係）	(1) 障害者の性別，年齢，障害の状態，生活の実態に応じて施策を実施する (2) 障害者その他の関係者の意見を聴き，その意見を尊重するよう努める

出所：内閣府「障害者基本法の一部を改正する法律（概要）（平成23年7月29日成立，平成23年8月5日公布）」をもとに筆者作成.

　また，すでに2004（平成16）年の改正において，日常生活および社会生活全般に係る障害者に対する差別の禁止が基本理念として明示されていたが，今回の改正では，さらに障害者権利条約の差別の禁止に係る規定の趣旨を取り込むかたちで，「**社会的障壁**」の定義（第2条）が規定されるとともに，「合理的配慮」に係る規定（第4条第2項）が盛り込まれた。ここでは，障害のあるアメリカ人法（ADA）や障害者権利条約の影響を受け，社会モデルの考え方を取り入れている。

② 各　則

　また，障害者基本法の基本的な施策としては，個別の施策について規定している「各則」がある。各則においても多くの点が変わった。たとえば，第14条（医療，介護等）では第5項が新しくつくられ，可能な限り身近な場所において医療や福祉サービスなどが受けられるよう必要な施策を講ずるとされ，入所施設や病院ではなく生まれ育った地

社会的障壁

障害がある人が社会生活を送る中で「障壁」となるもののことである。たとえば，歩道の段差，車いすの通行を妨げるものや，障害があることを理由に制限する制度的な制限などがある。

可能な限り障害者である子どもが障害者でない子どもと共に教育を受けられるよう配慮しなければならないという文言が入った。「可能な限り」という限定つきではあるが，これまでの原則分離教育から原則インクルーシブ教育への方向性を示していると考えられる。

これらの「医療・介護等」をはじめとした施策にもとづいて，関連する個別法の改正や制定が進められてきた。たとえば，障害者の雇用義務を定める障害者雇用促進法では，障害者差別解消法と同様の差別的取り扱い禁止と合理的配慮の提供の義務化を定めるとともに，精神障害者の雇用促進を図る改正が行われた。

さらに，もう一つの重要な改正点は「障害者政策委員会」である。今回の改正内容は，一つの省で担えるようなものではなく，各省庁の協力を要請しなければならない。そこで，旧法に規定されていた中央障害者施策推進協議会が廃止され，新たに障害者政策委員会（以下，政策委員会）が内閣府に設置された。障害者権利条約に規定された国内モニタリングを担う機関である。

第32条（障害者政策委員会の設置）において，政策委員会は，障害者基本計画をつくり，調査審議し，必要ならば，内閣総理大臣や関係各大臣に意見を述べ，勧告もできることになっている。そして，勧告された施策をどのように実施したかについて，大臣などが政策委員会に報告しなければならない応答義務も設けられた。第33条（政策委員会の組織及び運営）では，政策委員会の委員として，障害者，障害者の自立および社会参加に関する事業に従事する者，そして学識経験のある者のうちから，内閣総理大臣が任命することとされている。また，第36条（都道府県等における合議制の機関）では，都道府県にも障害者施策を監視する審議会のような機関の設置が義務づけられ，市町村は同じような機関をつくることが努力義務とされた。障害者基本法は，理念法という性格の強い法律であるが，これらの規定は実体的な性格を帯びている。

③ 障害者基本計画

2004（平成16）年の改正後，国による障害者基本計画の策定に加えて都道府県と市町村にもそれぞれ障害者計画の策定を義務づけている。ちなみに，この障害者計画と障害者総合支援法に定められた障害福祉計画とは異なる点には注意しておきたい。

2018（平成30）年からの５年間は，「障害者基本計画（第４次）」により障害者施策が推進されている。第４次計画は，障害者権利条約批准後に初めて策定される基本計画であり，その条約の理念を尊重し整合

➡️ インクルーシブ教育

インクルージョン（inclusion）とは，一般的に「包容する」という意味をもつ言葉である。その意味を含んだ「インクルーシブ教育」とは，障害の有無，種別や能力にとらわれることなく，一人ひとりに必要な援助を保障したうえで，すべての子どもが地域の通常の学校で教育を受けることをいう。

➡️ 障害福祉計画

障害福祉サービス等の基盤整備を計画的に行うことができるように，国が定める基本指針とともに，障害者総合支援法において市町村および都道府県による策定が義務づけられている計画のことをいう。この計画では，障害福祉サービスや相談支援等の提供体制の確保にかかる目標に関する事項とともに，地域生活支援事業の種類ごとの実施に関する事項等についても定めることになっている。

表4-3　第4次障害者基本計画の基本的方向

①2020東京パラリンピックも契機として，社会のバリア（社会的障壁）除去をより強力に推進
（1）社会のあらゆる場面で，アクセシビリティ（施設・設備，サービス，情報，制度等の利用しやすさ）向上の視点を取り入れる （2）アクセシビリティに配慮したICT等の新技術を積極的に導入する
②障害者権利条約の理念を尊重し，整合性を確保
障害者施策の意思決定過程における障害者の参画，障害者本人による意思決定の支援を行う
③障害者差別の解消に向けた取組を着実に推進
障害者差別解消法の実効性確保のため，各分野でハード・ソフト両面から差別解消に向けた環境整備を着実に推進する
④着実かつ効果的な実施のための成果目標を充実

出所：内閣府「第4次障害者基本計画概要」をもとに筆者作成.

性を確保することが求められている。計画期間は，2018年度から2022年度までの5年間で，1年以上の審議を経てとりまとめられた障害者政策委員会の意見に即して，政府が作成した。基本理念として「共生社会の実現に向け，障害者が，自らの決定に基づき社会のあらゆる活動に参加し，その能力を最大限発揮して自己実現できるよう支援」することを掲げた。**表4-3**のような基本的方向が示されている。

また，障害者基本計画の基本的方向を受けて，当事者本位の総合的・分野横断的な支援や，複合的な困難・障害特性等に配慮したきめ細かい支援等を実現していくための各分野の施策の基本的方向が示されている。具体的な分野としては，「安全・安心な生活環境の整備」「情報アクセシビリティの向上及び意思疎通支援の充実」「防災，防犯等の推進」「差別の解消，権利擁護の推進及び虐待の防止」「自立した生活の支援・意思決定支援の推進」「文化芸術活動・スポーツ等の振興」等があげられる。

○注 ─────

⑴　稲沢公一（2001）「障害者福祉の理念とソーシャルワーク実践」大島巌・
　　奥野英子・中野敏子編『障害者福祉とソーシャルワーク』有斐閣，21.

⑵　同前書，35.

⑶　花村春樹訳・著（1998）『「ノーマライゼーションの父」N・E・バンク-ミ
　　ケルセン──その生涯と思想』ミネルヴァ書房，156.

⑷　同前書，167.

⑸　同前書，86.

⑹　ニィリエ，B.／ハンソン友子訳（2008）『再考・ノーマライゼーションの
　　原理──その広がりと現代的意義』現代書館，112.

⑺　同前書，112-114.

⑻　ヴォルフェンスベルガー，W.／中園康夫・清水貞夫編訳（1982）『ノーマ
　　ライゼーション──社会福祉サービスの本質』学苑社，48.

⑼　スーデン，M.「ノーマライゼーション，障害者政策と研究」ニィリエ，
　　B.／河東田博ほか編訳（2004）『新訂版　ノーマライゼーションの原理──普
　　遍化と社会変革を求めて』現代書館，239.

⑽　同前書，243.

⑾　内閣府（2019）『障害者白書（令和元年版）』237.

⑿　園田恭一・西村昌記（2008）「まえがき」園田恭一・西村昌記編著『ソー
　　シャル・インクルージョンの社会福祉──新しい〈つながり〉を求めて』ミ
　　ネルヴァ書房，ⅱ.

⒀　岩田正美（2008）『社会的排除──参加の欠如・不確かな帰属』有斐閣，
　　22-23.

⒁　炭谷茂（2009）「ソーシャルインクルージョンを政治の基本理念に」『福祉
　　労働』（125），27-28.

⒂　⒀と同じ，168-169.

⒃　同前書，168-169.

⒄　(3)と同じ，169.

⒅　唐沢穣（2018）「はしがき」北村英哉・唐沢穣編『偏見や差別はなぜ起こ
　　る？──心理メカニズムの解明と現象の分析』ちとせプレス，ⅱ.

⒆　同前書，ⅲ.

⒇　同前書.

㉑　岡原正幸（2016）「このいま，想像力の圧倒的な欠如」『現代思想』44(19)，
　　226.

㉒　浅井暢子（2018）「偏見の低減と解消」北村英哉・唐沢穣編『偏見や差別
　　はなぜ起こる？──心理メカニズムの解明と現象の分析』ちとせプレス，82.

㉓　(3)と同じ，180.

㉔　佐藤久夫・小澤温（2016）『障害者福祉の世界［第5版］』有斐閣，242.

㉕　内閣府（2018）「障害者基本計画（第4次）」4-5.

㉖　石川准（2017）「権利条約締結国審査と市民社会のパラレルレポート作り
　　に向けての提起」『福祉労働』（157），91-92.

○参考文献 ─────

DPI日本会議編（2012）『最初の一歩だ！改正障害者基本法──地域から変え
　　ていこう』解放出版社.

藤井克徳・池上洋通・石川満・井上英夫（2016）『生きたかった──相模原殺
　　傷事件が問いかけるもの』大月書店.

厚生労働統計協会（2019）「第 3 編　障害者福祉」『国民の福祉と介護の動向』
　　66(10)，117-149.

河東田博（2009）『ノーマライゼーション原理とは何か──人権と共生の原理
　　の探求』現代書館.

北村英哉・唐沢穣（2018）『偏見や差別はなぜ起こる？──心理メカニズムの
　　解明と現象の分析』ちとせプレス.

日本ソーシャルインクルージョン推進協議会編（2007）『ソーシャル・イクル
　　ージョン：格差社会の処方箋』中央法規出版.

小澤温・大島巌（2013）『障害者に対する支援と障害者自立支援制度［第 2 版］』
　　ミネルヴァ書房.

定藤丈弘・佐藤久夫・北野誠一編（2006）『現代の障害者福祉［改訂版］』有斐
　　閣.

佐藤久夫・小澤温（2016）『障害者福祉の世界［第 5 版］』有斐閣.

園田恭一・西村昌記編著（2008）『ソーシャル・インクルージョンの社会福祉
　　──新しい〈つながり〉を求めて』ミネルヴァ書房.

全国社会福祉協議会「社会福祉学習双書」編集委員会編（2010）『障害者福祉論
　　──障害者に対する支援と障害者自立支援制度』全国社会福祉協議会.

社会福祉士養成講座編集委員会（2015）『障害者に対する支援と障害者自立支
　　援制度［第 5 版］』中央法規出版.

社会保険研究所（2019）『2019 障害者福祉ガイド──障害者総合支援法と障害
　　者関連法の解説』社会保険研究所.

與那嶺司（2017）「やさしさへの違和感」景山佳代子編『日常を拓く知・古典を
　　読む 1　やさしさ』世界思想社.

■第5章■

障害者福祉制度の歴史

障害者福祉制度の歴史を振り返ったとき，何点か特徴をあげることができる。第一は，障害者福祉施策は障害の種類ごとで整備されてきたことである。まずは身体障害者への取り組みからはじまり，知的障害者，精神障害者へと拡げられてきた経緯があり，そうした過去を知ることで，いまの福祉のしくみがなぜそうなっているのかがわかりやすくなる。

第二は，障害者の存在は社会にとってマイナスの存在として扱われ，そうしたとらえ方が障害者福祉の法制度や実践に少なからず影響を与えてきた。精神障害者対策は，「支援」とは対極にある，社会防衛思想にもとづく「監視」からはじまる。優生学ではそのような障害者を遺伝的に「劣等」な存在ととらえ，旧優生保護法によって強制不妊手術が実施されてきた。

第三は，**社会運動**が重要な力学として施策の展開に影響を与えてきたことである。何によって施策が展開してきたのかは，いろいろな答えを導き出すことができるが，そこには現場における一人ひとりの先人・先達による実践や働きかけがあったり，同じ立場にある人同士が連帯し，社会に訴えてきた姿があったりする。

とくに，障害者福祉の理念や制度の多くは，必要に迫られて提言されたり制定されたりしてきたものであり，その歴史的過程が忘れ去られてしまうと，いま，当たり前として享受している制度が脆く崩れてしまう危険性がある。本章では，これからの障害者福祉実践にとって必要な歴史的な教訓や目線を養うことを念頭に置きながら，障害者福祉の過去を解説していきたい。

➡ 社会運動

特定の意思・主張をもった市民が集まり，それに則った要求や抗議を実践し，世論や社会，政府などへのアピールを通じて社会の変革を求める働きかけといえる。障害者運動では親や職員，当事者などが連帯し，助け合い，制度や社会理解，あるいは「生」の承認を要求し，それが障害者福祉制度を発展させる原動力になってきた。

① 戦前・戦中までの障害者対策

戦前・戦中までの障害者対策についてはいまだ不明な点が多いが，富国強兵政策のもと，障害の種別に加え，障害の原因や立場で大きく隔たりがあったことが特徴として指摘できる。

戦闘によって障害を負った人たちには軍事援護が整備され，その対策が比較的早い時期から進められてきた。一方で，それ以外の障害者は，公的扶助の中で救済の対象とされたり，社会防衛の観点から隔離の対象とされたりしてきた。とりわけ，この時代に注目されるのは，公的な救済が選別的であったり限定的であったりした中で，現場レベルではさまざまな実践や働きかけが行われていたことである。それが

戦後の障害者福祉施策の展開にとって土台となっていった。

◻ 公的扶助

　明治以降，日本で国家的な救貧立法としてよく注目されるのが恤救規則と救護法である。

　1874（明治 7 ）年に公布された恤救規則は，身寄りの存在しない「無告の窮民」に対して米が支給されるものである。その「無告の窮民」の一つには極貧の「廃疾(はいしつ)」が含まれており，今日でいう障害者がその対象となり得たことを読み取ることもできるが，救済はあくまで「人民相互の情宜」として地縁・血縁のなかでの相互扶助に委ねられ，施策はほぼ無力であった。

　より近代的な救貧対策が実施されたのは，恤救規則から約半世紀後となる1932（昭和 7 ）年に施行された救護法からである。救護法では救済の対象に「不具廃疾」や「精神又ハ身体ノ障碍」などが含まれ，一部の障害者は救護法によって救済の対象とされた。しかし，救護法は国や行政に対する公的救済義務の観点が示されたものの，救済の内容は限定的で，被救済権を認めず，むしろ選挙権や被選挙権が剥奪されるなど，救済が市民権の剥奪と引き換えにされた。

　いずれにせよ，障害による貧困の予防といった観点はなく，あくまで救済の対象に含まれる窮民の一つとして埋没していた。一方で，戦前・戦中は，同じ障害者であっても，富国強兵にとって有用な人たちには大規模な保護が準備されていた。それが軍事援護である。

◻ 軍事援護

　比較的早い段階から救済が整備されてきたのが軍人への対策で，その対策は官吏(かんり)（役人のこと）にも拡げられていった。

　軍隊で障害を負った兵士には恩給制度が整備された。恩給制度は国家賠償を基本として傷痍(しょうい)を受けたり死亡したりした場合に給付される年金で，その一つとして「不具廃疾(ふぐはいしつ)」を対象にした増加恩給が整備されていた。日清戦争（1894-1895年）や日露戦争（1904-1905年）を経て官吏にも拡大し，それを統一した恩給法が1923年に成立した。

　軍隊で障害を負った兵士は，明治期では「廃兵」と呼ばれ，日露戦争以降にその保護を行うための施設である廃兵院がつくられている。第一次世界大戦期にあたる1917（大正 6 ）年には軍事救護法がつくられ，国家責任にもとづく救護が実施された。

　1930年代になり，15年戦争の時代に入っていくと軍人への保護はより重視され，マイナスな表現も伴っていた「廃兵」を「傷痍軍人」に

改め，大規模な対策が実施されていった。1939（昭和14）年には軍事保護院が設置され，傷痍軍人のための医療保護対策として全国に療養所がつくられ，「再起奉公」を目指した職業訓練などが行われた。

　また戦時下では，一般の労働者を対象にした障害年金が労働者年金保険法（1941年）によってつくられた。労働者年金保険法は1944（昭和19）年に厚生年金保険法へ改正され，今日の障害年金の枠組みができあがった。労働者年金保険法の制定の背景には，戦争を維持・遂行していくために，不足していた労働力や戦費を確保していくねらいがあったとされており，やはり戦争の時代の要請を受けて成立した経緯が認められる。

□ 衛生対策

　傷痍軍人は「生きた英霊」とも呼ばれ，国家賠償にもとづいて対策が行われたが，それとある意味対照的だったのが，精神病者やハンセン病者（当時は「癩病」と呼ばれた）たちへの対策である。社会防衛的な観点から，精神病者やハンセン病者から社会を護るという差別的な対策が行われた。

　精神病者への法整備は1900（明治33）年の精神病者監護法からはじまる。精神病者監護法では，監護義務者を定めて**監置**の手続きなどを定めた法律で，監置方法として私宅監置を認めた。以後，私宅監置は1951（昭和26）年に廃止されるまで，約半世紀にわたって公認された。

　私宅監置にあった精神病者は座敷牢などに閉じ込められ，不衛生な状態に置かれながら厳しい生活を強いられていた。その実態に目を向けて社会調査を行ったのが**呉 秀三**である。呉秀三は樫田五郎らとともに，私宅監置にあった精神病者が非人間的な状況に置かれていたことを明らかにしながら，精神病が貧困と直接つながっていたことを指摘した。

　そして，「わが国十何万の精神病者は実にこの病を受けたるの不幸の外に，この国に生まれたるの不幸を重ぬるものというべし」と強い怒りの言葉で告発した。呉秀三らの尽力で1919（大正8）年に精神病院法がつくられ，方針としては道府県立の公立精神病院の設置を義務づけたが，実際には進まなかった。

　ハンセン病者には「癩予防に関する件」が1907（明治40）年に出され，以降，厳しい隔離政策が行われた。当時から，医学的には遺伝しないことや極めて感染力が弱いことが示されていたにもかかわらず，厳格な隔離政策が行われ，全国の隔離された半島や小島などにつくられた療養所へと強制移送されていった。

車いすは1907年から1934年まで北島商店が廃兵院に納めていたものが陸海軍病院で使われるようになり，戦後の1946年，箱根療養所では北島商店がブリヂストンから協力を得て納入し，「手動運動車」と命名された。のちに「箱根式車椅子」と呼ばれ，これが日本ではじめての「車椅子」といわれている。坂井めぐみ（2019）『「患者」の生成と変容　日本における脊髄損傷医療の歴史的研究』晃洋書房，84-85。

➡ 監置
監置とは保護と監禁の中間とされていたが，実質は監禁であった。

➡ 呉秀三
日本への精神医学の輸入に貢献しただけではなく，現場にもおもむき，東京府巣鴨病院（現在の松沢病院）院長に就任した精神科医。拘束の禁止を進め，精神病者に使われていた「狂」の言葉の追放を行った。

隔離政策は戦後も続けられ，1953（昭和28）年に制定された「らい予防法」のもと，療養所では優生手術が行われたり，脱走者への処罰など厳しい処遇があったりしたが，「らい予防法」の廃止は1996（平成8）年まで待たなければならなかった。

❏ 優生政策

このような社会からの厳しいまなざしには，当時，世界的にまん延していた**優生思想**が影を落としていた。

優生学では，人の能力や障害，貧困までもが素因（遺伝）によって決まるとしながら，「劣等」とした者への「断種」（強制不妊手術のこと）や婚姻の禁止，あるいは「優良」とした者同士の結婚奨励などを提起した。こうした思想は当時広く普及し，信奉する人たちは医師や医学者のあいだに限らず，社会事業の研究者から実践家にまで幅広くみられた。

このような考えをもとに法制化されたのが，1940年（昭和15年）に成立した国民優生法である。国民優生法では不良な子孫の出生の防止を目的に，障害者への断種を合法化した。その法案自体はドイツの法制を参考にした経緯があるが，1940年のナチス・ドイツでは，T4作戦が展開し，多くの障害者が犠牲になっていた時期でもある。

T4作戦とは，ナチス・ドイツで障害者約7万人以上が殺害されたもので，障害者は「生きるに値しない」として，「灰色のバス」と呼ばれる車で各地の精神病院などに連れて行かれ，ガスによる殺害が行われた。作戦終了後も殺害は続けられ，犠牲者総数は20万人を超えるとされている。[1]

❏ 慈善事業

戦前・戦中は，障害者福祉施策が未整備にあるなか，さまざまな現場や立場の人たちによる実践が行われた。なかでも視覚障害者による実践は古くまで遡ることができ，室町時代に創設された当道座はよく知られている。当道座は師弟関係による職業教育が行われた組織で，江戸時代では幕府からさまざまな保護が行われた。物語としてよく知られる「座頭市」も，当道座にいた盲人の話である。

明治になって当道座が廃止され，ある種の特権として保護されていた三療（あんま，鍼，灸）の独占権が奪われ，窮乏化した視覚障害者らに対処していったのが楽善会であった。楽善会は1875年に発足し，楽善会訓盲院を設立した。また，古河（川）太四郎は，盲唖生[2]の教育に取り組み，口話法や手話法（手勢法と呼んでいた）を活用し，遠山憲美

➡ **優生思想**

優生思想は優生学にもとづいた考え方のことで，優生学では，人を遺伝的に「優良」な者と「劣等」な者とに差別化し，「劣等」な者の遺伝を防ぎ，優良とした者を殖やしていくことで人の遺伝的な「改良」を志向した。

初の障害児学校とされている。

　一方で，肢体不自由児への実践では東京帝国大学医学部の田代義徳
や高木憲次らによる実践があげられる。田代は貧困防止などから肢体
不自由児への治療や教育，授産を提起し，東京私立光明学校を設立し
た。高木は肢体不自由児への療護施設である整肢療護園を1942年に開
設し，一方で，その頃の蔑称であった「不具(ふぐ)」や「片輪(かたわ)」を排し，**肢
体不自由**➡の名称を用いた。

　知的障害児への実践では石井亮一があげられる。石井は知的障害児
学校の先駆けとなる滝乃川学園を創設したことで知られる。1891（明
治24）年の濃尾大地震で多数の孤児が発生し，人身売買にさらされて
いた弧女を石井が引き取り，養育のための施設として弧女学院(こじょがくいん)を開い
た。その中にいた知的障害のある子どもに関心を寄せ，その教育を行
うための施設として1897（明治30）年に滝乃川学園と改称した。

　精神障害者への実践では，先にあげた呉秀三が設立に携わった精神
病者慈善救治会があげられる。日本最初の精神衛生運動体として1902
（明治35）年に創立し，啓蒙活動や精神病者のための院内処遇の改善，
相談所の開設などが行われた。

社会福祉と優生学思想

　このような，戦前から積み重ねられてきた実践は，戦後の障害者福
祉施策の発展に大きく寄与していった。しかし一方で，当時まん延し
ていた優生学思想は社会全体に影響を与え，それは社会福祉も例外で
はなかったことに注意が必要である。

　たとえば，優生学思想が日本で普及した端緒に，社会事業学の原論
を説いた海野幸徳が登場することはよく知られている(3)。海野は生物進
化や自然淘汰を説きながら，慈善が「不具者」「病者」「犯罪者」の淘
汰を防ぎ，それが「日本人種」の「形質」の「改良」に反するとして
いた(4)。しかしその一方で，社会事業学の構築と発展に大きく貢献をし
てきたのである(5)。貧困者への慈善救済をめぐる論議でも，「低能児」
や「白痴」，精神病とされた人たちを，優生学的な見地から隔離すべ
きとする声が多々みられた(6)。その影響は実践現場にも波及し，「異常
児」の隔離と「去勢」が主張されていた側面もあった(7)。

　しかしながら，こうした研究者，実践者らが築いた礎は今日の社会
福祉にとってなんらその重要性は変わらない。注視すべきは，優生学
思想が単に一部の人たちによる特殊な思想であったわけではなく，実
践者を含め社会全体に影を落としてきたことである。なぜなら，戦後，

➡ **肢体不自由**

体幹や四肢に障害があ
る状態を肢体不自由と
呼ぶ。もともとは高木
憲次がドイツ語のクリ
ュッペルを訳した造語
といわれている。療育
も高木による造語で，
長期に治療が必要な子
どもにとって，教育が
中断されることなく提
供されることを意図し
た背景があった。

優生学思想は見直されたわけでは決してなく，むしろ大きく拡大して
しまったからである。

 ## 戦後における障害者福祉施策のはじまりと展開
（1945〜1980年まで）

第二次世界大戦の敗戦で，障害者対策は大きく転換する。日本は
GHQ（連合国軍総司令部）の占領下となり，軍事主導や全体主義にあ
った国家体制が否定され，平和主義にもとづく非軍事化，民主化政策
へと転換した。そして，救済に対する国家責任の原則が示され，救済
を国民の権利として認め，国家による保障が求められていった。

その中で，軍事保護院管轄の施設が厚生省管轄へと移管され，傷痍
軍人への特権として整備されていた施設が広く一般の人が利用できる
ように開放された。戦中にみられた傷痍軍人を優先した障害者対策の
あり方が大きく改められ，広く一般の障害者を対象にした障害者福祉
施策が誕生していったのである。

☐ 身体障害者福祉法の成立

敗戦後，アジア諸国からの大量の引揚者によって人口が都市に集中
し，経済的には激しいインフレに襲われ，闇市が横行するなど混乱の
渦にあった。治安が悪化し，親のいない子どもが増え，生活基盤を奪
われた子どもたちにとっては厳しい状況にあった。政府は（旧）生活
保護法を1946（昭和21）年に制定し，生活困窮者への対応を進めると
ともに，戦災被害を受けた子どもに対応するため1947年に児童福祉法
を制定した。児童福祉法では障害児への保護も行われ，保護された障
害児が成人していく段階で，後に述べる精神薄弱者福祉法の成立に影
響していくことになった。

一方で，障害者は生活困窮者の対策の中に含まれていたが，1947年
に身体障害者への職業訓練のための施設として収容授産施設が設置さ
れ，1948年には視覚障害者への国立施設を設置する法律となる国立光
明寮設置法が成立した。そして，1949年に身体障害者福祉法が成立し
た。

身体障害者福祉法の制定には，ヘレン・ケラー（Keller, H.）の来日
による世論喚起や，困窮した元傷痍軍人への対応が要請される一方で，
非軍事化・民主化政策により元傷痍軍人に限定しない普遍的な制度設
計が要請された背景などがある。[8]

しかし，施策の内容は限定的で，法の目的とされた「更生」の内容はほぼ職業的なリハビリテーションを意味しており，視覚障害者への社会福祉サービスは規定されたが，基本的には職業への復帰を目的にした内容であった。そのため，職業復帰が困難とみなされた重度の障害者を中心に対応が取り残されてしまった。

　また，法案の審議段階では，知的障害や精神障害なども法の対象として論議されていたが，結果的には法の別表に列記された身体の機能障害に限定されてしまった。これが後に障害種別による縦割りの法体系を招く要因となり，障害種別間で格差を生み出したり，谷間の障害を生み出したりするなど，その後の障害者福祉施策の展開に大きな影響を与えることになった。

☐ 精神衛生法の成立

　続いて，戦後に大きな改変が行われたのが精神障害者対策である。精神障害者対策は，前述のとおり私宅監置を規定した1900（明治33）年の精神病者監護法からはじまり，それが廃止されたのが1950（昭和25）年に議員立法で成立した精神衛生法である。ただし，アメリカの占領下にあった沖縄は例外とされ，本土復帰となる1972（昭和47）年まで私宅監置のしくみは残されたままとなった。

　精神衛生法では，私宅監置の廃止，都道府県への精神病院（現・精神科病院）設置の義務づけ，精神衛生鑑定医の設置，精神衛生相談や訪問指導，精神衛生審議会の設置などを規定した。1954（昭和29）年の精神衛生法改正では覚せい剤，麻薬などによる慢性中毒者も対象となった。

　後に，国は国庫補助や設置のための医師数や看護師数の基準を引き下げる医療・看護基準の特例を実施して，精神病院建設ブームを引き起こした。民間による病院設置が大規模に進められたことで，精神科医療の担い手が民間病院とされていった一方で，現場では特例によって少ない人員体制で入院患者を処遇しなければならないしくみがつくられていった。それが後に述べる宇都宮病院事件など，営利を目的にした病院経営の弊害を生みだす温床となっていった。

☐ 身体障害者雇用促進法の成立

　1950年代中葉からはじまる高度経済成長の時代は，職業復帰が可能な障害者に目線が注がれた一方で，更生が困難とみなされた重度障害者は家族内扶養を前提にしながら，それが不可能になった場合に入所施設へ保護収容するという政策が進められていった。

　高度経済成長期は，国民所得倍増計画とともに労働力流動化政策が進められた。経済発展を支えるマンパワーが重視され，「金の卵」と呼ばれた若い労働者が地方から都市へと大量に流れていった。より多くの労働力が求められ，生産性が強調されるなか，訓練次第では有用な人材になるという観点から身体障害者への職業リハビリテーションが注目を集め，身体障害者雇用促進法（現・障害者雇用促進法）が1960（昭和35）年に制定された。

　1960年代は，労働力として期待できないとされた障害者は放置され，障害者福祉施策にとっては「冬の時代」を迎える。1959（昭和34）年に所得への対策として**障害福祉年金**➡が整備される（障害福祉年金に関しては，**堀木訴訟**➡参照）が，障害によって困窮する人たちにとっては生活保護法が拠り所であった。また，1954（昭和29）年の身体障害者福祉法改正では，法の目的となる「更生」概念に「職業自立」と「身辺自立」が加わり，法の対象にも若干の修正が加えられたものの，依然，障害者福祉施策は極めて限定的で，ほとんど無力であった。

　高度経済成長の時代にさらに広くまん延したのが優生思想である。当時，先天性の障害者は経済社会にとっての「コスト」としてみられたり，知的・精神障害者は社会の治安を乱す危険因子としてみられたりするなど，厳しい目線が注がれていた。その中で，優生保護法では「不良な子孫の出生を防止」するために障害者への強制不妊手術が大々的に行われた。**旭療護園事件**➡など，当時から法の運用について問題が指摘され，障害者団体から批判が投げかけられながらも，優生保護法は1996（平成 8 ）年まで存続し，ハンセン病者を含め，数多くの障害者に傷跡を刻み続け，人権を侵害してきた。

☐　知的障害者福祉法の成立

　1970年代は，知的障害者などを対象にした入所施設の建設が大きく展開した。

　知的障害児への対策は，1947（昭和22）年に成立した児童福祉法からはじまり，1957（昭和32）年に精神薄弱児通園施設が登場していた。1958年には国立の知的障害児施設である国立秩父学園が設置され，1961年にはじめての重症心身障害児施設である島田療育園が開設した。

　これらに保護収容されていた障害児がしだいに成人していったことで，児童福祉法で対応できない年齢になるという過齢児問題が発生した。また，1950年代になると親の会が組織化され，親からは成人の知的障害者のための施設整備を求める声が広がっていた。こうした背景から1960（昭和35）年に精神薄弱者福祉法（現在の知的障害者福祉法）

➡ **障害福祉年金**
先天性の障害者など，被用者保険未加入の人への無拠出による年金である。

➡ **堀木訴訟**
1970年，重度視覚障害があり，離別母子世帯にあった女性の堀木さんが障害福祉年金を受給していたところ，障害と離別が引っかかり，児童扶養手当が不支給とされた。そこで併給禁止の合憲性を裁判に訴えたものである。憲法第25条が問われた判例として，社会保障法に関する後の訴訟に影響を与えた。

➡ **旭療護園事件**
1955年に起こった「旭療護園の精薄断種事件」のことで，旭療護園長が優生保護法の手続きなしに 4 名に「凶暴性」などの理由で睾丸切除した。手術は千葉大医学部の医師に依頼され，逃げ回るのを無理矢理手術が行われた。少女 1 名は暴行の被害者であるにもかかわらず，人工中絶，そして卵巣切除が行われた。平田勝政（2019）「優生保護法と障害者の人権——1950年代の断種（去勢）事件の検討」『長崎大学教育学部教育実践研究紀要』第18号.

✛
「精神薄弱」は差別的表現とされ，現在は「知的障害」が使われている。法制度上では1999年に追放され，それにともない法律名も知的障害者福祉法となった。

が成立した。

　精神薄弱者福祉法は1967年に法改正され，職業訓練を行う精神薄弱者授産施設と，生活訓練を行う精神薄弱者更生施設の二本立てになり，1968年には通所型の更生・授産施設が法定化された。一方で，精神薄弱者福祉法が身体障害者福祉法と別立てでつくられたことで，同じ障害者のなかでも別々の法制度のもとで処遇が行われるという縦割り制度がはじまった。

　精神薄弱者福祉法の成立以降，入所施設の設置推進政策が進められていった。1963年に水上勉による「拝啓池田総理大臣殿」というエッセーが雑誌『中央公論』に掲載され，広く世間にも話題になり，遅れていた施策に着手したのが**コロニー**政策であった。1965年に内閣総理大臣の諮問機関である社会開発懇談会がコロニー構想を提言し，1971年「社会福祉施設緊急五ヶ年計画」で予算が増額され，全国でコロニーの設置が大規模に進められた。

　コロニー政策では「終生保護」を名目に，地域社会から隔離された山間部などに入所施設群が建てられ，多くの障害者が収容されていった。これは後に広がるノーマライゼーションの理念（本書第4章第1節参照）に反するものであり，コロニー政策はすぐに見直されたが，このときの政策が今日にも影を落とすことになった。

☐ 難病対策

　高度経済成長期に露見したのが，難病者の問題である。高度経済成長期は露骨に生産性を優先した政策がとられ，さまざまな公害や労働災害が発生し，人口の都市集中による過密化がもたらされた。国民の生活環境は悪化し，公害病や職業病などがまん延し，森永ヒ素ミルク中毒や水俣病，ポリオ，サリドマイド被災，イタイイタイ病，スモン病などが発生していた。

　スモン病は，1960年代後半の薬害スモン問題から顕在化し，スモン病が薬害であることが判明し，厚生省によって1972年に難病対策要綱がつくられた。難病対策要綱は，4種の難病を対象に医療費助成や治療研究の推進などを行うもので，以降，難病の種類を付け加えて対象を拡げてきた。2014（平成26）年には難病医療法として成立し，2019年7月現在で対象疾患は333となっている。

　当初，難病は基本的には障害者福祉施策の対象にならなかった。身体障害者福祉法では手帳の取得が前提となるが，手帳を取得するには身体障害者福祉法の別表で定められた機能障害の一覧に該当することが必要で，難病者にとってはその制度設計が障壁として作用したので

▶ コロニー
心身障害者のための生活共同体とされ，1971年には国立コロニー「のぞみの園」が開設され，各地で次々と建設されていった。コロニーは海外を参考につくられたが，当時，海外ではすでにノーマライゼーションの理念によって批判されていた。2002年に宮城県ではコロニーの解体が（一時）宣言されるなど，脱施設化への取り組みが広がり，現在，各地のコロニーや大型の入所施設では地域移行が進められている。

▶ スモン病
薬害によって生じた難病。1971年に2人のスモン患者が，キノホルム製剤の製造・輸入・販売をしていた製薬会社と製造などを承認した国に対して，損害賠償請求訴訟を行った。それをきっかけに訴訟が相次ぎ，1976年に一部和解が成立し，1978年にはじめての判決が下され，おおむねその責任が認められた。

ある。まさに障害種別で対策が進められた結果，つくられてきた穴に落とされた存在となった。

　その中で，縦割りで進められていた障害者施策の有機的な連携と共通の方向を示すための対策として，1970年に心身障害者対策基本法が制定された。

3　障害者運動の高まりと障害者福祉施策の展開（1960〜1990年）

　高度経済成長期には経済活動が活発化し，国家財政も大きく改善していったが，障害者福祉施策はほとんど発展せず，放置されたままになっていた。一方で，産業構造は大きく転換し，核家族化や共働き世帯が増えることで家族機能は低下し，障害者を支えていた家族が疲弊し，将来を悲観した自殺や一家心中などの事件が相次いだ。

　この状況で広がっていったのが，障害者本人や家族，関係者らによる社会運動である。障害者福祉施策の展開をとらえる場合，こうした内発的な動きに着目することで，より具体的な姿がみえてくる。また，障害者運動は単に福祉制度を要求するだけにとどまらず，制度のモデルをつくり，社会資源をつくってきた。そのため，障害者団体は今日の障害者福祉施策におけるサービス提供の担い手としても重要な位置を占めている。

　障害者本人や家族，関係者らによる運動は戦前からあったが，障害の種別や立場ごとにとどまり，別々に行われていた。それがより横断的に連帯して影響力をもって展開していったのは，1981年の国際障害者年以降といえる。ここでは障害者運動を親，職員，そして当事者（本人）の立場に分類し，その歴史について概説する。

□ 親の立場

　障害のある子どもを扶養する家族たちによる連帯は，まずは悩みや苦しみを打ち明け合い，生活における情報を交換し合うところからはじまっていった。親という同じ立場同士が共感し合い，支え合い，「親の会」として共同しながら制度的な要求も繰り広げられていった。

　具体的には，1950年代初頭に知的障害のある子どもをもつ母親たちが集い，全日本精神薄弱者育成会（後の「全日本手をつなぐ育成会」）が発足した。当時，盲・聾の子どもを除き，多くの障害児は**就学義務の猶予・免除規定**によって学校教育から排除されていた。その母親たち

はじめて障害者の尊厳を認める規定が登場したものの，自立への努力義務が規定され，なおかつ精神障害者の存在が考慮されなかったが，今日の障害者基本法につながる礎となった。

➡ 就学義務の猶予・免除規定
親には子どもを就学させる義務があるが，それを猶予・免除する学校教育法による規定のこと。実際には障害児は学校側から就学を拒否されたが，親自らが子どもの通学を辞退させるための手立てに用いられていた。この規定は現在も存在する。

が教師となって子どもたちに教育活動を実践しながら，連帯して養護学校や特殊学級の設置，知的障害児者のための施設を求めていったのである。1960（昭和35）年に成立した精神薄弱者福祉法はその成果という側面もあった。

1960年代になると，「親の会」は障害別に次々と組織化されていった。たとえば，1961年には「全国肢体不自由児父母の会」，1962年に「全国言語障害児をもつ親の会」，1963年に「全国心身障害児をもつ兄弟姉妹の会」，1964年に「全国重症心身障害児（者）を守る会」，1965年に「全国精神障害者家族会連合会」，1967年に「自閉症児親の会」などが発足し，制度がなかったり，制度の谷間にあったりした障害児者の親の立場から，制度のモデルを手がけたり，入所施設設置の要求が行われたりした。

☐ 職員の立場

戦後，早い段階から知的障害児の保護をはじめた有名な施設が滋賀県の近江学園（1946年）である。その中心人物であった糸賀一雄らによって重度重複障害児への療育が開始され，その施設であるびわこ学園が1963年に創設された。その実践の中で，糸賀一雄は「この子らを世の光に✛」という有名なメッセージを残している。

1960年代後半には，このような実践と連動して，教育権保障と関連した社会運動が展開した。多くの障害児が学校教育から排除されていたなかで，1967（昭和42）年に「全国障害者問題研究会」と「障害者の生活と権利を守る全国連絡協議会」が結成され，養護学校の設置義務化が要求されていった。その中で，糸賀一雄の思想をベースにした発達保障✛の考えが提起されていった。

教育権保障を求める動きと連動して明らかにされていったのが，学校から卒業する障害児の進路の課題である。卒業してもその後の進路が保障されず，親にとっては一気に介護負担がのしかかり，就労ができなくなるという深刻な生活問題が発生していた。そこで，障害者の労働を保障する運動として共同作業所づくりが展開し，1969年にその先駆けとなる「ゆたか共同作業所」が名古屋市につくられ，1977年にはその全国組織となる共同作業所全国連絡会（現在の，きょうされん）が結成された。共同作業所は1980年代に急速に普及し，今日では多くが就労継続支援や生活介護といった事業所となり，地域福祉の社会資源としても重要な位置を占めている。

✛
このメッセージは「この子らに世の光を」としなかったのが論点であり，優生思想がまん延し，重度障害のある人の存在が軽んじられる風潮のなかで，人間観への思想的な転換を鋭く迫ったものであった。重度障害者も含め，すべての人には存在自体に社会的価値があるのであり，障害者への社会的な環境を整備していくことは，社会全体にとって意味があることを現場から示していった。糸賀一雄（1968）『福祉の思想』NHK出版。

✛
発達保障は，最重度の障害児も含め，すべての子どもたちの発達の道筋は同じであるという考えのもと，発達を権利として保障されるべきとした。丹念に子どもに寄り添うことで，「教育をしても意味がない」という当時の常識を根底から覆しながら，すべての子どもの教育権を社会に訴えかけ，それを理念として提起した。

❏ 当事者の立場

　親や職員からの社会運動に対し，よりラディカルに展開されていったのが障害当事者による社会運動である。座り込みやデモなど，障害者差別の問題を，より厳しく社会に告発していった。それまで専門家や家族などの意見が優先され，忘れ去られがちにあったのが本人の意思や視点であり，障害当事者による運動は社会のあり方を大きく問い直すきっかけになっていった。

　障害者自身による運動は古くからあり，戦後では「日本患者同盟」をはじめ，「全国ハンセン氏病患者協議会」，「全国聾唖連盟」，「日本盲人会連合会」などが発足していった。1970年代になると，脳性マヒ者らによる「青い芝の会」により激しい運動が展開した。

　「青い芝の会」は，1970（昭和45）年に横浜で障害児を殺害した親への減刑嘆願運動に対し，障害者の存在を否定するものとして激しい抗議を行った。1970年代は全国でコロニー建設が進められ，学校教育では**養護学校義務化**➡が進められたが，これらは一般社会からの隔離であるとして抗議活動を展開し，論争を巻き起こしていった。また，地域生活にとって欠かせない介助の要求や，川崎バス闘争など公共交通機関による乗車拒否への抗議，優生保護法改正への反対運動で優生思想の批判など，障害者＝不幸な存在と決めつける風潮が当然視されていた中で，それに積極的に異を唱えていったのである。

　1980年代になると，アメリカの自立生活運動が日本の障害当事者にも広がっていった。自立生活運動では，身辺自立や経済的自立が支配的であった当時の「自立」概念に異を唱え，他人の手を借りて自己決定権を行使していくことこそが「自立」であるとする考えを示しながら，障害を克服し，社会への適用を前提にしてきた専門家の姿勢や社会のあり方を批判していった。そして，自立生活運動では地域社会で親から独立して介助者を用いながら一人暮らしを営んでいくモデルがつくられ，そのための拠点として自立生活センター（CIL）が各地につくられていった。

❏ 国際障害者年

　障害者福祉施策の歴史の中でも大きな転換点となったのが，国際障害者年である。障害者団体は，国際的なつながりと視野を獲得していくことで，日本の遅れた障害者福祉施策の状況が可視化され，障害種別で展開してきた社会運動が連帯を強めていった。

　国際社会からの影響は，1964（昭和39）年に開催されたパラリンピック東京大会も一つのきっかけになっていた。当時は車椅子を使用す

➡ **養護学校義務化**
1970年代に都道府県に養護学校が整備されていった一方で，養護学校が対象とする障害児は小・中学校ではなく養護学校への就学が強制されることになったことを指す。

✛
自らが選んだ介助者に公的な支出を求める運動が行われ，1973年に東京都は「重度脳性麻痺者等介護人派遣事業」を実施し，1975年度からは介助にかかる費用が本人に直接支払われるしくみとして，生活保護制度に他人介護加算が実施され，地域で暮らすための手立てとなった。このような介助の保障を求める運動は，今日の重度訪問介護へとつながっている。

る障害者が街に出かけること自体，珍しい状況にあった。ところが，海外からやってきた外国人選手が，車椅子を操作してショッピングや商談などで自由に街へと出かけたことで，日本に住む障害者とのギャップが鮮明となった。

1975（昭和50）年に国連は「障害者の権利宣言」を採択し，そのための具体的な行動を各国に求めて国際障害者年と国際的な行動計画を立てた。主題とされたのが「完全参加と平等」であった。1981年とされた国際障害者年で広く社会に普及したのが，ノーマライゼーション理念であった（第4章第1節参照）。1982（昭和57）年には「障害者に関する世界行動計画」が採択され，障害者施策のモデルが示された。そして，1983年から1992年までを「国連障害者の十年」として，行動の具体化を各国に要請した。

計画終了後も計画の策定は続けられ，アジア・太平洋諸国による国連・アジア太平洋経済社会委員会（ESCAP）によって，「アジア太平洋障害者の十年」（1993〜2002年），「新アジア・太平洋障害者の十年」（2003〜2012年），「アジア太平洋障害者の権利を実現するためのインチョン戦略」（2013〜2022年）が決議され，今日に至っている。

➡ 完全参加と平等
社会生活や社会発展への完全参加と，社会・経済発展でもたらされる成果が平等に配分されることを意味していた。

☐ 取り残された精神障害者福祉

このような障害者福祉施策の展開から取り残されたのが精神障害者である。精神障害者は福祉政策から放置され，基本的には医療制度，とりわけ精神科病院に丸投げされてしまい，精神科病院では深刻な人権問題が引き起こされていた。

戦後に生じた精神科病院の建設ブームで病床数は飛躍的に増大したが，社会保障支出が抑制され，その陰で虐待や不祥事が相次いで生じてきた。また，治療と称して，電気けいれん療法やショック療法，あるいはロボトミーといった非人道的な処置が施され，重い後遺症を患わされる精神障害者もいた。

精神障害者への対策は支援というよりは監視の側面が強化され，それが露骨に示されたのが1964（昭和39）年に発生した**ライシャワー事件**である。事件を受けて精神衛生法が改正され，措置入院のしくみが強化された。

イタリアでは1978（昭和53）年にバザーリア法（180号法）が可決され，精神障害者への医療を入院ではなく外来で支え，脱施設化へと進んでいった。国際的にはこの時代に権利擁護のしくみが広がり，強制入院への法的な手続きが整備されていったが，日本はそこから乖離した状況となった。それが国際社会の中で批判されるきっかけになった

➡ ライシャワー事件
統合失調症とされた少年が駐日アメリカ大使を刺傷させた事件である。これに対し，警察庁は監視と収容体制の強化を政府に迫り，精神障害者の届け出義務化が検討された。それに反対したのが医療者で，強い反対運動を展開し，そのせめぎ合いのなかで精神衛生法が1965年に改正された。そこでは，精神衛生センターや地方精神衛生審議会の新設，通院医療費公費負担制度の導入，保健所の業務確立など医療を推進する一方で，措置入院のしくみが強化された。

のが，1984年に発覚した宇都宮病院事件であった。

宇都宮病院では看護職員による暴力が日常化し，激しい暴行で患者2人の命が奪われた。これにより精神科病院での人員体制の問題，権利擁護の貧弱さが一気に露呈し，国内にとどまらず国際的な批判を招いた。そして，国際人権連盟が政府を批判する事態にまで発展し，1987（昭和62）年に成立したのが精神保健法✢であった。

 社会福祉基礎構造改革と障害者福祉施策の展開（1990年～現在）

平成の時代は，バブル経済が破綻し低成長へと転換していった。経済のグローバル化が大きく進展し，産業構造が大きく変化し，雇用では，工場労働が減ってサービス労働に従事する人たちが多くを占めるようになった。それに対し，経済政策では2000年代に新自由主義が台頭し，規制緩和によって非正規雇用が増大し，格差が拡大すると同時に貧困がまん延した。

社会保障全体では，厳しい財政状況の中で少子・高齢化対策を迫られながら，格差にも対応が迫られるという難局を迎える。障害者福祉施策は，こうしたうねりに影響を受けながらも2000年代から大きく展開し，今日に至っている。

☐ 障害者基本法

1990年代は在宅福祉や地域福祉に目が向けられ，1990（平成 2 ）年の社会福祉関係 8 法改正によって身体障害者福祉法と精神薄弱者福祉法の改正が行われた。

具体的には，都道府県が担っていた施設入所決定事務等を，身体障害者福祉法では町村へ，精神薄弱者福祉法では指定都市へと移管した。在宅福祉サービスでは，ホームヘルプサービス，デイサービス，ショートステイのいわゆる在宅福祉三本柱が法定化された。精神薄弱者福祉法では精神薄弱者通勤寮や精神薄弱者福祉ホームに加え，グループホーム(9)も法定化され，このようなサービスの整備方針が決められた。一方で，社会福祉行政の担い手が自治体へと移されていったことで，自治体による格差が生み出されることにもなった。

1993（平成 5 ）年に，心身障害者対策基本法が改正されて障害者基本法が成立し，精神障害者を障害者とする法的根拠を示し，自治体に障害者基本計画の策定を努力義務化した（2004年の障害者基本法改正で

✢……………………
精神保健法では社会復帰がはじめて法の目的に入れられ，退院請求や処遇改善請求といった権利擁護のしくみが導入され，精神障害者社会復帰施設が創設された。しかし，民間の精神科病院への収容主義は根本的には見直されず，今日に至っている。現在，精神科病院では長期入院患者の高齢化問題に直面し，深刻化している。

義務化された）。障害者基本法と1994年の地域保健法の成立を受け，1995（平成7）年に精神保健福祉法が成立し，ようやく精神障害者が社会福祉施策の対象となった。身体障害者福祉法が成立してから約半世紀後のことであった。

1995年に障害者基本法にもとづき障害者プラン[10]が発表され，障害種別を超えた横断的な方向が示されるとともに，施策の整備にはじめて数値目標が掲げられ，プランにもとづいた障害者福祉施策の整備が進められた。

一方で教育現場では，1990年代にいじめの問題が世論の注目を集めていくと同時に，発達障害のある子どもの存在が政策課題にあげられていった。2000年代に入って，発達障害やインクルーシブ教育への対応のために特殊教育が大きく見直され，特別支援教育がスタートした。教育分野で注目された発達障害は障害者福祉施策でも対応が求められ，2003（平成15）年に発達障害者支援法が成立した。発達障害は，その後2011年の障害者基本法改正で障害の定義に明記された。また，この頃は相次いで障害者虐待の事件が発覚し，政治状況に振り回されて幾度も廃案を繰り返しながらも，2011（平成23）年に議員立法で障害者虐待防止法が成立した。

☐ 社会福祉基礎構造改革

1990年代後半になると，介護保険制度が創設され，それに合わせて社会福祉基礎構造改革[11]が進められた。

社会福祉基礎構造改革では，新自由主義にもとづき自助や狭い意味での「自立」の原則を強調しながら，それまで主に公的機関が担ってきたサービス提供の規制を緩和したことで，民間の営利企業に加えてさまざまなNPOが参入していくきっかけにもなった。

介護保険制度の導入後，障害者福祉施策は大きく影響を受けて展開していく。社会福祉基礎構造改革の具体化として2003（平成15）年に導入されたのが支援費制度であった。支援費制度では自己決定と選択の重視，利用者を中心にしたサービス提供，利用者と事業者の対等な関係，契約にもとづいたサービス利用，利用者の選択とサービスの質の向上が目指された。

ところが，支援費制度がスタートする直前に，ホームヘルプサービスの利用時間数などに上限が設けられる案が厚生労働省内で浮上し，障害者団体はそれに激しく抗議を行い，撤回されるという事態が発生した。これは当初から予算が赤字になるという懸念があったためで，支援費制度は財政上の都合から開始後すぐに見直され，障害者自立支

発達障害者支援法では，発達障害の概念を規定し，都道府県単位で相談支援体制を構築した。障害者福祉施策では，障害者手帳の取得がサービス利用の前提とされるが，発達障害の場合は精神障害者保健福祉手帳が交付されている。

たとえば滋賀県では，肩パットの工場生産を行っていたサン・グループ社長により，障害者への日常的な虐待や横領が繰り返し行われた事件が発覚した。事件では，虐待を受けている当事者からの救済を求める手紙や保護者からの相談を労働基準監督署や福祉事務所が放置し，被害が深刻化した。サングループ裁判出版委員会編（2004）『いのちの手紙──障害者虐待はどう裁かれたか』大月書店。

図 5-1　障害者総合支援法成立までの障害福祉サービスの経緯

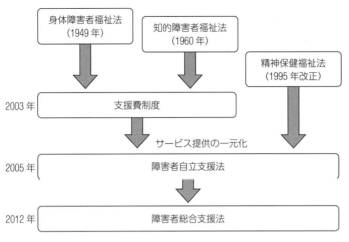

出所：筆者作成.

援法の成立へと展開した。

□ 障害者自立支援法

　障害者自立支援法は，支援費制度で導入された契約制度をより進めたものであるが，同時に，戦後の障害者福祉施策を根本から再編成したものとなった。

　支援費制度がつくられる以前は，事業所数が少なく，制度があっても実際には利用できる機会が限られていた。しかし，規制緩和によって事業所が急激に増え，申請もより身近な市町村で手続きを進めることができるしくみになったことで，利用者数が一気に増えた。利用者数の増加と共に費用が増大したことで，厚生労働省では財源問題が取り沙汰され，厚生労働省は2004年に「グランドデザイン案」を提案し，それをもとにして2005（平成17）年に成立したのが障害者自立支援法である（図 5-1）。[12]

　障害者自立支援法では，障害種別の縦割りを一元化し，それまでの障害者福祉施策を根本から変えていくことになった。

　第一は，身体障害や知的障害に限定され，障害種別ごとにサービスが提供されていたものを，精神障害者を含め，障害種別にとらわれずに提供を行うしくみにしたことである。いわゆる三障害一元化である。第二は，サービス体系を根本的に見直したことである。今日の障害者総合支援法のサービス体系は，このときに大きく編成されたものである。第三は，介護保険の要介護認定と同様に障害程度区分を導入し，サービス利用手続きに一律のしくみを創設したことである。第四は，サービス利用者に原則 1 割負担を導入したことである。サービス利用

にかかる費用負担の方式を，個人や世帯の所得に応じて変動させる応能負担から，所得に応じず，一定の支払いを求める応益負担（定率負担）にしたのである。

障害者自立支援法では，財政問題で介護保険への吸収合併が目指されたことや，応益負担の導入によって経済的な自己負担が高まったこと，また，障害程度区分で国庫負担基準に上限が設けられたことなどから，障害者団体から猛抗議が行われた。[13]

2008（平成20）年には全国の障害当事者が障害者自立支援法は憲法違反であるとして，「障害者自立支援法違憲訴訟」を一斉提訴した。「障害者自立支援法違憲訴訟」は和解で決着し，2010年に「基本合意文書」が締結された。そこでは遅くとも2013年前に障害者自立支援法を廃止にすること，介護保険との統合を前提にしないこと，障害者権利条約の批准などの合意が交わされた。

☐ 障害者権利条約

2006（平成18）年に国連で障害者権利条約が採択された。それが日本の障害者福祉施策に大きく影響を与えた。

障害者権利条約では，「私たち抜きに私たちのことを決めるな！」（Nothing about us without us!）をスローガンとし，無差別の原則や合理的配慮の実施義務，権利実現のための締結国がとるべき措置などが規定された。日本はその批准に向けて法整備を進めることになった（本書第4章第4節を参照）。

国内政治では民主党政権が誕生し，障害者自立支援法に代わる法案が，障害当事者や家族などを主体にして制度設計が論議された。具体的には，内閣総理大臣を本部長とする「障がい者制度改革推進会議」が内閣府に設置され，当事者委員が半数以上を占めるという歴史的にも画期的な会議が行われた。その会議で，障害者権利条約批准のための国内法の整備，障害者基本法の改正，障害者差別解消法の制定，障害者自立支援法に代わる障害者総合福祉法が検討され，2010年から2012年まで審議が行われた。

2011（平成23）年に改正された障害者基本法では，共生社会の実現や障害者差別の禁止と合理的配慮規定が盛り込まれ，障害の定義が社会モデルを反映した規定になった。そして，差別の禁止を実際に進めるための法整備として2013（平成25）年に障害者差別解消法が制定され，雇用領域における差別禁止を規定した障害者雇用促進法の改正法が成立した。

「基本合意文書」によって廃止が決定していた障害者自立支援法は，

障がい者制度改革推進会議総合福祉部会で，障害者権利条約と障害者自立支援法違憲訴訟における合意内容を踏まえながら論議が行われ，2011年に「障害者総合福祉法の骨格に関する総合福祉部会の提言」が出された（「骨格提言」と略される）。

ところが，「骨格提言」の内容はほとんど実現されず，棚上げにされてしまった。「骨格提言」を受けて厚生労働省が法案を作成した内容は，難病の対象化，グループホームとケアホームの一元化，重度訪問介護の対象拡大と障害福祉計画の定期的な見直しによるサービス基盤整備などの一部改正にとどまり，名称も障害者総合支援法に変更され，2012（平成24）年に成立した。

このような法整備を経て，日本は2014年に障害者権利条約を批准した。こうした紆余曲折のなかで，障害福祉サービス等の予算は10年間でおよそ倍増する動きを見せ，障害者福祉施策は飛躍的に向上してきた。一方で，現在，65歳を上回る障害者が増加し，障害者総合支援法か，あるいは介護保険法で対応されるのか，その制度間調整が大きな論点になっている。

◯ 障害者福祉の歴史と社会福祉士・精神保健福祉士の役割

2016（平成28）年7月に相模原市の障害者支援施設で，突然乱入してきた元職員により45人が襲われ，うち19人が殺害された事件が発生した。事件では露骨な優生思想がまき散らされ，さまざまな障害者団体が相次いで声明を発表し，事件の背後にある障害者差別の問題を訴えた。

政府は事件に対して関係閣僚会議を開催し，それを受けて厚生労働省は「相模原市の障害者支援施設における事件の検証及び再発防止策検討チーム」を組織し，事件の具体的な検証が行われた。

2016年12月に取りまとめられた報告書では，「偏見や差別意識を社会から払拭し，一人ひとりの命の重さは障害のあるなしによって少しも変わることはない，という当たり前の価値観を社会全体で共有することが何よりも重要である」としながら，「そのためには，障害のある人もない人も，地域の人々も，障害者施設で働く人も，全ての人々が，お互いの人格と個性を尊重し合いながら共生できる社会の実現に向けた取組を進めていくことが不可欠である」とした。

そして，2018年に発表された「障害者基本計画（第4次）」では，実現を目指すべき社会の一つとして，「『一人ひとりの命の重さは障害の有無によって少しも変わることはない』という当たり前の価値観を国民全体で共有できる共生社会」に寄与することを掲げた。

✛

「骨格提言」（2011年）のポイント
①障害のない市民との平等と公平，②谷間や空白の解消，③（自治体間の）格差の是正，④（精神科病院への長期入院や介助の家族負担の問題など）放置できない社会問題の解決，⑤本人のニーズにあった支援サービス，⑥安定した予算の確保（国庫負担基準の実質上限の撤廃とOECD平均並みの予算確保）

戦前・戦中は，優生学思想が社会事業と学問的にも，実践的にも関与してきたことは本章第1節でも述べた。戦後は公然と障害者の「安楽死」が語られ，優生学思想にもとづく強制不妊手術が大きく拡大し，身体拘束，麻酔薬使用，欺罔（ぎもう）といった手段で数多くの障害者，そしてハンセン病者らが手術台へと運ばれていった。

　強制不妊手術が省みられたのは，戦後約半世紀後となる1996（平成8）年である。2019（平成31）年になって，被害を受けた障害当事者らによる訴訟をきっかけに，その補償のための一時金を支給する救済法（「旧優生保護法に基づく優生手術等を受けた者に対する一時金の支給等に関する法律」）が成立した。

　個人の尊厳や人権を拠り所に実践を行うべき社会福祉が，歴史を紐解くと，実は戦前から普及した優生学思想と親和性をもって展開してきた側面がある。一見すると矛盾する両者がなぜ密接に結びついてきたのか。実践現場ではそれにどう向き合ってきたのか。こうした「過去の克服」は，いま，私たちに突きつけられている課題なのである。

　優生思想をなくし，共生社会を実現していくためには，これまで障害者が「生産性が劣る」などといわれながら優生思想の矢面に立たされ，実際に優生保護法によって強制不妊手術が行われてきた歴史を理解しておく必要がある。社会福祉士・精神保健福祉士には，事件が単なる偶発的なものではなく歴史的な問題としてとらえ，共生社会を具体的に実現していくための実践が求められる。

　とくに，これまで障害者はコロニーや精神科病院など，地域社会から隔離された環境で生活を余儀なくされてきた歴史があった。現在，入所施設で暮らす障害者や，精神科病院に長期入院にある精神障害者に対して地域移行が進められている。しかしながら，そこでは地域生活にとって必要なグループホームなどの建設に，地域住民が立ちはだかるという施設コンフリクトに直面してきたのである。共生社会を実現していくためには，社会福祉士・精神保健福祉士には，こうした歴史を踏まえた丹念な地域社会への働きかけが求められるといえる。

○注 ─────

⑴　クレー，E.／松下正明監訳（1999）『第三帝国と安楽死［生きるに値しない生命の抹殺]』批評社.
⑵　古河太四郎か，古川太四郎かは未だ不明であり，今日では両方が併記される場合が多い。
⑶　従来からこのことは研究対象として扱われ，著名なものでは鈴木善次（1983）『日本の優生学──その思想と運動の軌跡』三共出版がある。
⑷　海野幸徳（1910）『日本人種改造論』富山房，115-121.

⑸　海野幸徳の業績とその評価については，杉田菜穂（2010）『人口・家族・生命と社会政策』法律文化社，を参照されたい。

⑹　たとえば中央慈善協会（1918）『精神異常者と社会問題』中央慈善協会．優生学思想は貧困観にも深く影響を与えていた。

⑺　中村満紀男（2004）『優生学と障害者』明石書店．

⑻　ところが，後に「逆コース」と呼ばれる再軍備化の流れで軍事援護は復活し，自衛隊が発足した1954年には元傷痍軍人への特別措置がほぼ復活し，今日に至っている。

⑼　精神薄弱者福祉法に法定化されたグループホームは，北欧への視察を通して制度化されたもので，北欧では高度な熟練が求められるものとされていた。ところが，1989年に「精神薄弱者地域生活援助事業」でグループホームが制度化されたとき，担い手には非専門職である世話人が規定された。角田慰子（2014）『知的障害者福祉政策にみる矛盾――「日本型グループホーム」構想の成立過程と脱施設化』ぷねうま舎．

⑽　障害者プランの策定には，高齢福祉分野の新ゴールドプランや，児童福祉分野のエンゼルプランの影響を受けたことや，「国連・障害者の十年」以降の国際的な潮流や障害者運動の高まりがあった。ノーマライゼーションの実現のため，地域社会で生活するための体制整備が明示されるものの，実際には身体障害者療護施設や知的障害者更生施設など，施設整備が優先して進められ，地域福祉にかかわるサービスの整備は低調に止まった。

⑾　具体的には，1998年に「社会福祉基礎構造改革について」（中間まとめ）が公表され，1999年に最終報告が出され，横断的な法改正が行われた。社会福祉基礎構造改革の大きな柱は，次の3つであった。①サービス利用者と提供者との対等な関係の確立（措置型福祉から契約型福祉へ），②多様なサービス提供主体の参入促進（営利事業者を含めた参入），③市場原理によるサービスの質の向上と効率化の向上（情報公開と第三者評価）。

⑿　障害者自立支援法の成立には，後に介護保険と統合していくことで，被保険者を40歳以上から20歳以上に引き下げて介護保険財源の増加を目指そうとした一方で，それまで除外されてきた精神障害者を対象化する意図もあったとされる。

⒀　障害者団体は全国でフォーラムを開催し，障害の自己責任論につながるとの指摘をはじめ，障害程度区分が知的障害や精神障害に通用せず多くが審査会で障害程度区分が変更されていること，自立概念がかつての身辺自立や職業的自立といった狭いものへと逆戻りしたとする指摘，公的機関の責任が曖昧になったとの指摘，応益負担の導入でサービスの利用控えが広がり，障害が重度であればあるほど費用が増大するという矛盾があること，しかもその負担に家族扶養義務を求めたことなどの種々の問題点が指摘された。

⒁　厚生労働省による「障害福祉サービス等予算の推移」では，2009年から2018年で，障害福祉サービス等予算は5,989億円から1兆2,656億円へと飛躍的に増大している。厚生労働省（2018）「平成30年度障害保健福祉関係予算案の概要」。

第6章

障害者に対する法制度（1）

① 障害者総合支援法

1 法の概要

◯ 目的・基本理念

　障害者の日常生活及び社会生活を総合的に支援するための法律（以下，障害者総合支援法）の目的は，「障害者及び障害児の福祉の増進を図るとともに，障害の有無にかかわらず国民が相互に人格と個性を尊重し安心して暮らすことのできる地域社会の実現に寄与する」ことにある（同法第1条）。このためには，「障害者及び障害児が基本的人権を享有する個人としての尊厳にふさわしい日常生活又は社会生活を営むことができる」ことが前提となる。

　同法第1条の2では，基本理念が掲げられている。障害者及び障害児が日常生活又は社会生活を営むための支援について，以下のように示している。

- 全ての国民が，障害の有無にかかわらず，等しく基本的人権を享有するかけがえのない個人として尊重されるものであるとの理念に基づく。
- 全ての国民が，障害の有無によって分け隔てられることなく，相互に人格と個性を尊重し合いながら共生する社会を実現するため，「全ての障害者及び障害児が可能な限りその身近な場所において必要な日常生活又は社会生活を営むための支援を受けられることにより社会参加の機会が確保されること」，「どこで誰と生活するかについての選択の機会が確保され，地域社会において他の人々と共生することを妨げられないこと」，「障害者及び障害児にとって日常生活又は社会生活を営む上で障壁となるような社会における事物，制度，慣行，観念その他一切のものの除去に資すること」を旨として，総合的かつ計画的に行わなければならない。

◯ 対象者等

　同法第4条では，対象となる障害者等として，(1)18歳以上の身体障害者，知的障害者，精神障害者（発達障害者を含む），難病の者，(2)障害児が規定されている。

図 6-1　主な自立支援給付・地域生活支援事業のイメージ

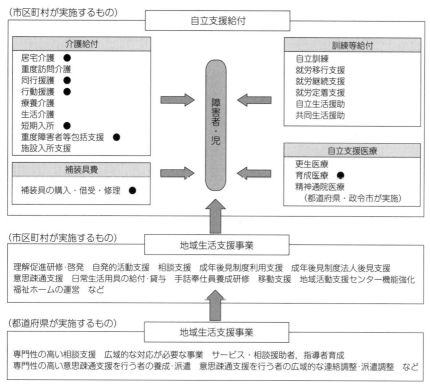

（市区町村が実施するもの）

自立支援給付

介護給付
居宅介護　●
重度訪問介護
同行援護　●
行動援護　●
療養介護
生活介護
短期入所　●
重度障害者等包括支援　●
施設入所支援

補装具費
補装具の購入・借受・修理　●

障害者・児

訓練等給付
自立訓練
就労移行支援
就労継続支援
就労定着支援
自立生活援助
共同生活援助

自立支援医療
更生医療
育成医療　●
精神通院医療
（都道府県・政令市が実施）

（市区町村が実施するもの）

地域生活支援事業

理解促進研修・啓発　自発的活動支援　相談支援　成年後見制度利用支援　成年後見制度法人後見支援
意思疎通支援　日常生活用具の給付・貸与　手話奉仕員養成研修　移動支援　地域活動支援センター機能強化
福祉ホームの運営　など

（都道府県が実施するもの）

地域生活支援事業

専門性の高い相談支援　広域的な対応が必要な事業　サービス・相談援助者，指導者育成
専門性の高い意思疎通支援を行う者の養成・派遣　意思疎通支援を行う者の広域的な連絡調整・派遣調整　など

注：自立支援給付のうち「●」については，障害児の利用は可能。
出所：厚生労働省「障害福祉サービスの利用について（パンフレット）」に筆者加筆.

図 6-2　支給決定までの流れ

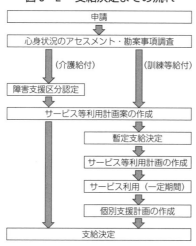

申請

心身状況のアセスメント・勘案事項調査

（介護給付）　　（訓練等給付）

障害支援区分認定

サービス等利用計画案の作成

暫定支給決定

サービス等利用計画の作成

サービス利用（一定期間）

個別支援計画の作成

支給決定

注：同行援護は障害支援区分の認定は不要。
　　障害児の利用についても障害支援区分の
　　認定は不要。
出所：厚生労働省資料に筆者加筆.

➡障害福祉サービ
ス
…………………
介護給付及び訓練等給
付に属するサービスを
いう。

障害福祉サービスの利用にあたっては，市区町村から支給決定を受
けなければならない。また，障害福祉サービスのうち介護給付に属す
るサービス（図6-1）を利用する場合及び共同生活援助において介護
の提供が必要な場合は，原則として障害支援区分の判定が必要となる
（障害児の場合に一部例外あり）。なお，2015（平成27）年度からは，支
給決定に際してはサービス等利用計画案の作成が必須となっている。

申請から支給決定までの流れは**図6-2**のとおりである。

障害支援区分とは，「障害者等の障害の多様な特性その他の心身の
状態に応じて必要とされる標準的な支援の度合を総合的に示すもの」
（同法第4条第4項）であり，区分1から区分6に分かれる。訪問調査
により聴き取った項目をもとにコンピュータによる一次判定が行われ，
一次判定結果と調査時の特記事項及び医師の意見書をもとに，障害保
健福祉に関する学識経験を有するもので構成される市町村審査会にお
いて，障害支援区分の審査判定（二次判定）を行う。

□ 利用者負担と負担軽減

① 利用者負担

障害者総合支援法に規定するサービス等の利用にかかる利用者負担
は，応能負担を原則としつつ，その負担額がサービス費用等の1割相
当額を上回る場合には1割相当額とするなど，サービス利用量と所得
の双方に着目した負担方式となっている。なお，療養介護を利用する
場合は，医療費及び食事療養費を合わせて負担上限額が設定されてい
る。

これら負担軽減策を講じても，生活保護の対象となる場合には，さ
らに自己負担の負担上限月額や食費等実費負担額を引き下げる措置が
ある。

② 高額障害福祉サービス等給付費

障害者の場合は，障害者と配偶者の世帯で，障害福祉サービス・補
装具・介護保険サービスにかかる利用者負担の合算額が基準額を超え
る場合に支給される[1]。

障害児が障害者総合支援法と児童福祉法のサービスを併せて利用し
ている場合は，利用者負担額の合算のいずれか高い額を基準額として，
それを超えた部分について支給される[2]。

また，2018（平成30）年度から，65歳以前から障害福祉サービスを
利用していた者が，65歳になり介護保険サービスを利用する場合には，
介護保険サービスの自己負担について高額障害福祉サービス等給付費

として払い戻される場合がある。

③　特定障害者特別給付費（補足給付）

入所施設の食費・光熱水費は原則として自己負担（上限月額53,500円）であるが，低所得者については，実費負担をしても，少なくとも手元に一定額が残るように特定障害者特別給付費が支給される（補足給付）。

これら負担軽減策を講じても，生活保護の対象となる場合には，さらに自己負担の負担上限月額や食費等実費負担額を引き下げる措置がある。

☐　障害福祉計画

①　基本指針

厚生労働大臣は，障害福祉サービス及び相談支援並びに市町村及び都道府県の地域生活支援事業の提供体制を整備し，自立支援給付及び地域生活支援事業の円滑な実施を確保するための基本的な指針（基本指針）を定めることとされている（障害者総合支援法第87条）。

第5期障害福祉計画・第1期障害児福祉計画（計画期間2018-20年度）の基本指針では，計画の基本的理念として，⑴障害者等の自己決定の尊重と意思決定の支援，⑵市町村を基本とした身近な実施主体と障害種別によらない一元的な障害福祉サービスの実施等，⑶入所等から地域生活への移行，地域生活の継続の支援，就労支援等の課題に対応したサービス提供体制の整備，⑷地域共生社会の実現に向けた取組，⑸障害児の健やかな育成のための発達支援を掲げている。

②　市町村障害福祉計画

市町村は，基本指針に即して，障害福祉サービスの提供体制の確保その他この法律に基づく業務の円滑な実施に関する計画（市町村障害福祉計画）を定めることとされている。なお，計画期間は基本指針により3年を1期と定められている（同法第88条）（**表6-1**）。

③　都道府県障害福祉計画

都道府県は，基本指針に即して，市町村障害福祉計画の達成に資するため，各市町村を通ずる広域的な見地から，障害福祉サービスの提供体制の確保その他この法律に基づく業務の円滑な実施に関する計画（都道府県障害福祉計画）を定めることとされている。なお，計画期間は基本指針により3年を1期と定められている（同法第89条）（**表6-1**）。

④　他計画との関係

市町村障害福祉計画は，市町村障害者計画，市町村地域福祉計画のほか，障害者等の福祉に関する事項を定めるものと調和が保たれたも

表 6-1　障害福祉計画に盛り込む事項

区分	項　目	市町村	都道府県	備　考
記載は必須	障害福祉サービス，相談支援，地域生活支援事業の提供体制の確保に係る目標に関する事項	○	○	
	各年度における指定障害福祉サービス，指定地域相談支援，指定計画相談支援の種類ごとの必要な量の見込み	○	○	都道府県計画は障害保健福祉圏域ごとの量の見込み
	各年度の指定障害者支援施設の必要入所定員総数		○	
	地域生活支援事業の種類ごとの実施に関する事項	○	○	
記載は努力義務	指定障害福祉サービス，指定地域相談支援，(指定計画相談支援)の種類ごとの必要な見込量の確保のための方策	○	○	(　)は市町村計画のみの規定 都道府県計画は障害保健福祉圏域ごとの確保方策
	障害保健福祉圏域ごとの指定障害福祉サービス，指定地域相談支援又は指定計画相談支援に従事する者の確保又は資質の向上のために講ずる措置に関する事項		○	
	指定障害者支援施設の施設障害福祉サービスの質の向上のために講ずる措置に関する事項		○	
	指定障害福祉サービス，指定地域相談支援，(指定計画相談支援)，地域生活支援事業の提供体制の確保に係る医療機関，教育機関，公共職業安定所その他の職業リハビリテーションの措置を実施する機関その他の関係機関との連携に関する事項	○	○	(　)は市町村計画のみの規定 都道府県計画は障害保健福祉圏域ごとの方策

出所：筆者作成.

のでなければならない。

　都道府県障害福祉計画は，都道府県障害者計画，都道府県地域福祉支援計画のほか，障害者等の福祉に関する事項を定めるものと調和が保たれたものでなければならない。また，医療計画と相まって，精神科病院に入院している精神障害者の退院の促進に資するものでなければならない。

　また，市町村障害福祉計画は市町村障害児福祉計画と，都道府県障害福祉計画は都道府県障害児福祉計画と，それぞれ一体のものとして作成することができる。

　⑤　調査・分析・評価

　市町村及び都道府県は，定期的に，計画記載事項について調査，分析及び評価を行い，必要があると認めるときは，計画を変更することその他の必要な措置を講ずることとされている。

2　サービス・事業

□ サービス・事業の全体像

　障害者総合支援法に基づく支援は，「自立支援給付」と「地域生活支援事業」に区分される（図6-1，123頁参照）。

　自立支援給付は，介護給付費，訓練等給付費，自立支援医療費，補装具費，相談給付費等から構成される。これらはすべて個別給付である。

　地域生活支援事業は，市区町村が地域の実情に応じて実施するものと，市区町村の地域生活支援事業を支援するために都道府県が実施するものから構成されている。

☐ 介護給付費

　介護給付費は，居宅介護，重度訪問介護，同行援護，行動援護，療養介護，生活介護，短期入所，重度障害者等包括支援，施設入所支援（**表6-2**上）を受けたときに支給される。

☐ 訓練等給付費

　訓練等給付費は，自立訓練（機能訓練），自立訓練（生活訓練），宿泊型自立訓練，就労移行支援，就労継続支援A型（雇用型），就労継続支援B型（非雇用型），就労定着支援，自立生活援助，共同生活援助（**表6-2**下）を受けたときに支給される。

☐ 共生型サービス

　障害者の高齢化が顕著になるにつれ，介護保険制度への移行に伴う諸課題が明らかになってきた。この課題への対応とともに，共生社会の実現に資するものとして，2018（平成30）年度から導入されたのが「共生型サービス」である。共生型サービスとは，介護保険のサービス事業所または障害福祉のサービス事業所がそれぞれ指定を受けることで，障害者も高齢者も利用が可能となるものである。

☐ 相談支援（計画相談支援・地域相談支援）

　相談支援には，①基本相談支援，②計画相談支援，③地域相談支援がある（**図6-3**）。

① 基本相談支援

　障害者・児やその家族からの相談に応じ，必要な情報の提供や助言を行うとともに，市区町村や障害福祉サービス事業者等との連絡調整などを行うものである。

② 計画相談支援

　障害者等の心身の状況，環境，障害福祉サービスの利用意向等をふまえ，障害福祉サービス等の利用に関する計画（サービス等利用計画）を作成するものである。初回の計画作成を「サービス利用支援」，更

表 6-2　障害福祉サービス

【介護給付】

名　称	対象		内　容
	者	児	
居宅介護	○	○	居宅において，入浴，排せつ及び食事等の介護，調理，洗濯及び掃除等の家事並びに生活等に関する相談及び助言その他の生活全般にわたる援助を行うもの
重度訪問介護	○		居宅において，入浴，排せつ及び食事等の介護，調理，洗濯及び掃除等の家事並びに生活等に関する相談及び助言その他の生活全般にわたる援助並びに外出時における移動中の介護を総合的に行うとともに，病院等に入院又は入所している障害者に対して意思疎通の支援その他の支援を行うもの
同行援護	○	○	視覚障害により，移動に著しい困難を有する障害者等につき，外出時において，当該障害者等に同行し，移動に必要な情報を提供するとともに，移動の援護その他の当該障害者等が外出する際の必要な援助を行うもの
行動援護	○	○	知的障害又は精神障害により行動上著しい困難を有する障害者等であって常時介護を要するものにつき，当該障害者等が行動する際に生じ得る危険を回避するために必要な援護，外出時における移動中の介護，排せつ及び食事等の介護その他の当該障害者等が行動する際の必要な援助を行うもの
療養介護	○		主として昼間において，機能訓練，療養上の管理，看護，医学的管理の下における介護及び日常生活上の世話を行うもの（療養介護のうち医療に係るものは療養介護医療）
生活介護	○		主として昼間において，入浴，排せつ及び食事等の介護，調理，洗濯及び掃除等の家事並びに生活等に関する相談及び助言その他の必要な日常生活上の支援，創作的活動又は生産活動の機会の提供その他の身体機能又は生活能力の向上のために必要な支援を行うもの
短期入所	○	○	介護を行う者の疾病その他の理由により，障害者支援施設，児童福祉施設等への短期間の入所を必要とする障害者等につき，当該施設に短期間の入所をさせて，入浴，排せつ及び食事の介護その他の必要な支援を行うもの
重度障害者等包括支援	○	○	居宅介護，重度訪問介護，同行援護，行動援護，生活介護，短期入所，自立訓練，就労移行支援，就労継続支援，就労定着支援，自立生活援助及び共同生活援助を包括的に提供するもの
施設入所支援	○		主として夜間において，入浴，排せつ及び食事等の介護，生活等に関する相談及び助言その他の必要な日常生活上の支援を行うもの

注：障害支援区分以外に，サービスによってはさらに対象が限定されているものがある。

【訓練等給付】

名　称	対象		内　容
	者	児	
自立訓練（機能訓練）	○		理学療法，作業療法その他必要なリハビリテーション，生活等に関する相談及び助言その他必要な支援を行うもの
自立訓練（生活訓練）	○		入浴，排せつ及び食事等に関する自立した日常生活を営むために必要な訓練，生活等に関する相談及び助言その他の必要な支援を行うもの
宿泊型自立訓練	○		居室その他の設備を利用させるとともに，家事等の日常生活能力を向上させるための支援，生活等に関する相談及び助言その他の必要な支援を行うもの
就労移行支援	○		生産活動，職場体験その他の活動の機会の提供など就労に必要な知識・能力の向上のために必要な訓練，求職活動に関する支援，その適性に応じた職場の開拓，就職後における職場への定着のために必要な相談や支援を行うもの
就労継続支援（A型）	○		生産活動その他の活動の機会の提供など就労に必要な知識・能力の向上のために必要な訓練や支援を行うもの。原則として雇用契約を締結するなど，労働関係法規の適用を受ける
就労継続支援（B型）	○		生産活動その他の活動の機会の提供など就労に必要な知識・能力の向上のために必要な訓練や支援を行うもの。雇用契約等は締結しない
就労定着支援	○		就労の継続を図るため，企業，障害福祉サービス事業者，医療機関等との連絡調整を行うとともに，雇用に伴い生じる日常生活又は社会生活を営む上での各般の問題に関する相談，指導及び助言等の必要な支援を行うもの
自立生活援助	○		定期的な巡回訪問，随時通報を受けて行う訪問，相談対応等により，居宅における自立した日常生活を営む上での各般の問題を把握し，必要な情報の提供及び助言並びに相談，関係機関との連絡調整等の自立した日常生活を営むために必要な援助を行うもの
共同生活援助	○		主として夜間において，共同生活を営むべき住居において，相談，入浴，排せつ又は食事の介護その他の必要な日常生活上の援助を行うもの

注：サービスによっては利用可能な対象者が限定されているものがある。
出所：厚生労働省ホームページ「障害福祉サービスについて」をもとに筆者加筆．

図 6-3　相談支援の構成

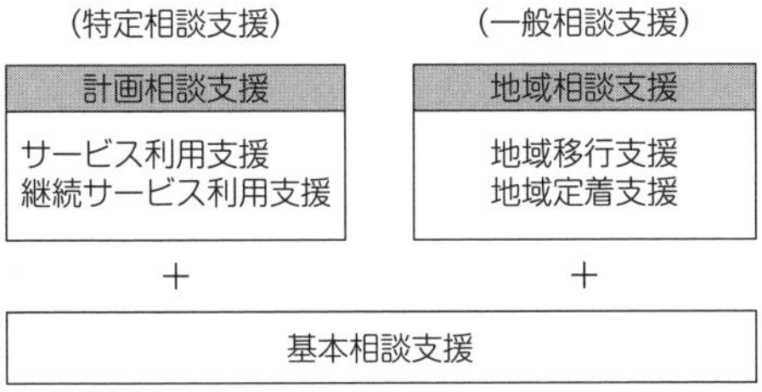

（特定相談支援）	（一般相談支援）
計画相談支援	地域相談支援
サービス利用支援 継続サービス利用支援	地域移行支援 地域定着支援
＋	＋
基本相談支援	

出所：筆者作成.

表 6-3　自立支援医療

区　分	対　　象	実施主体
育成医療	身体に障害を有する児童で，その障害を除去・軽減する手術等の治療により確実に効果が期待できる者（18歳未満）	市区町村
更生医療	身体障害者手帳の交付を受けた者で，その障害を除去・軽減する手術等の治療により確実に効果が期待できる者（18歳以上）	市区町村
精神通院医療	精神保健福祉法第 5 条に規定する統合失調症などの精神疾患を有する者で，通院による精神医療を継続的に要する者	都道府県 政令市

出所：筆者作成.

新時の計画作成を「継続サービス利用支援」という。

③　地域相談支援

地域移行支援と地域定着支援からなる。「地域移行支援」とは，障害者支援施設，精神科病院，救護施設等に入所（院）している者が退所（院）するにあたり，住居の確保のほか地域生活に移行するための相談，外出の際の同行，障害福祉サービスの体験利用の支援などを行うものであり，「地域定着支援」とは，居宅での単身生活者か，同居家族の障害，疾病等のために緊急時の支援が見込めない者について，常時の連絡体制を確保し，緊急の事態等における相談等を行うものである。

基本相談支援と計画相談支援を行うことを「特定相談支援」といい，基本相談支援と地域相談支援を行うことを「一般相談支援」という。

☐　自立支援医療

自立支援医療とは，心身の障害を除去・軽減するための医療にかかる自己負担額を軽減する公費負担医療制度で，育成医療・更生医療・精神通院医療からなる（**表 6-3**）。

世帯の市町村民税課税額または本人の収入に応じ，月あたりの負担上限額が設定（負担上限額がひと月あたりの医療費の 1 割を超える場合は，自己負担は 1 割）され，この上限を超える自己負担分が自立支援医療費として給付される。ただし，入院時の食事療養費又は生活療養費

表6-4　補装具の種目と耐用年数

種　目	耐用年数
義　肢	1〜5
装　具	1〜3
座位保持装置	3
盲人安全つえ	2〜5
義　眼	2
眼　鏡	4
補聴器	5
車椅子	6
電動車椅子	6
座位保持椅子*	3
起立保持具*	3
歩行器	5
頭部保持具*	3
排便補助具*	2
歩行補助つえ	2〜4
重度障害者用意思伝達装置	5

注：＊については，児童のみ。義肢・装具
　　の耐用年数について，児童の場合は成
　　長に合わせ4か月〜1年6か月。
出所：「厚生労働省告示第121号」平成30年
　　　3月23日に筆者加筆.

（いずれも標準負担額相当）については，入院と通院の公平を図る視点から原則自己負担となる。

　なお，一定の負担能力があっても，継続的に相当額の医療費負担が生じる者（高額治療継続者）にも，ひと月当たりの負担上限額が設定されている。

☐ 補装具

　補装具とは，障害者等の身体機能を補完・代替し，長期間にわたり継続して使用されるもの等で，以下の基準を全て満たすものをいう（障害者総合支援法施行規則第6条の20）（**表6-4**）。

- 障害者等の身体機能を補完・代替し，その身体への適合を図るように製作されたもの
- 障害者等の身体に装着することにより，その日常生活において又は就労若しくは就学のために，同一の製品につき長期間にわたり継続して使用されるもの
- 医師等の専門的な知識に基づく意見又は診断に基づき使用されることが必要なもの

表6-5　市町村地域生活支援事業

必須事業	任意事業
1　理解促進研修・啓発事業 2　自発的活動支援事業 3　相談支援事業 　（1）基幹相談支援センター等機能強化事業 　（2）住宅入居等支援事業（居住サポート事業） 4　成年後見制度利用支援事業 5　成年後見制度法人後見支援事業 6　意思疎通支援事業 7　日常生活用具給付等事業 8　手話奉仕員養成研修事業 9　移動支援事業 10　地域活動支援センター機能強化事業	1　日常生活支援 　（1）福祉ホームの運営 　（2）訪問入浴サービス 　（3）生活訓練等 　（4）日中一時支援 　（5）地域移行のための安心生活支援 　（6）巡回支援専門員整備 　（7）相談支援事業所等（地域援助事業者）における退院支援体制確保 　（8）協議会における地域資源の開発・利用促進等の支援 　（9）児童発達支援センターの機能強化
	2　社会参加支援 　（1）レクリエーション活動支援 　（2）芸術文化活動振興 　（3）点字・声の広報等発行 　（4）奉仕員養成研修 　（5）複数市町村における意思疎通支援の共同実施促進 　（6）家庭・教育・福祉連携推進事業
	3　就業・就労支援 　（1）盲人ホームの運営 　（2）知的障害者職親委託 　（3）雇用施策との連携による重度障害者等就労支援特別事業

出所：厚生労働省社会・援護局障害保健福祉部長通知「地域生活支援事業等の実施について」（障発第0801002号　令和2年3月18日改正）をもとに筆者作成.

　2018（平成30）年度から，身体の成長により短期間での交換が必要，障害の進行により短期間の利用を想定，購入に先立ち，複数の補装具の比較検討が必要な場合には，補装具の借受けが認められることとなった（以前は購入・修理のみ）。

　利用者負担については，世帯の所得に応じて負担上限月額が設定されている。また，2012（平成24）年度からは，障害福祉サービス及び介護保険法に基づく居宅サービス等にかかる利用者負担と補装具にかかる利用者負担を合算した額が負担上限額を超える場合に，高額障害福祉サービス等給付費として超過分が支給されている。

　本人または世帯員（障害者の場合はその配偶者に限る）のいずれかの市町村民税所得割の納税額が46万円以上の場合は補装具費の支給対象外となる。

☐ 地域生活支援事業

　地域生活支援事業は，地域で生活する障害者等のニーズを踏まえ，地域の実情に応じた柔軟な形態での実施が可能となるように設けられたものであり，自治体の創意工夫により事業の詳細を決定し，効率的・効果的な取り組みを行うことが求められている。**表6-5**は市町村地域生活支援事業の一覧である。

市区町村が中心となって実施（市町村地域生活支援事業）するが，都道府県においても市区町村の取り組みを支援するための事業（都道府県地域生活支援事業）を行うこととされている。

　財源であるが，国は市町村及び都道府県の地域生活支援事業に対し，50／100以内で補助することができる。また都道府県は市町村の地域生活支援事業に対し，25／100以内で補助することができる。なお，地域生活支援事業の中には地方交付税を財源とするものもある。

　また，地域生活支援事業に加え，政策的な課題に対応する事業を計画的に実施していくため，2017（平成29）年度より「地域生活支援促進事業」が設けられた。市町村及び都道府県の柔軟な対応を尊重しつつ，より重点的な事業展開が可能となることが期待されている。

3　現状と課題

　課題には大きく分けて構造的な課題と運用面での課題がある。構造的な課題の多くは法制度そのものに起因するものであることから，根本的な解決にはこれら法制度の改正を訴え続けることが重要である。

　一方の運用面の課題の多くは，実施主体である市町村とこれを支援する都道府県の姿勢や，ひいては社会一般の価値観や理解の度合いに左右され，また，地域の格差を伴うものであることに特徴がある。これらについては，当該自治体や住民に対する働きかけが重要である。

　本項では運用面の課題のうち，地域移行及び相談支援における具体的な課題についてみていくこととする。

☐ 障害者支援施設の意義と地域移行

　障害福祉サービスでは，短期入所と共同生活援助の日中支援型を除き，「昼間」と「夜間」を区分している[3]。これは，介護老人福祉施設や他の社会福祉施設の支援に対する報酬構造と大きく異なる点である。

　現実的に障害者支援施設の入所者が，昼間は施設外で活動することができているとはいい難いものの，少なくとも制度上ではこれを可能にしていることに加え，障害者支援施設にかかる居室の基準（定員4人以下）と特別養護老人ホーム・養護老人ホームの基準（原則1人）を併せ考えると，障害者支援施設が「生活施設」ではなく「通過施設」として位置づけられていること，ひいては，なぜ障害福祉施策において地域生活への移行が重点目標とされているかの理解が容易となる。ただし地域移行の推進は，障害者支援施設を不要とするものではない。障害者支援施設のもつ利点には，施設従事者による集中的な支援が可

能（集中性），日中から夜間まで，また平日休日を問わず切れ間のない支援が可能（継続性），福祉職・看護職・リハビリテーションの専門職を含め多様な支援が可能（多様性）などがある。これらの効果的な活用について，地域ぐるみで考えていくことが重要である。

☐ 相談支援

　本節第1項でみたように，相談支援のうち計画相談支援は，障害福祉サービスの支給決定から利用に至るまで関与するものであり，相談支援専門員は，関与の広さからいえば介護保険のケアプランを作成する介護支援専門員以上であるともいえる。

　また，相談支援専門員の存在は，単にサービス等利用計画を作成するだけではない。複雑な制度を利用者にわかりやすく説明できる翻訳家としての役割や，利用者の権利擁護の面でも期待されるものであり，障害福祉サービスの利用者すべてに相談支援が関与する環境を整えることは喫緊の課題であったといえる。

　しかしながら，法改正から5年が経過した2019年12月時点においても，専門の相談支援員がつかずに**セルフプラン**として放置されている地域が少なくないのが現状である。セルフプランが5％以下の都道府県は，計画相談支援で27県（57％），障害児相談支援で15県（32％）にとどまっている。

　これらの地域格差は，各市区町村，特に大都市圏における基盤整備不足が原因である。セルフプランによるサービス利用をしている者にあっては，たとえば体調不良によるサービス利用の中止の連絡や振替日の設定，あるいは短期入所の利用申し込みなど，すべての面において自らが調整していかなければならない。「望まない形でのセルフプランは市区町村による虐待（放置・放棄）に等しい」という認識を，これら市区町村の担当部局がどの程度認識して，セルフプランの解消に向け基盤整備に取り組んでいるかを注視していく必要がある。

➡ セルフプラン
相談支援を介さずに，自ら（障害児の場合，親）がサービス利用計画を作成するもの。

② 身体障害者福祉法

☐ 法の概要

　身体障害者福祉法の制定は1949（昭和24）年と古く，当時の法律の目的は**更生**を図ることであった。この更生とは，社会経済活動への参与を意味している。さまざまな要因で身体障害のある人々を対象に，訓練等によって，仕事をすることでの社会復帰を目的としていた。現在の身体障害者福祉法の目的は，自立と社会経済活動への参加の促進のためとされており，職業的な更生のみに限定されていない。

　身体障害者福祉法における身体障害者の定義は同法第4条に規定されている。その内容としては，①身体障害とは，別表に掲げる身体上の障害がある18歳以上の者であること，②都道府県知事から**身体障害者手帳**の交付を受けた者であることの主に2点に集約できる。

　この「別表」とは，身体障害者障害程度等級表⁽⁴⁾と呼ばれるものである。「別表」に掲げられている障害は，①視覚障害，②聴覚又は平衡機能の障害，③音声機能，言語機能又はそしゃく機能の障害，④肢体不自由，⑤心臓，じん臓若しくは呼吸器又はぼうこう若しくは直腸，小腸，ヒト免疫不全ウイルスによる免疫若しくは肝臓の機能の障害の5つに分類される。

　またそれぞれの機能障害については，明確な規定があり，視覚障害の場合，最も重い1級の場合は両目の視力の和が0.01以下のものとされる。このようにそれぞれの機能障害ごとに，最も重度な状態を1級，最も軽度な状態を7級と定めている。身体障害者手帳は上記の身体障害者障害程度等級表に該当する場合交付されるものであるが，7級に該当する場合は交付されない。ただし，7級に相当する障害が2つ以上ある場合は，6級として扱われる。

☐ 身体障害者福祉法に規定されているサービスと施設

　身体障害者に関するサービスについては，障害者自立支援法制定までは身体障害者福祉法に規定されていたが，障害者自立支援法施行に組み込まれた。現行の身体障害者福祉法に規定されているサービスは，身体障害者生活訓練事業，手話通訳事業，介助犬訓練事業があげられる。

　また施設については，身体障害者社会参加支援施設として，身体障

➡更生

ここでいう更生とは，リハビリテーションの訳語である。1949（昭和24）年に制定された身体障害者福祉法では，戦傷者を念頭に，リハビリテーションをすることを目的にした。ただし，第2条において，「社会経済活動に参与することができるように努めなければならない」としていることから，経済的及び職業的な自立に向けたリハビリテーションに限定されていたということができる。

➡身体障害者手帳

身体障害者福祉法施行規則別表第5号に該当する者が取得できる手帳。身体障害者手帳の取得にあたっては，居住する福祉事務所または市役所経由にて，最終的に都道府県知事，政令指定都市市長，中核市市長に申請する。

害者福祉センター，補装具製作施設，盲導犬訓練施設，視聴覚障害者情報提供施設（点字図書館，点字出版施設，聴覚障害者情報提供施設）が規定されている。

身体障害者への援護の実施機関

　身体障害者及び介護者への援護は居住地の市町村が行うと身体障害者福祉法第9条にて規定されている。具体的に市町村に求められる業務は以下の内容が規定されている。

- 身体障害者を発見すること
- 身体障害者の相談に応じ，その福祉の増進を図るために必要な指導を行うこと
- 身体障害者の福祉に関し，必要な情報の提供を行うこと
- 身体障害者の相談に応じ，その生活の実情，環境等を調査し，更生援護の必要の有無及びその種類を判断し，本人に対して，直接に，又は間接に，社会的更生の方法を指導すること並びにこれに付随する業務を行うこと。

　このように，身体障害者に対しては，市町村が主な援護の実施機関といえるが，市町村の助言や援助を行う機関として，身体障害者更生相談所があげられる。更生相談所は都道府県に必ず設置しなければならず，身体障害者福祉司が配置されている。その主な業務は以下のとおりである。

- 身体障害者に関する相談及び指導のうち，専門的な知識及び技術を必要とするもの
- 身体障害者の医学的，心理学的及び職能的判定
- 補装具の処方及び適合判定

　このほかに，市町村の求めに応じ，障害者総合支援法における介護給付費の支給要否決定を行う際の意見を述べることや，その内容について障害者やその家族，関係者へ話を聞くことといった内容があげられる。また，支給決定業務の技術的事項に関する協力および援助等や，市町村の求めに応じ，自立支援医療費や補装具費の支給認定に関する意見を述べること等，市町村の求めに応じた対応が求められている。

身体障害者への措置等による援護

　障害者総合支援法によるサービスは原則，支給決定及び利用者と事業者の契約によって提供される。一方，身体障害者福祉法第18条にて，市町村は障害福祉サービスを必要とする障害者がやむを得ない事由によって介護給付費等の支給を受けることが著しく困難である場合，障

害福祉サービスを提供することができることが規定されている。このような方法を措置と呼ぶ。たとえば、母親から虐待を受けている身体障害者を緊急的に分離保護する場合、措置により、自宅から障害福祉サービスの事業所へ保護する場合がある。

☐ 現状と課題

　身体障害者の年齢構成をみると、平成28（2016）年では65歳以上の者が最も多く74.0％を占めている(6)。このことから、身体障害のなかった人が高齢になって身体障害者手帳を取得する場合と、もともと身体障害のあった人が高齢になった場合の2つのタイプが想定される。そして、もともと身体障害のあった人にも、高齢になることで、大きな変化があると推測される。たとえば、もともとの身体障害の重度化や別の身体障害の受傷等が考えられる。そういった変化に対応する視点を支援者はもつ必要がある。

　一方、市町村は、援護の実施機関として身体障害者を発見し、相談に応じること等が求められている。しかし、**障害者手帳**➡を所持している者で福祉サービス等を利用していない住民を、把握できるがしていない市町村が55.7％を占めていることが、調査結果から報告されている(7)。障害のある住民を発見し、相談につなげる体制づくりが求められる。

➡障害者手帳

日本において障害者手帳には、身体障害者手帳、療育手帳、精神障害者保健福祉手帳の3種類が存在する。手帳を取得することは、障害者であることを示すものを手にすることができるといえるが、手帳の種類によって取得率は異なる。共通して手帳を取得することの利点としては、障害者雇用促進法における障害者の対象になることや税務関係の控除を受けられることがあげられる。また、自治体や民間事業者によってさまざまなサービスを受けることも可能となる。

③ 知的障害者福祉法

☐ 法の概要

① 法の目的

第1条において，「障害者の日常生活及び社会生活を総合的に支援するための法律（障害者総合支援法）と相まって，知的障害者の自立と社会経済活動への参加を促進するため，知的障害者を援助するとともに必要な保護を行い，もつて知的障害者の福祉を図ることを目的とする」としている。

② 法の対象

知的障害の定義はこの法律には規定されていない。ただ，知的障害者福祉法の対象は，その条文から，18歳以上の知的障害者を対象としていることがわかる。また，法律に根拠がある事項ではないが，一般的に，知的障害者更生相談所において，知的障害があると認定された者に対して，「療育手帳」が交付されている。

なお，**精神衛生法**（現在の精神保健及び精神障害者福祉に関する法律）との関係については，知的障害者福祉法の制定当時から議論があった。[(8)]そこでは，精神衛生法が，医学的見地から知的障害者を含めた精神障害者の身体的な保護と医療を行うことを目的としていることから，知的障害者は，当然同法の適用を受けることになるが，福祉的対応については，知的障害者福祉法が優先的に適用されるべきものと整理された経緯がある。

③ 法の内容

第1章の総則（法律の目的，国，地方公共団体及び国民の責務，関係職員の協力義務，他），第2章の実施機関及び更生援護（更生援護の実施者，知的障害者更生相談所，知的障害者福祉司，知的障害者相談員，他），第3章の費用，そして，第4章の雑則からなる。知的障害者またはその介護者に対する自立と，社会経済活動への参加を促進するための援助と必要な保護（更生援護）は，居住地の市町村が行うことが，第9条に規定されている。

☐ 知的障害者更生相談所と知的障害者福祉司

知的障害者福祉法第12条の規定に基づき，「都道府県は，知的障害者更生相談所を設置しなければならない」とされている。そこでの主

➡ 療育手帳

知的障害者（児）と判定された人に交付される手帳をいう。法律で定められた制度ではなく，厚生事務次官通知「療育手帳について」（昭48厚生省発児第156号）をふまえ，都道府県及び指定都市が実施主体となって運用している。このため，「療育手帳」以外の名称を使う自治体もある。重度とそれ以外とに区分され，この手帳の活用により福祉の諸サービス等が受けやすくなっている。

➡ 精神衛生法

1950（昭和25）年に制定された法律であり，これにより，都道府県における精神病院及び精神衛生相談所の設立の義務づけとともに，精神障害者の私宅監置が禁止された。1960年代以降，本人の自由意志によらない入院が大半を占める状況や，営利目的精神病院経営などの弊害を生み出し，1983（昭和58）年の宇都宮病院事件が契機となり，1987（昭和62）年に改正され，その名称も「精神保健法」と改められた。

な業務は，①市町村の更生援護の実施に関し，市町村相互間の連絡調整，市町村に対する情報の提供等を行うこと，②知的障害者に関する相談および指導のうち，専門的な知識および技術を必要とするものを行うこと，③18歳以上の知的障害者の医学的，心理学的および職能的判定を行うこと，④障害者総合支援法に基づき，介護給付費等および地域相談支援給付費等の支給決定に際し意見を述べ，また，技術的事項についての協力や市町村に対する必要な援助を行うこととなっている。

知的障害者更生相談所に加えて，同法第13条にあるように，「都道府県は，その設置する知的障害者更生相談所に，知的障害者福祉司を置かなければならない」とされている。また，知的障害者福祉司は，市町村相互間の連絡および調整，市町村に対する情報提供，そして知的障害者に関する相談および指導等のうち，専門的な知識と技術を必要とする業務を行うこととされている。

☐ 福祉事務所等

また，**福祉事務所**は，知的障害者福祉法に定める援護，育成または更生の措置に関する事務もつかさどっている。18歳以上の知的障害者についての業務を行うにあたっては，特に医学的，心理学的，職能的判定を必要とする場合には，知的障害者更生相談所の意見を求めることとされている。市町村の設置する福祉事務所にも，知的障害者福祉司を置くことができるとされ，そこでは，福祉事務所の所員に対する技術的指導や専門的な知識と技術を必要とする市町村業務を行う。

その他に，知的障害者福祉法第15条の2において「**知的障害者相談員**」が定められ，また，第15条の4および第16条にあるように，市町村はやむを得ない事由により障害者総合支援法による介護給付費等の支給を受けることが著しく困難な場合は，政令で定める基準に従って障害福祉サービスを提供することができるとともに，必要に応じ障害者支援施設等への入所等の措置をとらなければならないとされている。

☐ 歴史的経緯

知的障害者に対し，公的な施策としての法制度が定められたのは，第二次世界大戦後の1947（昭和22）年の「児童福祉法」からである。この法律に，精神薄弱児施設が規定されたことにより，知的障害児に対しての保護・指導の措置がとられるようになった。その後，精神薄弱児施設における18歳以上の知的障害者の増加に伴い，児童福祉法とは別に法制度化を行う必要性が高まった。加えて，親の会の強い運動

➡福祉事務所
社会福祉法第14条に規定される福祉に関する事務所の一般的な呼称。都道府県と市（特別区を含む）には設置が義務づけられ，町村は任意で設置することができる。都道府県の福祉事務所は，福祉三法（生活保護法，児童福祉法，母子及び父子並びに寡婦福祉法）を所管し，市町村の福祉事務所は，福祉六法（福祉三法と老人福祉法，身体障害者福祉法，知的障害者福祉法）に定める援護，育成または更生の措置に関する事務を行っている。

➡知的障害者相談員
市町村等が，社会的信望があり，かつ，知的障害者に対する更生援護に熱意と識見をもっている人に，知的障害者の福祉の増進を図るため，知的障害者または保護者の相談と知的障害者の更生のために必要な援助（相談援助）を委託する相談員。

表6-6　障害者総合支援法と知的障害者福祉法等との関係

障害者総合支援法 （障害種別にかかわりのない共通の給付等に関する事項について規定）			
身体障害者福祉法 　身体障害者の定義 　福祉の措置　　等	知的障害者福祉法 　福祉の措置　　等	精神保健福祉法 　精神障害者の定義 　措置入院　　　等	児童福祉法 　児童の定義 　福祉の措置　　等

出所：厚生労働省「障害者自立支援法案の概要」をもとに筆者作成.

もあって，1960（昭和35）年に「精神薄弱者福祉法（現在の知的障害者福祉法）」が制定され，わが国の知的障害者のサービス体系が整備され始めた。この法律によって，精神薄弱者援護施設，精神薄弱者福祉審議会，精神薄弱者更生相談所，精神薄弱者福祉司等が規定された。また，精神薄弱児施設において年齢が超過していた知的障害者を施設において保護する根拠法となり，知的障害者に対する福祉サービスの公的な責任を認めた点で重要であった。しかし，当時の法律は精神薄弱者援護施設の法定化が中心施策であって，知的障害者の収容施設を新たに制度化した点で，施設化政策の域を出なかった。また，この法律の制定によって，身体障害者福祉法と知的障害者福祉法の対象別に2つの障害者福祉法が成立することになり，障害の種別による縦割り制度の始まりとなった。

　その後，精神が薄弱なのではないという本人や家族などの声を受けて，「精神薄弱」という用語のもつ差別性について議論がなされ，1998（平成10）年には，精神薄弱者福祉法から「知的障害者福祉法」に名称が変更された。

❏ 現状と課題

　2000（平成12）年には，知的障害者福祉法の一部改正が行われ，措置制度から契約制度となる支援費制度を経て，2006（平成18）年から障害者自立支援法が施行されている。この法律の施行によって，障害種別にかかわらず一元的にサービスを提供するため，これまで知的障害者福祉法に規定されていた居宅サービスと施設サービスは，市町村の措置によるサービスを除き障害者自立支援法に位置づけられた。その後，2012（平成24）年に障害者自立支援法が一部改正され，「障害者の日常生活及び社会生活を総合的に支援するための法律（障害者総合支援法）」が成立した。現在の障害者総合支援法と知的障害者福祉法等との関係を示したものが，**表6-6**である。

　また，知的障害者福祉法の課題として，法律上に「知的障害」の定義がないという点があげられる。**表6-6**をみればわかるように，知

的障害者福祉法以外は，それぞれの法律において対象者を定義している。定義がない理由としては，精神薄弱者福祉法制定当時，障害の判定や程度の客観的基準を示すことが困難であったことなどがある。ただ，北沢は，1993年の障害者基本法や1995年の障害者プラン発表以降の「障害の総合化」の議論の中で，知的障害関係者からこの定義問題について指摘があったとし，教育，福祉，そして雇用において，この点についての共通認識を明示する必要があるとしている。[9]

精神保健福祉法

☐ 法の概要

　精神保健及び精神障害者福祉に関する法律（以下，精神保健福祉法）
は，精神障害者の医療及び保護を行い，障害者総合支援法と相まって
精神障害者の社会復帰の促進及びその自立と社会経済活動への参加の
促進のために必要な援助を行うこと，精神疾患の発生の予防や，国民
の精神的健康の保持及び増進に努めることによって，精神障害者の福
祉の増進及び国民の精神保健の向上を図ることを目的としている（第
1条）。この法律の対象は，統合失調症，精神作用物質による急性中毒
又はその依存症，知的障害，精神病質その他の精神疾患を有する者
（第5条）とされており，総則，精神保健福祉センター，地方精神保健
福祉審議会及び精神医療審査会，精神保健指定医，登録研修機関，精
神科病院及び精神科救急医療体制，医療及び保護，保健及び福祉，精
神障害者社会復帰促進センター，雑則並びに罰則の9章から構成され
ている。

☐ 歴史的経緯

　精神保健福祉法の前身は明治に遡る。1900（明治33）年に制定され
た精神病者監護法により，精神病者の監護義務を後見人や親族等に負
わせるしくみが始まった。医療が十分に普及してない状況下で家族が
自宅で患者を監視する私宅監置（本書第5章参照）を正当化するため
の立法であった。

　第二次世界大戦後の1950（昭和25）年に精神衛生法が制定され，精
神病者が医療の対象であることが明らかにされた。それと同時に，私
宅監置は廃止されたが，都道府県知事による行政処分である**措置入院**➡
とともに，後見人や家族の同意による**同意入院**➡が制度化された。精神
病者監護法における監護義務者は保護義務者となり，同様の責任を負
うこととなった。

　昭和20年代には抗精神病薬が開発され，治療は飛躍的に進んだが，
同時に好景気を背景に民間の精神病院（現在の精神科病院）の建設が
進み，東京オリンピック開催という国としての大きなイベントもあい
まって，精神病者の病院への隔離が進んでいった。折しも1964（昭和

➡**措置入院**

精神保健福祉法第29条
に定められている精神
科病床に対する入院形
態の一つ。精神保健指
定医2名が診察し，入
院させなければその精
神障害のために自身を
傷つけ又は他人に害を
及ぼすおそれがあると
認められた場合に，都
道府県知事（または政
令指定都市の市長）の
権限と責任において行
われる強制的な入院。

➡**同意入院**

保護義務者（配偶者，
親権を行う者及び扶養
義務者，後見人，保佐
人等）の同意で行われ
ていた精神科病床への
非自発的な入院。精神
保健法の昭和63年改正
で医療保護入院に名称
変更されるとともに，
別途，患者本人の意思
で入院する任意入院が
位置づけられた。

39) 年に起こった精神病患者のアメリカ大使刺傷事件により，精神病者は何をするかわからないという差別や偏見が助長される結果となった。1965（昭和40）年の法改正では，通院公費負担制度を創設し，在宅精神障害者の訪問指導・相談事業の強化が行われた。国際社会ではノーマライゼーションが提唱され，隔離収容から地域で普通に生活するための支援が進められていた時代に，日本では私立病院が乱立し，30万床を超える病床をもつ国へと変化していったのである。

　そんな中，1983（昭和58）年に宇都宮病院において，患者への搾取，虐待，虐殺等が告発され，閉鎖的な病院の中でまんえんしていた人権侵害が国際的にも批判にさらされた。その結果，1987（昭和62）年には，精神障害者の人権に配慮した適正な医療及び保護の確保と精神障害者の社会復帰の促進を図る観点から，任意入院（自発的入院）制度の創設や退院請求や処遇改善請求のしくみとして精神医療審査会の創設等を含む法改正が行われ，法律の名称も「精神衛生法」から「精神保健法」へと改められた。その改正により，精神障害者の社会復帰等のための福祉施策も強化された。

　これまでの心身障害者対策基本法には精神障害者が含まれていなかったが，1993（平成5）年12月に成立した障害者基本法では，精神障害者も身体障害や知的障害者と同様に，施策の対象となる障害者の範囲に明確に位置づけられた。精神保健法も，1995（平成7）年に現在の精神保健福祉法とされ，「自立と社会参加の促進のための援助」が明確に位置づけられたことにより，国の障害者プランに精神障害者のサービスに関しても具体的な数値目標が設定されるに至った。**精神障害者保健福祉手帳**制度の創設や社会復帰施設の規定（精神障害者生活訓練施設，精神障害者授産施設，精神障害者福祉ホーム，精神障害者福祉工場）が盛り込まれた点でも画期的な改正であった。

　2000（平成12）年4月の改正精神保健福祉法は，精神障害者の人権に配慮した医療の確保に関する事項として，精神医療審査会の機能強化，精神保健指定医の役割等の強化，医療保護入院の要件の明確化，精神病院に対する指導監督の強化が図られた。その他，緊急の入院移送，保護者の自傷他害防止監督義務の削除，社会復帰施設として地域生活支援センターを位置づけること，精神障害者居宅生活支援事業として，グループホームに加え，ホームヘルプサービスやショートステイといった生活を支えるサービスなどが盛り込まれたのである。

　2004（平成16）年には，厚生労働省障害保健福祉部が「障害保健福祉改革のグランドデザイン案」を発表し，三障害一元化，自立支援，応能負担という方向性を打ち出した。同年，精神保健福祉分野でも

➡️**精神障害者保健福祉手帳**
1995年（平成7年）の精神保健福祉法改正の時に創設された精神障害者を対象とした手帳。1級から3級までがあり，市区町村が申請の窓口となっている。医師の診断書または，障害年金を受給している場合は，年金証書を提示することにより申請でき，有効期限は2年間とされている。他の障害者手帳と同様に，税制上の優遇などを受けることができる。

「精神保健医療福祉の改革ビジョン」が出され，「入院医療中心から地域生活中心へ」というその基本的な方策が進められることになり，受け入れ条件が整えば退院可能な者（約7万人）について，退院を促進していく方向性が明示されたのである。

　そして，2005（平成17）年の精神保健福祉法改正では，同年に成立した障害者自立支援法（現在の障害者総合支援法）により，これまでは障害ごとの法律によって実施されていた福祉サービスが，一元化されることになった。結果として，社会復帰施設等に係る条文や外来治療費の公費負担制度は精神保健福祉法からは削除され，現在は障害者総合支援法に基づいて実施されている。

　2013（平成25）年の精神保健福祉法改正では，精神障害者の医療の提供を確保するための指針の策定，保護者制度の廃止，医療保護入院の見直し，精神医療審査会の見直しが行われた。具体的には，非自発的な長期入院を抑制するため，精神科病院の管理者に，医療保護入院者の退院後の生活環境に関する相談や指導を行う者（退院後生活環境相談員）の設置，退院促進のための体制整備などが義務づけられた。精神医療審査会に関する見直しも行われ，「精神障害者の保健又は福祉に関し学識経験を有する者」が委員に規定されたのである。

　そして，本来であれば，精神保健福祉法は2018（平成30）年に5年ごとに改正が行われる予定であったが，2017（平成29）年の衆議院の解散によって改正案が廃案となり，現在に至っている。

▢ 相模原市の障害者支援施設における殺傷事件と精神保健福祉法

　過去を振り返ると，2001（平成13）年に大阪府池田市の大阪教育大学附属池田小学校で宅間元死刑囚が小学生を無差別に殺傷した事件が起こり，それを契機に心神喪失者等医療観察法が成立した経緯がある。今回も，相模原市の障害者支援施設において発生した，重度の障害者を大量に殺傷した事件は，社会に大きな波紋を投げかけた。

　措置入院後に事件を引き起こしたことから，措置入院制度の見直しを含んだ精神保健福祉法改正案が国会に上程されたわけであるが，都道府県等に対し，すべての措置入院者について，精神障害者支援地域協議会による協議を経て退院後支援計画の策定を義務づけ，かつ退院後は協議会において支援計画の実施調整を行うというものであった。改正案は，警察が関係者として精神障害者支援地域協議会に参加して犯罪防止の見地から関与することを可能にするという点でも，議論を巻き起こした。精神障害者への偏見を助長するものであり，精神保健福祉法の目的である精神障害者の社会復帰の促進及びその自立と社会

➡ 精神保健医療福祉の改革ビジョン
2004（平成16）年に厚生労働大臣を本部長とする「精神保健福祉対策本部」によって取りまとめられた。「入院医療中心から地域生活中心へ」という基本方針を推し進めるために，①国民の理解の深化，②精神医療の改革，③地域生活支援の強化の3点について重点的に充実を図り，「受入条件が整えば退院可能な約7万人」の入院患者についての退院ならびにそれらの病床削減を，向こう10年で実現することが打ち出された。

経済活動への参加の促進のために必要な援助を行い，精神障害者の福祉の増進を図ることに反するということである。

改正案は廃案となり，「措置入院の運用に関するガイドラインについて」という通知が，2018（平成30）年3月に厚労省から発出された。ガイドラインの趣旨には，「措置入院の運用が適切に行われるよう，法における通報等の中でも特に件数の多い警察官通報を契機とした，措置入院に関する標準的な手続を示したもの」であり，「各自治体においては，本ガイドラインの内容を踏まえ，警察等の関係機関と協力の上，措置入院の適切な運用に努められたい」と記されている。

☐ 現状と課題

ここで改めて，精神保健福祉法の課題について考えてみたい。

入院医療中心から地域生活中心へという方向性が打ち出されてから20年近い歳月が流れた。この間，精神科病院の病床数は30万床を下回り，平均在院日数も300日を切った。しかし，高齢化した長期入院者の地域移行が飛躍的に進んだかというとそうではなく，統計上の退院者数の中には死亡退院や転院が多く含まれている。高齢化していく長期入院者の地域移行支援は正念場を迎えている。2017（平成29）年2月に取りまとめられた「これからの精神保健医療福祉のあり方に関する検討会」報告書では，精神障害者のいっそうの地域移行を進めるための地域づくりを推進するという観点から「精神障害にも対応した地域包括ケアシステム」の構築を目指すことが打ち出され，各地で具体的な取り組みが進められている。

2020（令和2）年3月に神戸市内の病院で看護師が患者に対して虐待・暴行を加える事件が発覚したが，精神科病院における人権侵害事件は未だに発生している。精神医療審査会の充実が図られてはいるものの，審査会の機能だけでは人権を守り切れない現状もあり，患者の人権を擁護するしくみづくりも課題だといえる。

児童福祉法（障害児）

▢ 法の概要

　児童福祉法は1947（昭和22）年に制定され，里親制度や市町村，児童相談所，児童福祉司，保育士，療育の給付など，社会を構成する制度や機関，専門職を規定している。児童福祉法第1条では理念を「全て児童は，児童の権利に関する条約の精神にのつとり，適切に養育されること，その生活を保障されること，愛され，保護されること，その心身の健やかな成長及び発達並びにその自立が図られることその他の福祉を等しく保障される権利を有する」としている。対象は，全ての児童（満18歳に満たない者）である（同法第4条）。また，この法律でいう障害児とは，身体に障害のある児童，知的障害のある児童，精神に障害のある児童（発達障害者支援法第2条第2項に規定する発達障害児を含む），治療方法が確立していない疾病その他の特殊な疾病の児童（同法第4条第2項）をいう。

　2000（平成12）年の社会福祉基礎構造改革により，障害者福祉は措置から契約となり，地域で切れ目ない支援が受けられる体制の整備が行われた。そして現在，障害の有無や障害の程度，種別にかかわらず，地域共生社会の実現に向けた取り組みが進められている。児童福祉法は時代に合わせて改正を繰り返し，2012（平成24）年の改正では，障害児支援の強化を図るために従来の障害種別で分かれていた体系を，通所と入所の利用形態によって一元化した。

▢ 障害児通所支援・障害児入所支援・障害児相談支援

①　障害児通所支援

　障害児通所支援とは，児童発達支援，医療型児童発達支援，放課後等デイサービス，居宅訪問型児童発達支援及び保育所等訪問支援をいい，障害児通所支援事業とは，障害児通所支援を行う事業をいう（児童福祉法第6条の2の2第1項）。

②　障害児入所支援

　障害児入所支援とは，障害児入所施設に入所し，又は指定発達支援医療機関に入院する障害児に対して行われる保護，日常生活の指導及び知識技能の付与並びに障害児入所施設に入所し，又は指定発達支援医療機関に入院する障害児のうち知的障害のある児童，肢体不自由の

図6-4　障害児通所支援と障害児入所支援の推移

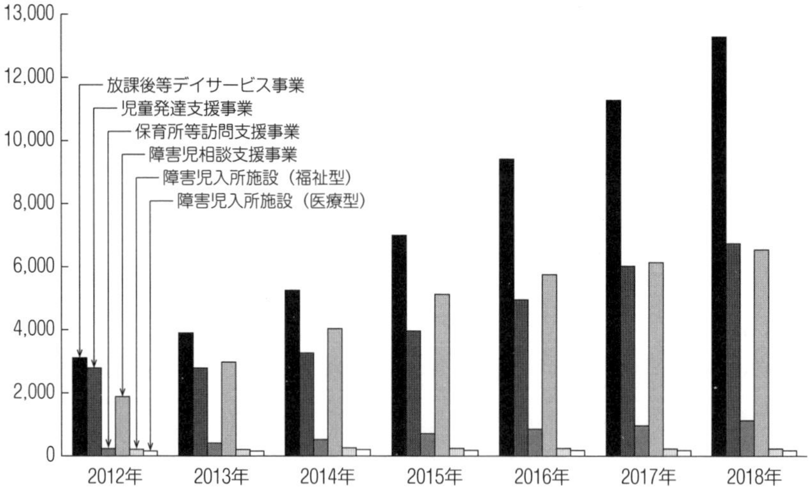

出所：厚生労働省「社会福祉施設等調査の概況」をもとに筆者作成.

ある児童又は重度の知的障害及び重度の肢体不自由が重複している児童に対し行われる治療をいう（同法第7条第2項）。

③　障害児相談支援

障害児相談支援とは，障害児支援利用援助及び継続障害児支援利用援助を行うことをいい，障害児相談支援事業とは，障害児相談支援を行う事業をいう（同法第6条の2の2第7項）。

障害児通所支援と障害児入所支援の推移については，図6-4のとおりである。障害児通所支援が，障害児入所支援に比して増加していることがわかる。

□ 発達支援・家族支援・地域支援

『今後の障害児支援の在り方について（報告書）』によれば，発達支援とは，「障害のある子ども（またはその可能性のある子ども）の発達上の課題を達成させていくことの他，家族支援，地域支援を包含した概念」としている。

この基本理念として，①インクルージョンの推進と合理的配慮，②後方支援としての専門的役割の発揮，③障害児本人の最善の利益の保障，④家族支援の重視の4点をあげている。そして，全ての子どもには発達支援が必要であり，障害のある子どもは個々のニーズに応じたていねいな支援が必要であること，保護者へのワークライフバランスの観点，きょうだい支援，「障害」への抵抗感から「児童発達支援」を用いた経過などを説明している。

子どもの権利に関する条約と障害者の権利に関する条約を批准した

最近の動向として，審議会や検討会による報告書やガイドライン，手引書等が作成され，地域における「縦横連携」の整備が進められている。それぞれの事業や分野に限定することなく，俯瞰してみることによって「縦横連携」を進めていくことが重要である。

☐ 現状と課題

　今後の障害児支援は，障害児通所支援・入所支援の枠内ではなく，一般施策としての子育て支援も視野に入れる必要がある。子育て世代包括支援センターの理念には，「子育ては家庭や地域での日々の暮らしの中で行われるものであり，母子保健や子育て支援施策等の専門領域ごとに分断されるものではない。また，妊産婦や乳幼児，その家庭の状況は経過によって変わるものである。[11]」とあり，教育との連携では，「家庭と教育と福祉の連携「トライアングル」プロジェクト報告」（本書第2章第3節参照）がまとまり，地域共生社会の実現に向けた取り組みが加速している。

　解決すべき課題は山積している。障害児入所施設への入所理由を虐待（疑い含む）とするのは，福祉型43％，医療型48％である[12]。また，児童養護施設では，障害等のある児童は全体の36.7％である[13]。発達障害は，虐待発生の一つのリスクファクター[14]とされ，支援の遅れによる二次障害（不登校，暴力行為等）の発生などが指摘されている[15]。

　2020年度末までに児童発達支援センターを各市町村に1か所以上設置することを基本としている[16]が，その整備が進んでいない。障害と虐待，社会的養護，貧困等が混在し，従来の障害児支援とは異なるニーズが表面化している。そのため，従来と同様に障害の有無で支援を開始するのでは対応が難しくなっている。地域における「縦横連携」の取り組みは始まったばかりである。発達支援が必要な子どもに必要な支援をシステムとして構築することが必要である。

⑥ 発達障害者支援法

☐ 法の概要

　発達障害者支援法は2005（平成17）年に施行され，その目的は第1条にて規定されている。その目的を要約すると，主に発達障害者の自立及び社会参加のための生活全般にわたる支援を図ること，また全ての国民が障害の有無によって分け隔てられることなく，相互に人格と個性を尊重し合いながら共生する社会の実現に資すること等があげられる。

　発達障害者支援法の対象は第2条第1項にて，「この法律において『発達障害』とは，自閉症，アスペルガー症候群その他の広汎性発達障害，学習障害，注意欠陥多動性障害その他これに類する脳機能の障害であってその症状が通常低年齢において発現するものとして政令で定めるものをいう」と規定している。また，第2条第2項にて，発達障害及び社会的障壁により日常生活又は社会生活に制限を受けるものを発達障害者と定義している。

☐ 発達障害者の支援

　発達障害者支援法第1条の目的では，「発達障害者の心理機能の適正な発達及び円滑な社会生活の促進のために発達障害の症状の発現後できるだけ早期に発達支援を行うとともに，切れ目なく発達障害者の支援を行うことが特に重要である」としている。

　この点について，具体的には第3条第2項にて，発達障害の早期発見，就学前の発達支援，学校や放課後児童健全育成事業（学童保育）での発達支援，就労における支援，地域における生活の支援，発達障害者の家族その他の関係者に対する支援といったライフステージごとの支援の必要性が述べられている。また，これらライフステージごとの支援とともに，第1条の目的で述べられているように，それぞれの支援が切れ目なく行われ，一貫した支援が行われることが重要と言える。そのためには，医療，保健，福祉，教育，労働等に関係する機関との連携が必須になる。これらの関係機関との連携やネットワークの構築が求められる。

❏ 発達障害者支援センター

　発達障害者の支援のネットワーク構築については，発達障害者支援センターが大きな役割を担う。発達障害者支援センターは全国の都道府県，指定都市に2020（令和2）年1月時点で96か所設置されている。その業務内容は第14条第1項に規定されている。具体的には，以下のとおりである。

　①　発達障害の早期発見，早期の発達支援等に資するよう，発達障害者及びその家族その他の関係者に対し，専門的に，その相談に応じ，又は情報の提供若しくは助言を行うこと。

　②　発達障害者に対し，専門的な発達支援及び就労の支援を行うこと。

　③　医療，保健，福祉，教育，労働等に関する業務を行う関係機関及び民間団体並びにこれに従事する者に対し発達障害についての情報の提供及び研修を行うこと。

　④　発達障害に関して，医療，保健，福祉，教育，労働等に関する業務を行う関係機関及び民間団体との連絡調整を行うこと。

　⑤　①～④に掲げる業務に附帯する業務。

❏ 現状と課題

　発達障害者支援法が施行されたのは2005（平成17）年であり，その後，2016（平成28）年に一部が改正された。しかし，発達障害の定義である①自閉症，アスペルガー症候群その他の広汎性発達障害，②注意欠陥多動性障害，③学習障害の名称はこのまま使用されている。

　一方，発達障害の診断分類は「精神疾患の診断・統計マニュアル（Diagnostic and Statistical Manual of Mental Disorders：DSM）」にもとづいており，最も新しい第5版であるDSM-5では，広汎性発達障害等の分類が廃止されている。具体的には，先述した①広汎性発達障害については，自閉スペクトラム症（Autism Spectrum Disorder：ASD），②注意欠陥多動性障害は，注意欠如・多動症（Attention-Deficit/Hyperactivity Disorder：ADHD），③学習障害は，限局性学習症（Specific Learning Disorder：SLD）となっている。特に広汎性発達障害については，スペクトラム（連続体）という言葉が使用され，大きな変更がみられた。このように発達障害者支援法における障害名と診断される障害名が異なっている点を理解しておく必要がある。一方，発達障害は生まれながらの脳の機能障害であり，病気ではない。しかし，早期発見や診断，適切な支援の提供にあたっては，社会福祉の専門職だけでなく，医師や心理職との連携が必須になる。

○注 ─────

(1) 自立支援医療，療養介護医療，肢体不自由児通所医療，障害児入所医療にかかる利用者負担は合算の対象外。

(2) 自立支援医療，療養介護医療，肢体不自由児通所医療，障害児入所医療にかかる利用者負担は合算の対象外。

(3) たとえば，障害者支援施設では，「昼間」の支援は生活介護サービスとして，夜間は施設入所支援として，それぞれに報酬が設定されている。

(4) 正式には身体障害者福祉法施行規則別表第5号を参照のこと。

(5) 支援費制度以前は障害福祉サービスは措置によって，提供されていた。

(6) 厚生労働省（2018）「平成28年生活のしづらさなどに関する調査（全国在宅障害児・者等実態調査）結果」.

(7) 独立行政法人国立重度知的障害者総合施設のぞみの園（2019）「重度障害者等の地域生活における潜在的な要支援状況に対する市区町村担当者による現状把握と支援の実施促進のための手引き作成に関する調査研究報告書」.

(8) 細野宏（1985）「精神薄弱者福祉法：制定前夜」『時の法令』（1255），35-37.

(9) 北沢清司（2007）「知的障害者における障害の定義をめぐる問題と課題」『ノーマライゼーション』27(8)，23-30.

(10) 障害児支援の在り方に関する検討会（2014）「今後の障害児支援の在り方について（報告書）──「発達支援」が必要な子どもの支援はどうあるべきか」.

(11) 厚生労働省（2017）「子育て世代包括支援センター業務ガイドライン」.

(12) 厚生労働省（2020）「障害児入所施設の機能強化をめざして──障害児入所施設の在り方に関する検討会報告書」.

(13) 厚生労働省（2020）「児童養護施設入所児童等調査の概要」.

(14) 子どもの虹情報研修センター（2010）「平成21年度研究報告書・児童虐待に関する文献研究（第6報）──子ども虐待と発達障害の関連に焦点をあてた文献の分析」.

(15) 総務省（2017）「発達障害者支援に関する行政評価・監視結果報告書」.

(16) 「障害福祉サービス等及び障害児通所支援等の円滑な実施を確保するための基本的な指針（平成18年厚生労働省告示第395号）」.

○参考文献 ─────

第1節
佐藤久夫・小澤温（2016）『障害者福祉の世界［第5版］』有斐閣.

小澤温編（2016）『よくわかる障害者福祉［第6版］』ミネルヴァ書房.

厚生労働省（2019）「障害保健福祉関係主管課長会議資料」.

第3節
小澤温・大島巌（2013）『障害者に対する支援と障害者自立支援制度［第2版］』ミネルヴァ書房.

佐藤久夫・小澤温（2016）『障害者福祉の世界［第5版］』有斐閣.

社会福祉法人全国社会福祉協議会『社会福祉学習双書』編集委員会編（2010）『障害者福祉論──障害者に対する支援と障害者自立支援制度』全国社会福祉協議会.

社会保険研究所（2019）『2019 障害者福祉ガイド──障害者総合支援法と障害者関連法の解説』社会保険研究所.

■ 第7章 ■

障害者に対する法制度（2）

障害者虐待の防止，障害者の養護者に対する支援等に関する法律（障害者虐待防止法）

☐ 法の概要

「障害者虐待の防止，障害者の養護者に対する支援等に関する法律」（以下，障害者虐待防止法）は，2011年6月に成立し，2012年10月に施行された。

この法律は「障害者に対する虐待が障害者の尊厳を害するものであり，障害者の自立及び社会参加にとって障害者に対する虐待を防止することが極めて重要であること等に鑑み，障害者に対する虐待の禁止，障害者虐待の予防及び早期発見その他の障害者虐待の防止等に関する国等の責務，障害者虐待を受けた障害者に対する保護及び自立の支援のための措置，養護者の負担の軽減を図ること等の養護者に対する養護者による障害者虐待の防止に資する支援のための措置等を定めることにより（中略），障害者の権利利益の擁護に資することを目的とする」（第1条）としている。この法律の概要を以下に示す。

また「何人も，障害者に対し，虐待をしてはならない」（第3条）としている。**養護者**による障害者虐待，障害者福祉施設従事者等による障害者虐待，**使用者**による障害者虐待の3つは障害者虐待と定義され（第2条），身体的虐待，性的虐待，心理的虐待，ネグレクト，経済的虐待の5類型について障害者虐待の防止措置が規定される（第2条）。国及び地方公共団体は，障害者虐待の防止に係る体制整備，人材確保，啓発等について責務がある（第4条）。障害者の福祉に業務上関係のある団体，障害者の福祉に職務上関係のある者及び使用者は，障害者虐待を発見しやすい立場にあることを自覚し，障害者虐待の早期発見に努めなければならない（第6条）。また障害者虐待を受けたと思われる障害者を発見した者は，速やかに通報する義務がある（第7条，第16条，第22条）。

☐ 障害者虐待の防止施策

障害者虐待の防止施策は，養護者による障害者虐待，障害者福祉施設従事者等による障害者虐待，使用者による障害者虐待のそれぞれで枠組が異なる（図7-1）。

① 養護者による障害者虐待

市町村は，障害者虐待の通報又は障害者虐待を受けた旨の届出を受

➡養護者

障害者虐待防止法上の養護者とは，障害者を現に養護する人であって，障害者福祉施設従事者等及び使用者以外の人をいう。具体的には，身辺の世話や身体介助，金銭の管理などを行っている障害者の家族，親族，同居人等が該当する。同居していなくても，現に身辺の世話をしている親族・知人などが養護者に該当する場合がある。

➡使用者

障害者虐待防止法上の使用者とは，障害者を雇用する事業主又は事業の経営担当者その他その事業の労働者に関する事項について事業主のために行為をする人をいう。派遣労働者による役務の提供を受ける事業主など政令で定める事業主は含まれるが，国及び地方公共団体は含まれない。

図7-1　障害者虐待防止法における虐待防止施策

1　何人も障害者を虐待してはならない旨の規定，障害者の虐待の防止に係る国等の責務規定，障害者虐待の早期発見の努力義務規定を置く
2　「障害者虐待」を受けたと思われる障害者を発見した者に速やかな通報を義務付けるとともに，障害者虐待防止等に係る具体的スキームを定める

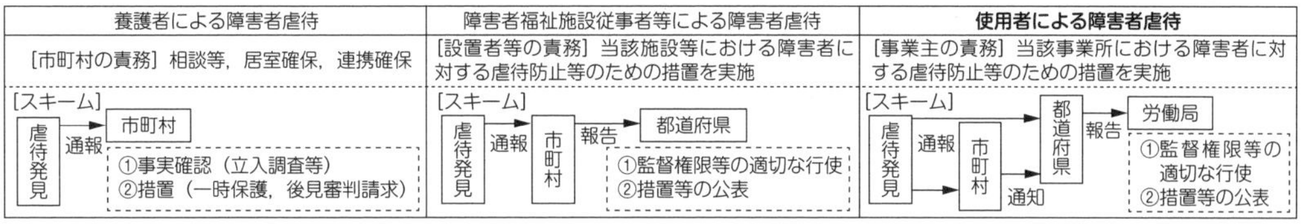

養護者による障害者虐待	障害者福祉施設従事者等による障害者虐待	使用者による障害者虐待
［市町村の責務］相談等，居室確保，連携確保	［設置者等の責務］当該施設等における障害者に対する虐待防止等のための措置を実施	［事業主の責務］当該事業所における障害者に対する虐待防止等のための措置を実施
［スキーム］ 虐待発見 → 通報 → 市町村 → ①事実確認（立入調査等）②措置（一時保護，後見審判請求）	［スキーム］ 虐待発見 → 通報 → 市町村 → 報告 → 都道府県 → ①監督権限等の適切な行使 ②措置等の公表	［スキーム］ 虐待発見 → 通報 → 市町村 → 報告／通知 → 都道府県 → 労働局 → ①監督権限等の適切な行使 ②措置等の公表

3　就学する障害者，保育所等に通う障害者及び医療機関を利用する障害者に対する虐待への対応について，その防止等のための措置の実施を学校の長，保育所等の長及び医療機関の管理者に義務付ける

出所：厚生労働省（2011）「障害者虐待の防止，障害者の養護者に対する支援等に関する法律の概要」（https://www.mhlw.go.jp/file/06-Seisakujouhou-12200000-Shakaiengokyokushougaihokenfukushibu/0000129721.pdf）．

けたときは，速やかに，当該障害者の安全の確認ほか通報や届出の事実の確認を行うとともに，市町村障害者虐待対応協力者と対応について協議を行う。市町村長は，障害者虐待により危機が生じているおそれがあると認めるときは，当該障害者の住所又は居所への立入調査をさせることができる。

　市町村は，養護者による障害者虐待により生命又は身体に重大な危険が生じているおそれがあると認められる障害者を一時的に保護するため，迅速に障害者支援施設等に入所させる等，身体障害者福祉法又は知的障害者福祉法の規定による措置を講じ，そのために必要な居室を確保する。また，市町村は，養護者の負担の軽減のため，養護者に対する相談，指導及び助言その他により養護者の支援を行う。

②　障害者福祉施設従事者等による障害者虐待

　市町村は，障害者福祉施設従事者等による障害者虐待の通報又は届出を受けたときは，施設・事業所の所在地の都道府県に報告する義務がある。通報又は届出を受けた場合，市町村長又は都道府県知事は，社会福祉法，障害者総合支援法等の規定による権限を適切に行使する。また，都道府県知事は，毎年度，障害者福祉施設従事者等による障害者虐待の状況やとった措置等について公表する。

③　使用者による障害者虐待

　障害者を雇用する事業主は，使用者による障害者虐待の防止等のための措置を講ずる。市町村は，使用者による障害者虐待の通報又は届出を受けたときは，事業所の所在地の都道府県に通知する義務がある。通報，届出又は通知を受けた場合，都道府県は，事業所の所在地を管轄する都道府県労働局に報告しなければならない。都道府県労働局が都道府県から報告を受けたときは，都道府県労働局長又は労働基準監督署長若しくは公共職業安定所長が，労働基準法，障害者雇用促進法，個別労働関係紛争解決促進法律等の規定による権限を適切に行使する。また，厚生労働大臣は，毎年度，使用者による障害者虐待の状況やと

った措置について公表する。

☐ 市町村障害者虐待防止センター，都道府県障害者権利養護センターとその役割

　市町村及び都道府県は，障害者福祉部局又は当該自治体が設置する施設に，市町村障害者虐待防止センター，都道府県障害者権利養護センターとしての機能を果たさせる。市町村障害者虐待防止センターの業務は，障害者虐待の通報又は届出の受理，障害者及び養護者に対する相談，指導及び助言，障害者虐待の防止及び養護者支援に関する広報等である。都道府県障害者権利養護センターの業務は，使用者による障害者虐待の通報又は届出の受理，市町村に対する情報の提供や助言，障害者虐待を受けた障害者や養護者に対する相談，情報提供，助言・関係機関との連絡調整，障害者虐待の防止及び養護者支援に関する広報等である。

☐ 現状と課題

　厚生労働省が公表する「都道府県・市区町村における障害者虐待事例への対応状況等」によれば，2018年度の虐待判断件数は，養護者による障害者虐待が1,612件，障害者福祉施設従事者等による障害者虐待が592件，使用者による障害者虐待が541件であった（現状についてくわしくは，本書第3章第3節を参照）。

　潜在的な障害者虐待の発見，養護者虐待の通報を受けた市町村の事実確認体制の強化，年々増加する障害者福祉施設従事者等による障害者虐待の防止に向けた施設・事業所の体制整備及び研修により，障害者の権利養護が着実に行われる必要がある。また，学校，保育所，医療機関における障害者虐待については，通報等から保護，支援までの虐待防止スキームは設定されず，それぞれの長や管理者に対し，各機関を利用する障害者に対する虐待を防止するための必要な措置を講ずることを義務づけている。ただこれらの虐待防止措置の義務が適切に果たされていることの把握が行われておらず，今後の課題である。

障害を理由とする差別の解消の推進に関する法律（障害者差別解消法）

❏ 法の概要

　障害者の権利に関する条約（以下，障害者権利条約）は，障害者の差別からの保護を焦点の一つとしており，無差別が既存の国際人権法における基本的原則であることをふまえて，締結国に対して障害に基づくあらゆる差別を禁止するとともに，そのための必要な法的保護を保障するよう求めている。そして，他の人権条約にはみられない新しい概念として「合理的配慮」，すなわち個別に必要かつ適当な変更や調整であって過度の負担を課さないものという概念を示し，合理的配慮の否定は障害に基づく差別に含まれるとした。

　日本国内では障害者権利条約に対応するため，障害者基本法が2013（平成25）年に改正され，同法第4条で「差別の禁止」として①障害を理由とする差別等の権利利益侵害行為の禁止，②社会的障壁の除去を怠ることによる権利利益侵害の防止，③国による啓発・知識の普及を図るための取組が規定された。

　障害者差別解消法は，この障害者基本法第4条の規定を具体化するための法律である。すべての国民が，障害の有無によって分け隔てられることなく，相互に人格と個性を尊重し合いながら共生する社会の実現に向け，障害を理由とする差別の解消を推進することを目的とする（第1条）。障害を理由とする差別の解消の推進に関する基本方針，行政機関等(1)及び会社や店舗といった商業その他の事業を行う者（以下，事業者）における障害を理由とする差別を解消するための措置等を定めている。障害者権利条約の締結に向けた国内法制度の整備の一環として，障がい者制度改革推進会議の下にある差別禁止部会での検討を経て，2013年6月に成立し，2016年10月1日から施行された（くわしくは本書第5章第4節参照）。

❏ 差別を解消するための措置

　この法律は，行政機関等や事業者が，障害者に対して，障害を理由として不当な差別的取扱いをすることを禁止する（障害を理由とする差別の禁止）。また，行政機関等や事業者が事務または事業を行うにあたって，障害者から現に社会的障壁の除去が必要である旨の意思の表明があった場合，その実施に伴う負担が過重でないときは，社会的障

➡合理的配慮

障害のある人が障害の
ない人と平等に人権を
享受し行使できるよう
に行う，必要かつ適当
な変更や調整のこと。
障害者権利条約におい
て合理的配慮がないも
のは差別とされる。日
本では，障害者基本法
第4条で「社会的障壁
の除去は，それを必要
としている障害者が現
に存し，かつ，その実
施に伴う負担が過重で
ないときは，それを怠
ることによって前項の
規定に違反することと
ならないよう，その実
施について必要かつ合
理的な配慮がされなけ
ればならない」とされ，
障害者差別解消法や障
害者雇用促進法におい
て合理的配慮の提供義
務（障害者差別解消法
において事業者は努力
義務）が課される。

壁の除去の実施について必要かつ合理的な配慮を行うことを求める（**合理的配慮**➡の提供）。不当な差別的取扱い及び合理的配慮の具体例を**資料7-1**にあげる。合理的配慮の提供は，障害者の権利利益を侵害することとならないよう，当該障害者の性別，年齢及び障害の状態に応じて行うこととされる。行政機関等は合理的配慮の提供義務があり，事業者は努力義務である。

なお，行政機関等及び事業者が事業主としての立場で労働者に対して行う措置については，この法律ではなく，障害者雇用促進法による（本書第7章第3節参照）。

☐ 具体的な対応

① 基本方針の策定

政府は，障害者の差別の解消の推進に関する基本方針として，差別解消に関する施策の基本的な方向，行政機関等及び事業者が講ずべき措置に関する基本的な事項等を定める。この基本方針の検討にあたっては，障害者や関係者の意見を反映する必要があり，また，障害者基本法に定める障害者政策委員会の意見を聴かなければならない。

② ガイドライン（対応要領・対応指針）の策定

国，独立行政法人においては，職員が適切に対応するために必要な要領を定める（地方公共団体及び地方独立行政法人については努力義務）。事業者に対しては各事業分野を管轄する主務大臣が対応指針を定め，事業者からの報告徴収，助言・指導，勧告を可能とすることで実効性の確保を図る。

③ 差別解消のための支援措置

差別解消のための支援措置として，(1)国・地方公共団体による相談及び紛争の防止・解決のための体制の整備，(2)国・地方公共団体による啓発活動，(3)国による差別にかかわる情報の収集，整理及び提供，(4)国・地方公共団体における障害者差別解消支援地域協議会（以下，地域協議会）の設置が示される。

(4)の地域協議会は任意に設置でき，関係機関等により構成される。地域協議会は，障害を理由とする差別に関する情報の交換，障害者からの相談及び事例を踏まえた協議，差別解消のための取り組みに加え，地域協議会を構成する機関等に対して差別に関する情報提供，意見表明，その他の必要な協力を求めることができる。

☐ 現状と課題

内閣府は，合理的配慮の提供等の事例，関係府省庁における対応要

資料7-1　不当な差別的取扱い及び合理的配慮の具体例

〈不当な差別的取扱いの具体例〉
- 受付の対応を拒否する
- 本人を無視して介助者や支援者，付き添いの人だけに話しかける
- 学校の受験や，入学を拒否する
- 障害者向け物件はないと言って対応しない
- 保護者や介助者が一緒にいないとお店に入れない

〈合理的配慮の具体例〉
- 障害のある人の障害特性に応じて，座席を決める
- 障害のある人から，「自分で書き込むのが難しいので代わりに書いてほしい」と伝えられたとき，代わりに書くことに問題がない書類の場合は，その人の意思を十分に確認しながら代わりに書く
- 意思を伝え合うために絵や写真のカードやタブレット端末などを使う
- 段差がある場合に，スロープなどを使って補助する

出所：内閣府（2016）「合理的配慮を知っていますか？」（障害者差別解消法リーフレット）.

領，関係省庁が所管する分野における事業者の対応指針等といった情報を整理して提供している。国・地方公共団体による啓発・広報や，こうした情報の活用により，障害者差別の解消に向けた取り組みがさらに広がり，この法律の意義が社会全体にいっそう浸透することが求められる。

　なお，施行後3年経過後の見直しのために内閣府が行った施行状況調査(2)によれば，(1)合理的配慮，事前的改善措置，過重な負担の考え方をさらに整理して指針やガイドラインとしてまとめる，(2)それらの指針やガイドラインを差別事案の解決に取り組む者等に届ける，(3)相談を通じて建設的な対話が行えるよう，国・都道府県・市町村による重層的な相談支援体制を整備し連携構築する，(4)差別相談の実績把握においてカウントや分類方法を整理する等の課題が指摘される。

　なお，中核市以上で障害者差別解消に関する条例をもつ地方公共団体34か所中，事業者の合理的配慮を義務化している自治体は都道府県11か所，政令市2か所，中核市2か所と，事業者による合理的配慮の提供を条例により義務化する地方自治体がみられるようになった。

③ 障害者の雇用の促進等に関する法律（障害者雇用促進法）

□ 法の概要

　わが国における障害者の一般就労に関する基本的な法律は，障害者の雇用の促進等に関する法律（以下，障害者雇用促進法）である。この法律は，障害者の雇用義務等に基づく雇用の促進等のための措置，職業リハビリテーションの措置等を通じて，障害者の職業の安定を図ることを目的としている。具体的には，企業等に一定割合の障害者の雇用を義務づける法定雇用率制度，**障害者雇用納付金制度**，職業リハビリテーション，差別禁止・合理的配慮等を規定している。

　この法律は，1960年に制定された身体障害者雇用促進法から始まり，その後何度かの改正を経て，現在の内容となっている。直近の改正では，差別の禁止及び合理的配慮の提供義務（実施は2016年から），精神障害者の雇用義務化（実施は2018年から）が行われている。

□ 法定雇用率・納付金制度・特例子会社制度

　法定雇用率制度とは，企業や国等の事業主に対して，その雇用する労働者に占める障害者の割合が一定率（法定雇用率）以上となるよう義務づけるものである。2021年3月より法定障害者雇用率は，民間企業2.3％，国，地方公共団体等2.6％，都道府県等の教育委員会2.5％となっている（**表7-1**）。

　この法定雇用率（雇用義務）の対象となる障害者とは，現在では，身体障害者，知的障害者，精神障害者であり，歴史的にはこの順で，対象障害種類が拡大していった。

　これらの法定雇用率の対象となる障害に該当するかどうかの確認は原則的には，障害者手帳による。たとえば，知的発達の程度が知的障害に該当するかどうかの境界線上にあったものの療育手帳を取得した（できた）人の場合，知的障害者としてカウントされる。知的発達に遅れのない発達障害者で，精神障害保健福祉手帳を所持している場合，精神障害者として法定雇用率の対象となりカウントされる。

　このような障害者手帳の保有を前提とし，ある事業主が雇用している障害者が何人になるのかについては，その障害を有する労働者の障害の程度（重度か非重度か）及び労働時間（週30時間以上の労働者か，週20時間以上30時間未満の労働者か）によってカウント数が異なる（**表7-**

➡ 障害者雇用納付金制度
....
法定雇用率が未達成で常用労働者100人超の企業から障害者雇用納付金を徴収し，この納付金をもとに，法定雇用率を達成している企業に対して調整金や報奨金を支給したり，障害者を雇い入れる企業が，作業施設・設備の設置等について一時に多額の費用の負担を余儀なくされる場合に，その費用に対し助成金を支給する制度。事業主間の負担の公平を図りつつ，障害者雇用の水準を高めることを目的としている。

表7-1　法定雇用率

(%)

事業主区分	2018年4月〜2021年2月	2021年3月〜
民間企業	2.2	2.3
国，地方公共団体等	2.5	2.6
都道府県等の教育委員会	2.4	2.5

表7-2　障害の程度と週労働時間による雇用障害者カウント方法

週所定労働時間		30時間以上	20時間以上30時間未満
身体障害者		1	0.5
	重度	2	1
知的障害者		1	0.5
	重度	2	1
精神障害者		1	0.5*

注：＊2023年3月31日までに雇い入れられた者等であって，新規雇用から3年以内の者または精神障害者保健福祉手帳取得から3年以内の者については，1人と算定することとされている。

出所：今井明（2020）「雇用率制度」日本職業リハビリテーション学会監修『職業リハビリテーション用語集』やどかり出版，66-67.

図7-2　障害者雇用における納付金と調整金

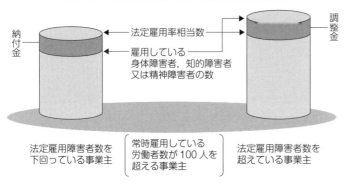

出所：独立行政法人高齢・障害・求職者雇用支援機構編（2019）『2019年度障害者職業生活相談員資格認定講習テキスト』214.

2）。たとえば身体障害者手帳1級を保有する重度身体障害者で，週40時間働いている人の場合，障害者雇用人数としては2名としてカウントされる（ダブルカウント[(3)]）。

　また，この法律では障害者雇用に伴う事業主の経済的負担の調整を図り，また障害者の雇用水準を引き上げる機能をもつ障害者雇用納付金制度が定められている。具体的には，法定雇用率を満たしていない，100人を超える労働者を雇用している事業主から障害者雇用納付金（1人当たり月額5万円）を徴収するとともに，その納付金を財源として，法定雇用率以上の障害者雇用を行っている事業主に，障害者雇用調整金等を支給したり各種助成金等の支給等が行われている（**図7-2**）。

　なお，障害者雇用納付金を納付していれば障害者雇用を逃れられるものではなく，障害者雇用率を達成していない企業に対しては，ハローワークによる達成指導（障害者雇入れ計画の作成命令等）が行われる。さらに改善されない場合には企業名が公表されることがある。

➡在宅就業支援団体

在宅就業障害者に対する支援を行う団体として厚生労働大臣に申請し，登録を受けた法人。発注元の事業主と在宅就業障害者との間に立って，障害者に対しては仕事の発注や各種相談支援等を行い，事業主に対しては納期・品質に対する保証を担う役割を果たす。

➡ハローワーク

正式名称は「公共職業安定所」（ハローワークは愛称）であり，障害者や生活保護受給者など民間の職業紹介事業等では就職へ結びつけることが難しい就職困難者や人手不足の中小零細企業を中心に無償で支援を行う機関。雇用のセーフティネットの中心的役割を担う。職業紹介，雇用保険，雇用対策（企業指導・支援）の3業務が一体的に実施されている。各地のハローワークは，各都道府県の地方労働局が所管する。

➡職場適応援助者（ジョブコーチ）

障害者の職場適応を容易にするため，職場に地域障害者職業センターや福祉施設等から派遣される専門職。障害者に対しては，業務遂行能力やコミュニケーション能力の向上等の支援，事業主や同僚などに対しては，職務や職場環境の改善の助言等を行う。地域障害者職業センターに配置する配置型職場適応援助者のほか，障害者の就労支援を行う社会福祉法人等に雇用される訪問型職場適応援助者，障害者を雇用する企業に雇用される企業在籍型職場適応援助者の3類型がある。

法定雇用率制度と関連して特例子会社制度がある。特例子会社とは障害者の雇用促進を目的として設立される子会社である。本来，雇用率制度は障害者雇用を個々の企業ごとに義務づけられているが，一定の要件（親会社が障害者の雇用に特別配慮した子会社を設立し親会社との人的関係が緊密，雇用される障害者が5人以上で全従業員に占める割合が20％以上等）を満たす場合は，特例として実雇用率をその親会社とその子会社とを合算して算定できることとなっている。

その他，在宅就業障害者に仕事を発注する企業や，**在宅就業支援団体**を通じて在宅就業障害者に仕事を発注する企業に対して，特例調整金等を支給する制度である在宅就業支援制度も定められている。

☐ 職業リハビリテーション・合理的配慮

職業リハビリテーションは，本来的には一般就労に向けた支援に限定されるものではないが，障害者雇用促進法では，職業リハビリテーションとは「障害者に対して職業指導，職業訓練，職業紹介その他この法律に定める措置を講じ，その職業生活における自立を図ること」（同法第2条第7号）とされている。職業リハビリテーションの専門機関として，**ハローワーク**（正式名称は公共職業安定所），障害者職業センター，障害者就業・生活支援センターが規定されている。

ハローワークは，職業安定法にもとづき設置・運営されている国の機関であり，障害者雇用促進法では，ハローワークが就職を希望する障害者に対しての職業相談，職業紹介や就職後の指導・助言などを実施するとともに，企業に対しては障害者雇用に関する指導・支援を実施することが定められている。ハローワークでは一般の職業相談部門のほか，障害者や学卒者等専門援助を必要とする求職者に対応する窓口である専門援助部門が設けられている。専門職としては，専門援助部門の職業指導官や，精神障害者雇用トータルサポーター，事業主部門の雇用指導官などが配置されている。

障害者職業センターは，障害者雇用促進法にもとづき「独立行政法人高齢・障害・求職者雇用支援機構」が，障害者の雇用の促進を図るために設置運営している施設であり，全国1か所設置の障害者職業総合センター，全国2か所設置の広域障害者職業センター，全国の各都道府県に各1か所程度設置の地域障害者職業センターがある。地域障害者職業センターではハローワーク等の関係機関との密接な連携のもと，障害者や事業主に対して，職業評価や**職場適応援助者（ジョブコーチ）**事業等専門的な職業リハビリテーションサービスを実施するとともに，地域の関係機関に対して，職業リハビリテーションに関する

資料 7 - 2　精神障害者への採用後の合理的配慮の例

> ・業務指導や相談に関し，担当者を定めること。
> ・業務の優先順位や目標を明確にし，指示を一つずつ出す，作業手順を分かりやすく示したマニュアルを作成する等の対応を行うこと。
> ・出退勤時刻・休暇・休憩に関し，通院・体調に配慮すること。
> ・できるだけ静かな場所で休憩できるようにすること。

出所：厚生労働省ホームページ「合理的配慮指針」(https://www.mhlw.go.jp/file/04-Houdouhappyou-11704000-Shokugyouanteikyokukoureishougaikoyoutaisakubu-shougaisha koyoutaisakuka/0000078976.pdf)(2020. 4. 6).

助言・援助を行っている。専門職としては，障害者職業カウンセラーや，配置型ジョブコーチ，リワークアシスタントなどが配置されている。

　障害者就業・生活支援センターは，障害者の身近な地域において，雇用，保健福祉，教育等の関係機関の連携拠点として，就業面及び生活面における一体的な相談支援を実施するものであり，2019年時点で全国334センターが設置されている。専門職としては，就業などに関する相談支援，職業準備訓練や職場実習のあっせん，事業主に対する雇用管理にかかわる助言，関係機関との連絡調整などを行う就業支援担当者と，日常生活・社会生活に関する助言，関係機関との連絡調整を行う生活支援担当者が配置されている。

　機関横断型の専門職として「職場適応援助者（ジョブコーチ）」がいる。職場適応援助者（ジョブコーチ）支援事業は，障害者の職場適応に課題がある場合に，職場にジョブコーチが出向いて，障害特性を踏まえた専門的な支援を行い，障害者の職場適応を図ることを目的としており，地域障害者職業センターに配置される配置型ジョブコーチ，障害者の就労支援を行う社会福祉法人等に雇用される訪問型ジョブコーチ，障害者を雇用する企業に雇用される企業在籍型ジョブコーチ，の3つの類型がある。

　加えて，障害者雇用促進法では，雇用場面における差別禁止・合理的配慮の提供についても規定している。厚生労働省は障害者差別禁止指針と合理的配慮指針や事例集を示している。**資料 7 - 2** に合理的配慮の具体例を示す。なお，雇用場面以外の差別禁止・合理的配慮の提供に関しては，障害者差別解消法で規定されている（くわしくは，本章第 2 節参照）。

☐ 現状と課題

　雇用されている障害者の就職は進んできているといえるが，今後はそれに合わせて就職後の職場定着を進める必要があるだろう。特に精神障害者の就職後の定着率については，必ずしも高くないことが指摘

されていることから、(4)精神障害者の職場定着は重要な課題となっている。そして、障害者総合支援法で2018年より「就労定着支援」事業が開始されたが、この事業においては障害者就業・生活支援センター等との連携も必要となってくる場合も多いだろう。本節では障害者雇用促進法の制度について概観してきたが、これらの制度は障害者総合支援法や特別支援教育、医療等との連携によって機能するものである。

　また、本書第2章第4節で示したとおり、障害者が一般就労に参加する人数は増加してきており、特に精神障害者の増加が認められる。そして今後も一般就労の労働市場への精神障害者の増加が予想される。

　ところで、現在の障害者雇用促進法では基本的には雇用保険に入ることができるような労働時間、つまり週20時間以上で働けることが前提となっている。このような週20時間以上という基準はもともと労働者が安定した雇用を実現できるように設けられたものである。一方で、精神障害等の障害のある人の中には、就労意欲はあるものの、週20時間でも働くことが難しい人も少なくないだろう。雇用の安定に配慮しつつも、働き方に関する選択肢がより多様化するような方策が求められる。たとえば、現在実践として行われている「超短時間雇用」もその方策の一つであろう。(5)また制度化されているが活用が十分とはいえない在宅就業等についてもさらに普及が進むような取り組みが必要であろう。

4 国等による障害者就労施設等からの物品等の調達の推進等に関する法律（障害者優先調達推進法）

法の概要

　国等による障害者就労施設等からの物品等の調達の推進等に関する法律（障害者優先調達推進法）とは，国及び独立行政法人等は，優先的に障害者就労施設等から物品等を調達するよう努めること（第3条），地方公共団体・地方独立行政法人は障害者就労施設等の受注の機会の増大を図るための措置を講ずるよう努めること（第4条）などを定めた法律である。そして，障害者就労施設等の経営基盤を強化し，施設就労する障害者，在宅就業障害者等の自立の促進に資すること等を目的としている。

　資料7-3に概要を示す。具体的な骨子としては，「国は，障害者就労施設等からの物品等の基本方針を定めること」「各省各庁及び独立行政法人等については，毎年度，障害者就労施設等からの物品等の調達方針の作成と当該年度の終了後の実績公表の義務を有する」「地方公共団体（都道府県，市区町村）及び地方独立行政法人は，毎年度，障害者就労施設等からの物品等の調達方針を作成し，当該年度の終了後，調達の実績を公表する」「国及び独立行政法人等は，公契約について競争参加資格を定めるに当たって，法定障害者雇用率を満たしている事業者に配慮する等障害者の就業を促進するために必要な措置を講ずるよう努める。地方公共団体及び地方独立行政法人も国及び独立行政法人等の措置に準じて必要な措置を講ずるよう努める」とまとめられる。[6]

対象となる障害者就労支援施設等と発注例

　障害者優先調達推進法では，国や地方公共団体，独立行政法人等には障害者就労施設等から優先的に物品・サービスを購入する努力義務を課している。その障害者就労支援施設等とは，主に下記の3つに分類される。

　①　障害者総合支援法に基づく事業所・施設等（就労移行支援事業所，就労継続支援事業所（A型・B型），生活介護事業所等）

　②　障害者を多数雇用している企業（障害者雇用促進法の特例子会社等）

　③　在宅就業障害者等（自宅等において物品の製造，役務の提供等の

障害者優先調達推進法に基づく国等の取組

○ 国等は、障害者優先調達推進法（注）に基づき、毎年度、次の取組により、障害者就労支援
　施設等からの物品等の調達を推進。　　　　注：平成25年4月1日施行（平成24年6月20日成立（議員立法））
　（1）　**調達目標を含む毎年度の調達方針を策定し、公表**
　（2）　調達方針に基づき、物品等の調達を行い、**年度終了後、調達実績を公表**

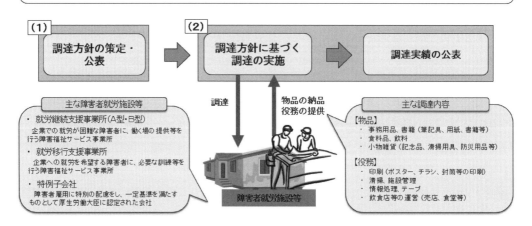

※　国のほか、**地方公共団体、独立行政法人等、地方独立行政法人においても同様**の取組を実施

出所：厚生労働省「障害者優先調達推進法をご存じですか？」（http://www.mhlw.go.jp/stf/newpage_02888.html）（2020.4.6）.

業務を自ら行う障害者（在宅就業障害者），在宅就業障害者に対する援助
の業務等を行う団体（在宅就業支援団体）。

　すなわち，障害者総合支援法関連の施設（①）だけではなく，障害
者雇用促進法の特例子会社等（②）や在宅就業障害者（③）をも対象
としている。

　障害者就労施設等への発注例としては，データ入力，クリーニング，
清掃，印刷，発送といったサービスの提供や，弁当や部品等の物品の
納入が行われている。

□ 現状と課題

　障害者優先調達推進法の実態としては，厚生労働省は主に2つの種
類の実績を公表している。[7]

　一つは市区町村の調達方針の策定状況である。2013（平成25）年度
では全国の市区町村1,742のうち方針を策定しているのは1,012
（58.1％）であったが，毎年この割合は伸びており，2017（平成29）年
度は全国市区町村1,741のうち1,657（95.2％）が策定していた。

　もう一つは，法施行後の調達の実績である。2013（平成25）年度は，
国，独立行政法人等，地方公共団体，地方独立行政法人を合計しての

調達の実績は約6.5万件，約123億円であったが，2018（平成30）年度には約14万件，約178億円となっており，伸びていることがわかる。

　なお，このような全体的状況だけでなく，厚生労働省では障害者優先調達推進法の推進に向けた取り組み事例や，都道府県別障害者施設一覧などの情報提供も行っている。

　このように着実に進んでいる，公的機関の障害者就労施設等からの物品等の調達であるが，課題がいくつか認められる。小澤は，障害者優先調達推進法の課題として，法律施行が始まって2年程度経過した時点での課題について，調達実績の地域間の格差（人口規模を勘案しても差があること），またその格差は地方公共団体の取り組みの差だけではなく，公的機関が必要としている物品・役務に対して，障害者就労施設の提供力が十分ではないことも一因であることを指摘している。なお，このような地域間の格差は，2018（平成30）年度の実績においても認められるものである。

　またさらに岸は，「中期的な目標は必要ないのか」「優先調達の効果はどのように検証するのか（障害者就労施設等からの優先調達の結果，障害者の自立にどの程度つながっているのか）」等についても指摘している。

　加えて，市区町村の調達方針の策定が一定程度拡がっていることから，地方公共団体でのこの法律の認知度は高まってきたと考えられるが，一般国民への認知度の向上や，今後どのようにさらに制度を拡充していくのか等の課題もあるだろう。

高齢者，障害者等の移動等の円滑化の促進に関する法律
（バリアフリー法）

法の概要

　バリアフリー（本書第3章第1節を参照）を進めるには，社会全体として取り組むことが必要であり，対象者の範囲やバリアを解消する場所や空間を広げつつ，法制度が整備されてきた。

　バリアフリーに関する法整備は，1994年の高齢者，身体障害者等が円滑に利用できる特定建築物の建築の促進に関する法律（通称：旧ハートビル法）にはじまる。法の名称からわかるとおり，対象者は"高齢者，身体障害者等"であり，バリアフリー化するのは，不特定かつ多数の人が利用する建物の物理的なバリアの除去を目的とする法律であった。

　次いで2000年には，高齢者，身体障害者等の公共交通機関を利用した移動の円滑化の促進に関する法律（通称：旧交通バリアフリー法）が制定された。この法律は旧ハートビル法と対象者は同じであるが，駅・鉄道車両・バスなどの公共交通機関と，旅客施設周辺の歩行空間のバリアフリーの方策について定められた。これらの法律により，既存のバリアの解消と，新設された公共建築や交通ターミナルのバリアフリーが着実に進められたが，一方で，2種類の法律が定められていることで課題も浮かび上がってきた。たとえば，施設間での連続的なバリアフリー化が図られていない，バリアフリー化が駅などの旅客施設を中心とした地区にとどまっている，などの問題点が指摘された。

　このような課題点を克服するために，新たに2006年に両法を統合・拡充した，高齢者，障害者等の移動等の円滑化の促進に関する法律（通称：バリアフリー法）が成立することとなった。バリアフリー法は，対象者を高齢者や身体障害者から広げたことと，重点整備地区の設定，障害当事者の参画，心のバリアフリーに向けた取り組みといった特徴をもつ。

重点整備地区と利用者の参画

　高齢者や障害者等にとって，すべての建物や道，交通機関をバリアなく自由に移動し使えることができるのが理想だが，経済的かつ時間的コストを踏まえると，まち全体をバリアフリーにするのは簡単ではない。となると，まちのどのエリアを重点的にバリアフリーとするの

かを決めなければならない。多くの人が利用するエリアはバリアフリーにする必要があるし，高齢者や障害者等にとって，よく使う病院や事業所などの施設が立地するエリアもバリアフリーが求められるが，バリアフリー法ではこういったエリアを重点整備地区と定義してる（同法第2条21号）。重点整備地区の位置や区域とともに，移動の円滑化に関する方針や，バリアフリー化する生活施設等については，市町村が基本構想を策定して定めることとになっている（同法第25条）。また基本構想の作成やその実施に係る連絡調整を行うために，公共施設を管理する行政部局や，交通事業者や建物管理者等の民間事業者といった関係者が集まって協議会を組織することも求められている（同法第26条）。

　市町村が基本構想で方針や取り組む事業を定めて，重点整備地区のバリアフリーを利害関係者が一体となって進めるしくみであるが，実際に高齢者や障害者等が地区内で円滑に移動して施設を利用できるかが重要な点である。定められた基準どおりにバリアフリーを進めても，使いづらい箇所が出てくるであろうし，設計者の視点からは気づかなかった点が新たなバリアとなるかもしれない。そういった問題点を回避するために，バリアフリー法では，協議会への障害当事者の参画が位置づけられている（同法第26条第2項3号）。バリアフリー基本構想の策定から事業計画，さらには事業実施後の評価などに障害当事者が参画すれば，よりよいまちが創られていくことは疑いない。そのために，多くの当障害事者の声を聞く機会をつくり，色々な場面に参画するしくみをつくることも，バリアフリー法では求められているのである。

☐ 心のバリアフリーの取り組み

　バリアフリー法によって，法の目的として，障害者等の自立した日常生活及び社会生活を確保することを目指すことになった（同法第1条）。その理念については，2008年に内閣府から示された「バリアフリー・ユニバーサルデザイン推進要綱～国民一人ひとりが自立しつつ互いに支え合う共生社会の実現を目指して～」に述べられている[10]。

　いわゆる心のバリアフリーといわれる取り組みであるが，大きく2つの方向性で実施されている。その一つは，バリアフリーの理解を深めるための啓発・広報活動の推進であり，バリアフリー関連の情報提供の充実や，障害を抱える人のニーズや困難の理解，さらには優れた取り組みの普及・啓発の促進などによって，心のバリアフリーを進めていく枠組みである。もう一つは，行動につなげるための支援となる

教育活動の推進であり，マニュアルの作成やバリアフリー教室の開催，教育現場におけるバリアフリー関連授業の実施などが含まれる。実際には，教育現場と福祉施設が連携した障害体験や，住民と障害者とが協力したまちのバリアフリーチェックなどが具体例としてあげられる。

☐ 現状と課題

　バリアフリー整備の進展は，数十年前と比べると大幅に進んだが，それでもまだ足りない部分がある。特に地方部ではバリアの解消が遅れている。物理的バリアの解消にはお金がかかることもあり，財政基盤がぜい弱な町村では，事業の実施順位が後回しになってしまうことが危惧される。また，都市部ではバリアフリーが進展しているものの，より一層のバリアフリーが求められる。たとえば，視覚障害者の鉄道ホームからの転落事故がクローズアップされ，その事故防止のためにホームドア設置が現在進められている。このように，単に現行基準をクリアしただけで満足せずに，多様な障害者のニーズに応じたバリアの解消を進めていくことが求められている。

　バリアフリーの推進体制についても課題がある。先に障害者の参加が肝要であるとの見解を示したが，参加者の障害種別がやはり身体障害に限られてしまっている事例が多い。**心のバリアフリー**➡ も法の目的である以上，知的・精神・発達障害をもつ人の意見を汲むしくみが不可欠である。また，市町村ごとに基本構想をつくる枠組みで進めるのだが，行政の担当がバリアフリーについて理解不足である点や，計画策定や事業実施のためのノウハウの欠如といった課題も指摘されている。こういった課題を克服し，可能な限りバリアのない社会づくりを進めていくことが期待されている。

➡**心のバリアフリー**
さまざまな心身の特性や障害，考え方をもつすべての人々が，相互に理解を深めようとコミュニケーションをとり，支え合うことを指す。身体障害への対応が中心であった「バリアフリー」を，すべての障害を含めた上で，社会的バリアや意識のバリアの除去へと拡張した。実現に向けて，障害者への理解向上させること，差別的な取り扱いをしないこと，さまざまな人たちの困難や痛みを想像し共感する力を培うことが求められている。

○注 ─────

(1)　内閣府（2017）「平成29年度障害を理由とする差別の解消の推進に関する国外及び国内地域における取組状況の実態調査報告書」．

(2)　国の行政機関，独立行政法人等，地方公共団体，及び地方独立行政法人を指す。

(3)　今井明（2020）「雇用率制度」日本職業リハビリテーション学会監修『職業リハビリテーション用語集』やどかり出版，66-67.

(4)　障害者職業総合センター（2017）「障害者の就業状況等に関する調査研究」障害者職業総合センター調査研究報告書，No. 137.

(5)　近藤武夫（2020）「インクルーシブな働き方と超短時間雇用モデル」『職業リハビリテーション』33(2)，29-34.

(6)　WAMNET「障害者優先調達推進法について」（https://www.wam.go.jp/content/wamnet/pcpub/syogai/yuusentyousa/）（2020.4.6）.

(7)　厚生労働省「障害者優先調達推進法が施行されました」（https://www.

mhlw.go.jp/stf/seisakunitsuite/bunya/0000052423.html)（2020.4.6）.

⑻　小澤温（2015）「障害者優先調達推進法の概要とねらい」『戸山サンライズ』267号，1-3.

⑼　岸道雄（2018）「障害者雇用における公共調達の役割に関する一考察──障害者優先調達推進法に基づく取組みの現状と課題」『立命館大学地域情報研究所紀要』7，15-28.

⑽　その内容を簡潔に示せば，「様々な障害をもつひとがいることを踏まえて，国民全体が障害者や高齢者等への理解を深めることで，自然に支え合うことができる社会を目指すこと」が基本的な考え方といえる。

◯参考文献 ─────

第1節

障害者虐待防止法学会（2020）「障害者虐待防止法の見直し等に関する提言」.

■第8章■

障害者福祉における
関係機関の役割

障害者福祉分野に限らず，各福祉分野における関係機関の役割について概してみると，本書第6章，第7章でみてきたような障害者に関する法律や制度を立案・策定する国，それらの法制度をもとに実施される社会福祉事業を監督する都道府県，そしてサービス実施の責任主体である市町村に分類することができる。

　また実際に障害者等へサービスを提供する役割を担うのは，社会福祉法人等が運営する障害福祉サービスを提供する施設や事業所に所属する，社会福祉士や精神保健福祉士をはじめとした福祉専門職である。本章では，障害者福祉にかかわる関係機関とその役割について説明する。

 国，都道府県，市町村

　本節では，障害者福祉における関係機関として，行政組織である国，都道府県，市町村の役割について整理を行う。

☐ 国の役割

　まず，障害者福祉における国の関係機関としては厚生労働省があげられる。厚生労働省は，国家行政組織法に基づいて設置されているが，その任務や所管業務，権限，審議会の設置等については厚生労働省設置法に規定されている。

　また厚生労働省組織令によると，医政局，健康局，労働基準局，職業安定局等さまざまな局が組織されているが，社会福祉に関連する組織としては，少子化対策や虐待防止対策，育児・介護休業推進等に携わる雇用均等・児童家庭局，認知症対策，介護保険関係，高齢者支援等に携わる老健局，生活困窮者自立支援や福祉人材確保，障害福祉，障害児・発達障害者支援，精神・障害保健関係に携わる社会・援護局があげられる。

　その中でも特に障害者福祉に関係する組織は，社会・援護局の障害保健福祉部となる。構成は，障害者計画や社会福祉法人等に関する認可等の業務を行う企画課，身体障害者福祉法と知的障害者福祉法の施行等を担当している障害福祉課，自立支援医療や障害支援区分に関すること，精神保健及び精神障害者福祉に関する法律（以下，精神保健福祉法）の施行等を担当する精神・障害保健課となる。

　これらの部局は障害者施策の基本的な政策立案とそれを推進する役

割を担っている。なお厚生労働省設置法には地方厚生局（全国に7か所）及び地方厚生支局（全国に1か所）についての規定があり，各地方においての厚生労働省の所管業務を分掌している。

　また，障害者施策は福祉制度以外にも多岐にわたっており，さまざまな省庁がかかわっている。たとえば，障害者基本計画の策定や障害者白書の国会への提出にかかわっているのは内閣府，障害者に対する税制上の控除，優遇措置等については財務省や総務省，福祉用具の開発および普及促進については経済産業省，公共交通機関のバリアフリー化の整備等については国土交通省といったように，各省庁のそれぞれの部署が担当している。

☐ 都道府県の役割

　次に都道府県であるが，社会福祉法人の認可や監督，社会福祉施設の設置認可や監督，関係行政機関及び市町村への指導等を実施している。本書第6章第1節で述べた障害者総合支援法においては，精神障害者等に対する自立支援医療費の支給決定業務や都道府県が実施する地域生活支援事業の実施，障害福祉サービス事業者等の指定，介護給付等や障害支援区分認定に不服がある場合の審査請求に対する審査会での検討，都道府県に義務づけられている障害福祉計画及び障害者計画の策定等を行っている。

　また，都道府県（指定都市）に，障害者に対する支援機関として設置されているのは，身体障害者更生相談所，知的障害者更生相談所，精神保健福祉センターである。身体障害者更生相談所は身体障害者福祉法第11条に規定されており，障害者やその家族からの専門的相談対応（巡回による相談も含まれる），身体障害者手帳等の判定，さらに市町村等からの困難ケースについての専門的な助言，技術指導等，広域にわたる他機関間の連絡調整を実施している。

　また知的障害者更生相談所は，知的障害者福祉法第12条にもとづいて設置されている機関であり，知的障害者やその家族に対する専門的相談や指導，療育手帳等に関する判定，市町村に対する専門的な技術援助や助言，情報提供，相互間の連絡調整を実施している。

　精神保健福祉センターは，精神保健及び精神障害者福祉に関する法律第6条に規定されており，先の2障害の更生相談所と同様に，精神障害者やその家族に対する専門的相談や指導，精神障害者保健福祉手帳に関する判定，精神保健及び精神障害者の福祉に関する知識の普及，障害者総合支援法における専門的な知識及び技術を必要とするものの支給認定，市町村に対する技術指導等が行われている。また，精神保

健福祉センターは，精神科病院への非自発的入院患者に対する入院妥当性や退院請求等について審査する精神医療審査会の事務を行うとされている。

☐ 市町村の役割

次に市町村の障害者支援における役割であるが，障害者やその家族からの第一線相談窓口としての役割があげられる。障害者及びその家族からの相談対応は，1990年代以降に身体障害者及び知的障害者については福祉事務所から市町村に移行してきた。さらに2000年代初頭には，精神障害者やその家族からの相談窓口も保健所から市町村に移管されている。なお，これらの相談業務については役所の障害福祉課等の窓口で実施されているほか，市町村から社会福祉法人等が事業受託し，障害者総合相談センター等の名称でさらに地域住民に身近なところで実施している。

他にも障害者総合支援法の実施において，第一義的な支援の役割を担っており，その第2条に規定されているように職業リハビリテーションや教育機関等の関係機関との連携により，障害者に対する介護サービス等を提供すること，意思疎通支援が必要な障害者に対する支援，虐待の早期発見や防止のための支援，権利擁護のための支援などを実施している。障害福祉サービス等の相談及び申請窓口は市町村の窓口であり，自立支援給付のうち介護給付や訓練等給付等の支給決定も市町村が行っている。なお，都道府県が障害福祉計画の策定を行っているように，市町村においても障害福祉計画を策定している。

② 障害者に対する法制度にもとづく施設・事業所

☐ 障害者総合支援法に規定されている施設・事業所

わが国では歴史的に，障害者に対する制度・施策は身体障害者福祉法，知的障害者福祉法，精神保健福祉法，また障害のある児童の制度・施策については児童福祉法によって規定されてきたが，2005（平成17）年の障害者自立支援法の成立により，それまで対象別の福祉法で規定されていた入所施設，通所施設の大部分が再編されることになった。

障害者総合支援法に規定されているサービスを実施する施設・事業所についてであるが，個々の事業内容については本書第6章第1節で

表8-1　指定が必要なサービス

●都道府県（指定都市，中核市）による指定
【介護給付】 居宅介護，重度訪問介護，同行援護，行動援護，療養介護，生活介護，短期入所 重度障害者等包括支援，施設入所支援 【訓練等給付】 自立訓練（機能訓練），自立訓練（生活訓練），就労移行支援 就労継続支援（A型），就労継続支援（B型），就労定着支援，自立生活援助，共同生活援助 【地域相談支援給付】 地域移行・地域定着支援
●市町村による指定
計画相談支援，障害児相談支援

出所：筆者作成.

　述べているため，ここでは障害者総合支援法上にある事業所の指定や設置基準について概説する。なお，前節でもふれたが，障害者に障害者総合支援法上のサービスを提供する事業者は都道府県もしくは市町村から指定を受けなければならない。**表8-1**はそれぞれのサービス事業者を指定する行政機関について示したものである。

　障害福祉サービス等の指定要件には，①事業者，施設は法人格を有すること，②指定基準を満たすこと，③適正な運営が見込めることの3点があげられる。指定基準であるが，従業者の知識，技能，人員配置等に関する基準，事業所に必要な設備等に関する基準，サービスを実施する上で求められる運営上の基準の三つの側面から要件を満たさなければならない。また，障害福祉サービス事業のうち，療養介護，生活介護，自立訓練（機能訓練），自立訓練（生活訓練），就労移行支援，就労継続支援（A型），就労継続支援（B型）については，最低基準も満たす必要がある。なお指定基準・最低基準を満たしていない指定事業者等に対して，都道府県（指定都市，中核市），市町村は改善命令の発出や指定の取り消し処分を行うことができる。

　これらの基準については，厚生労働省令「障害者の日常生活及び社会生活を総合的に支援するための法律に基づく障害福祉サービス事業の設備及び運営に関する基準」等に明記されている。この省令の第3条には障害福祉サービス事業者の一般原則が示されているが，要約すると，①障害福祉サービス事業者による利用者の意向，適性，障害特性を踏まえた個別支援計画の作成とそれに基づいたサービスの提供，サービス効果についての継続的な評価の実施，②利用者の意思及び人格を尊重して，常に利用者の立場にたったサービス提供，③利用者の人権擁護，虐待防止等のための体制整備と職員研修の実施の3点が規定されている。

また，事業ごとの基準には，基本方針，管理者の資格要件，運営規定の策定，定員規模，職員の配置基準，設備基準等が規定されている。

❑ 障害者総合支援法以外の法制度に規定されている施設・事業所①

以下では，障害者総合支援法以外の施設・事業所等として，身体障害者福祉法に基づく身体障害者社会参加支援施設について述べ，次に障害者雇用促進法に基づく障害者就業・生活支援センターについて述べる。

身体障害者福祉法の第5条には，地域の障害者の交流や相談，当事者活動を目的に実施される身体障害者社会参加支援施設の規定がある。その種別は①身体障害者福祉センター，②補装具製作施設，③盲導犬訓練施設，④視聴覚障害者情報提供施設の4種であるが，以下にそれらの概要を示す。

① 身体障害者福祉センター

身体障害者福祉法第31条に規定されており，身体障害者に対して無料又は低額な料金で，各種の相談に応じ，機能訓練，教養の向上，社会との交流の促進及びレクリエーションのために必要な支援を総合的に実施している施設である。スポーツやレクリエーション，ボランティアの育成や各種相談，職員に対する研修等の身体障害者の福祉の増進を図る事業を総合的に行うA型と，身体障害者が自立した日常生活及び社会生活を営むための事業や地域に開かれた娯楽施設としての役割を担うB型がある。「平成30年社会福祉施設等調査の概況」によると2018（平成30）年10月の時点でA型施設は36か所，B型施設は116か所となっている。身体障害者福祉センターの一種である障害者更生センターは，身体障害者又はその家族に対し，宿泊，レクリエーション，その他休養や親睦を深めるための便宜を供与する施設である。景勝地や温泉地等に設置されており，同じく2018（平成30）年時点で全国に5か所設置されている。

② 補装具製作施設

身体障害者福祉法第32条に規定されており，無料又は低額な料金で，義手や義足等の補装具の製作または修理を行う施設である。国家資格の義肢装具士等が配置され身体障害者の様態に応じた義肢の製作等を実施している。

③ 盲導犬訓練施設

身体障害者福祉法第33条に規定されており，無料又は低額な料金で，盲導犬の訓練を行うとともに，視覚障害のある身体障害者に対し，盲導犬の利用に必要な訓練を行う施設である。盲導犬になるための犬を

訓練する盲導犬訓練士や視覚障害者に対して盲導犬との歩行を訓練したり，貸与後のフォローアップを実施する盲導犬歩行指導員が配置されている。

④　視聴覚障害者情報提供施設

身体障害者福祉法第34条に規定されており，無料又は低額な料金で，点字刊行物及び視覚障害者用の録音物，聴覚障害者用の録画物の製作や貸出し，また視聴覚障害者に対して点訳や手話通訳等を行う者の養成及び派遣を実施している。施設種別としては，点字刊行物や盲人用録音物の閲覧，点訳や朗読奉仕員の養成，文化レクリエーション活動等の援助を行っている点字図書館，点字刊行物の出版や盲学校，盲人福祉団体等への点字図書の普及や連携を行う点字出版施設，聴覚障害者を対象とした字幕や手話が入ったDVDやビデオカセットの製作や貸出し，手話通訳者の派遣，コミュニケーション支援や聴覚障害者に対する相談事業を行う聴覚障害者情報提供施設がある。

☐ 障害者総合支援法以外の法制度に規定されている施設・事業所②

次に障害者雇用促進法に規定されている障害者就業・生活支援センターについて述べる。本施設は障害者の職業生活における自立を図るため，雇用，保健，福祉，教育等の地域の関係機関との連携のもと，障害者の身近な地域において就業面及び生活面における一体的な支援を行うことを目的に，2002（平成14）年に創設された施設である。2018（平成30）年4月時点において全国に334か所設置されている。[2]

施設の運営については社会福祉法人等が担っており，就業とそれに伴う日常生活上の支援を必要とする障害者に対し，センター窓口での相談や職場・家庭訪問等によって相談・指導を実施している。

業務については，大きく就業支援と生活支援に分類されるが，就業支援には，障害者本人に対する職業準備訓練や職場実習の斡旋，求職活動支援，職場定着支援がある。また，事業所に対する支援として障害者の障害特性を踏まえた雇用管理に関する助言や他の関係機関との連絡調整を実施する。生活支援については，生活習慣の助言・指導，健康管理，金銭管理等の日常生活の自己管理に関する助言，住居，年金制度，余暇活動支援など地域生活に関する助言を行っている。障害福祉サービス事業者やハローワーク等関係機関との連携による支援も実施している。

③ 特別支援学校

　わが国における障害のある児童に対する教育は，歴史的には1947 (昭和22) 年の教育基本法及び学校教育法等の法令によって実施されてきた。あらゆる教育法制における上位法である教育基本法の第4条第2項では「国及び地方公共団体は，障害のある者が，その障害の状態に応じ，十分な教育を受けられるよう，教育上必要な支援を講じなければならない」と障害者に対する教育の機会均等について明記している。

　学校の種別については，視覚障害のある児童・生徒を対象とした盲学校，聴覚障害のある児童・生徒を対象とした聾学校，知的障害，肢体不自由，病弱（身体虚弱を含む）の児童・生徒を対象とした養護学校があったが，2006 (平成18) 年の学校教育法改正において特別支援学校に再編された。学校教育法の第1条で，幼稚園，小学校，中学校，高等学校，大学等の学校の範囲が規定されている中に特別支援学校が規定されるとともに，同法第72条では特別支援学校の目的が「視覚障害者，聴覚障害者，知的障害者，肢体不自由者又は病弱者（身体虚弱者を含む。以下同じ。）に対して，幼稚園，小学校，中学校又は高等学校に準ずる教育を施すとともに，障害による学習上又は生活上の困難を克服し自立を図るために必要な知識技能を授けること」と明記されている。また同法第80条には都道府県による特別支援学校の設置義務が規定されている。文部科学統計要覧（令和2年版）によると，2019 (令和元) 年には全国で1,146校設置されており，144,434人の児童生徒が教育を受けている。[3]

　また特別支援学校は，障害のある児童・生徒に対して教育を行う以外にも幼稚園，小学校，中学校，高校等の要請に応じて，児童・生徒の教育に関し必要な助言又は援助を行うよう努めるとされており，地域の障害児教育における「センター的機能」を果たすことが役割として期待されている。

　センター的機能の具体的内容について，藤原は「①小・中学校などの教員への支援機能：個々の幼児児童生徒の指導に関する助言・相談や，個別の指導計画および個別の教育支援計画策定への支援など，その他保育所をはじめとする保育施設などの他機関などに対する助言または援助など。②特別支援教育などに関する相談・情報提供機能：地

域の幼稚園・小・中学校などに在籍する幼児児童生徒や保護者への相談および専門的情報の提供など。③障害のある幼児児童生徒への指導・支援機能：就学前の幼児や乳幼児に対する指導および支援。④福祉，医療，労働などの関係機関との連絡・調整機能：個別の教育支援計画の策定に当たっての福祉，医療，労働などの関係機関などとの連絡・調整など。⑤小・中学校などの教員に対する研修協力機能。⑥障害のある幼児児童生徒への施設整備などの提供機能」の6点を挙げている。

 ## ４ ハローワーク

　就労は，障害者の自立と社会参加を実現する上で非常に重要な構成要素である。障害者の能力を最大限に発揮できる就労をサポートしている機関が厚生労働省設置法を根拠に設置されるハローワーク（公共職業安定所）である。また職業安定法第8条では「公共職業安定所は，職業紹介，職業指導，雇用保険その他この法律の目的を達成するために必要な業務を行い，無料で公共に奉仕する機関」とされている。2019年における全国の設置数は544所（本所：436所，出張所：95所，分室：13室）となっている。

　図8-1は近年のハローワークにおける障害者の職業紹介状況を示したものである。それぞれ年々増加の傾向にあるが，新規申込件数および有効求職者数は10年前に比べてそれぞれ約8万件，約11万人の増加である。就職件数についてもこの10年間で5万件増加している。就職率については，10年前が36.0%だったのに対して，2018（平成30）年度は48.4%と約12%の増加である。

　また2018（平成30）年度のハローワークにおける障害種別の就職状況について示すと，就職件数全体の102,318件に対して，最も多かったのが精神障害者で48,040件（約46%），次に多いのが身体障害者で26,841件（約26%），知的障害者が22,234件（約22%），その他の障害（発達障害，難病，高次脳機能障害など）がある人は5,203件（約5%）となっている。

　また，新規求職申込件数は全体で211,271件，このうち最も多かったのが精神障害者で101,333件（約47%），次に多かったのが身体障害者で61,218件（約29%），知的障害者が35,830件（約17%），その他の障害のある人が12,890件（約6%）であった。就職件数及び新規求職申

図8-1　ハローワークにおける障害者の職業紹介状況

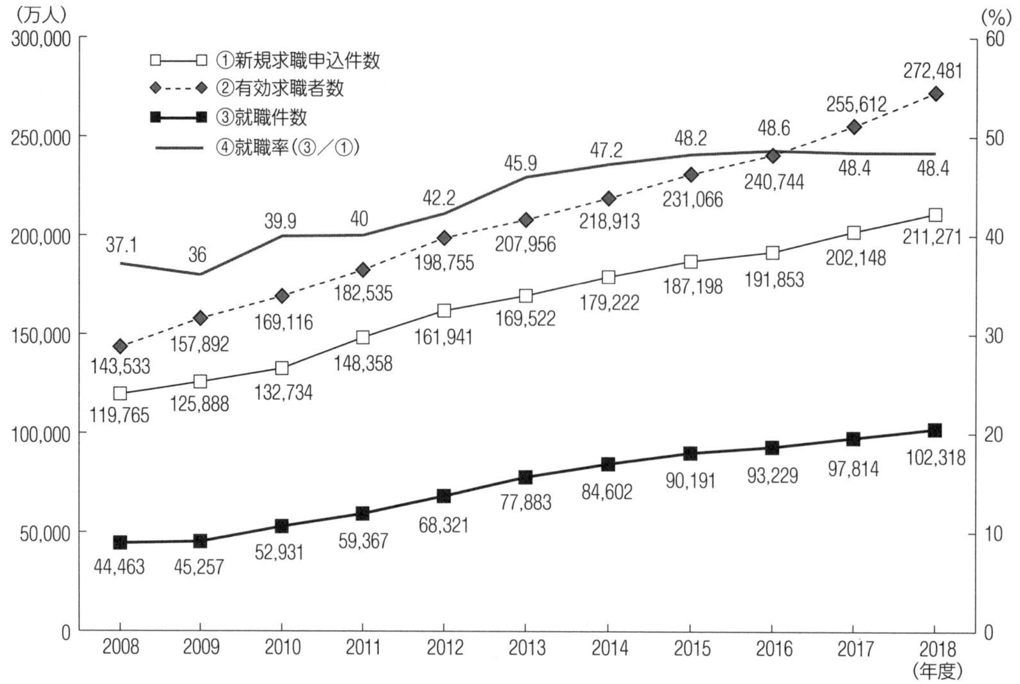

出所：内閣府（2020）『障害者白書（令和2年版）』66をもとに筆者作成.

込件数ともに，精神障害者の申込件数が多くなっている[6]。

☐ ハローワークの業務

　ハローワークは，障害者をはじめすべての求職者に対して職業紹介を実施する機関であるが，主な業務は①職業紹介，②雇用保険・求職者支援，③雇用対策（企業指導・支援）の3つである。

①　職業紹介

　職を求めている障害者と人材を確保したい企業との間の雇用関係の成立をサポートすることである。具体的には障害者に対し就労に関する個別の情報提供，特別支援学校高等部等を対象とした説明会を開催するなど障害者及び企業側に啓発を実施している。コミュニケーション技術や対人関係不安，職業スキルといった障害者の個別課題に応じて，職業訓練の受講斡旋を行ったり，就職面接対策として模擬面接等を実施し不安の解消を図っている。また障害者の就労先の確保のために，受け入れ企業の開拓，雇用関連の各制度の情報提供を実施している。

②　雇用保険・求職者支援

　失業者対策のことである。わが国の雇用保険制度については，1947（昭和22）年の失業保険法を前身とする雇用保険法によって規定され

ている。同法第1条では，法の目的について規定しており，要約すると労働者が失業した場合等において必要な給付を行い，労働者の生活及び雇用の安定を図るとともに再就職の援助を行うことを目的とした制度である。

　この制度の保険者は国であるが，具体的現業業務については，都道府県労働局とハローワークが担当している。障害者が失業した際に，ハローワークにおいて失業認定を受けることにより，離職日の直前6か月の賃金額の5割から8割の失業給付を受給することができる。またハローワーク等の指示により公共職業訓練等を受講した場合も，技能習得手当を受給することができる。

　雇用保険法の対象とならない者，すなわち雇用保険の受給終了者，受給資格要件を満たさない者，雇用保険の適用がなかった者，学卒未就職者，自営廃業者等を対象としているのが，2011（平成23）年に制定された求職者支援法である。ハローワークに求職登録をしている対象者に，給付金の支給や就職に関する支援措置がハローワークを中心に行われている。

　③　雇用対策（企業指導・支援）

　企業に対して障害者雇用率達成の指導や雇用管理改善支援等を行うことである。現在民間企業に対する法定雇用率は2.2%であるが，2019（令和元）年6月における民間企業の実雇用率は2.11%であり，法定雇用率の達成企業の割合は48.0%である。[7]すなわち未達成企業の割合が半数以上となっている。これらの企業に対して雇用率達成のための助言や指導を行うとともに，実際に障害者を雇用している企業に対して，障害者雇用に関する相談対応，就職後の追跡指導や職業生活に関する本人，企業への支援といったアフターケア，また企業が適用可能な雇用関連制度の運用についての情報提供，助言等を実施している。

☐ 障害者トライアル雇用

　近年，ハローワークを中心とした「チーム支援」の重要性が増している。その背景には，特別支援学校卒業後の支援の中断を防ぐことや，障害者本人の働く場が福祉的就労から一般就労へ移行するにおいて，支援の継続性を図ることが目的にある。就労支援事業所，障害者就業・生活支援センターや特別支援学校，また医療機関や地域障害者職業センター等の関係機関との連携のもとに「障害者就労支援チーム」によって，特別支援学校在学中も含めた就労準備段階，求職段階，就労後のフォローアップなど一貫した支援を実施している。

図8-2　障害者トライアル雇用のしくみ
（ハローワークから紹介を受けた場合）

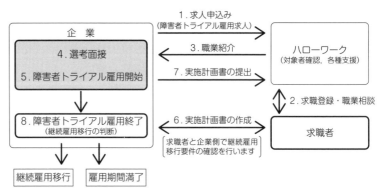

出所：厚生労働省「『障害者トライアル雇用助成金』のご案内（事業主の方へ）」（https://www.mhlw.go.jp/content/000562055.pdf）（2020.3.31）.

　また，求職している障害者と企業とのマッチングを向上させるために，常用雇用前に障害特性への配慮や企業における職業適性の見極め，障害者及び企業の相互理解を促進することを目的としたトライアル雇用（試行雇用）の制度が活用されている。**図8-2**はハローワークから紹介を受けた場合の障害者トライアル雇用のしくみを図式化したものである。

　試行雇用期間は原則3か月であり，制度の対象は①継続雇用する労働者としての雇入れを希望している者であって，障害者トライアル雇用制度を理解した上で，障害者トライアル雇用による雇入れについても希望している者，②障害者雇用促進法に規定された障害者であり，(1)紹介日に就労経験のない職業に就くことを希望する者，(2)紹介日前2年以内に，離職が2回以上または転職が2回以上ある者，(3)紹介日前において離職している期間が6か月を超えている者，(4)重度身体障害者，重度知的障害者，精神障害者，のいずれかの要件に該当する者となっている。

　雇入れを行った企業に対しての助成金の支給額は月額最大4万円，精神障害者を雇用する場合は月額最大8万円となっている。なお，本制度を活用した雇用実績であるが，継続雇用が80％を超えるなど一定の成果をあげている。

☐ ハローワークで障害者支援を担う専門職

　ハローワークには，先にあげた業務のうち，求職障害者の適性等に応じた職業指導，職業相談，職業紹介，職場定着の支援，及び求人の受理，求人者に対する情報提供，相談等，また関係機関との連携を実施する職業指導官や，企業の雇用率達成指導等を実施する雇用指導官

が配置されている。

　また非常勤職員であるが，求職障害者の障害の状態を把握するとともに，職業紹介を行うために必要な援助の明確化，職業リハビリテーション実施機関，福祉関係機関，医療機関との調整，障害者向け求人開拓，求職障害者に対する同行支援，事業主への助言，採用後も必要に応じて事業主に対する助言を行う障害者専門支援員が配置されている。その他にも，就職を希望する本人や家族等に，職業生活に関する相談等を実施したり，障害者を雇用する事業所を訪問し，職場適応の状況の把握，障害者雇用率未達成企業を中心とした求人開拓，必要に応じた求職情報や各種助成金の情報提供を行う職業相談員が配置されている。

　近年，精神障害者の新規求職申込数が増えていることもあり，精神障害者に対する専門職員による支援が実施されている。精神保健福祉士や臨床心理士等から任用される精神障害者雇用トータルサポーターは，求職者本人に対するカウンセリングや就職に向けた準備プログラムの実施，職場実習のコーディネートや専門機関への誘導，就労後のフォローアップを実施している。また企業に対して精神障害者等の雇用に係る課題解決のための相談援助，地域障害者職業センターや就労移行支援事業所，医療機関等と連携し精神障害者の雇用定着に向けた支援を行っている。

　同様に，発達障害のある人の新規求職者数も近年増加しており，2018（平成30）年度よりハローワークに発達障害者雇用トータルサポーターが配置されている。本人に対するコミュニケーション支援やカウンセリング，事業主に対する発達障害に対する情報提供や相談指導等を実施している。

○注 ─────────

(1)　厚生労働省（2020）「平成30年社会福祉施設等調査の概況」（https://www.mhlw.go.jp/toukei/saikin/hw/fukushi/18/dl/soukatsu.pdf）.

(2)　厚生労働省（2018）「平成30年度障害者就業・生活支援センター一覧」（https://www.mhlw.go.jp/file/06-Seisakujouhou-11600000-Shokugyouanteikyoku/0000209391.pdf）.

(3)　文部科学省「文部科学統計要覧（令和 2 年版）」（https://www.mext.go.jp/b_menu/toukei/002/002b/1417059_0003.htm）.

(4)　藤原義博（2008）「センター的機能」日本発達障害学会監修『発達障害基本用語事典』金子書房，187-188.

(5)　厚生労働省職業安定局（2020）「公共職業安定所（ハローワーク）の主な取 組 と 実 績　令 和 2 年 1 月」（https://www.mhlw.go.jp/content/000592853.pdf）.

(6)　内閣府（2020）『障害者白書（令和 2 年版）』66.

(7)　厚生労働省（2019）「令和元年　障害者雇用状況の集計結果」（https://www.mhlw.go.jp/content/11704000/000580481.pdf）.

■第 9 章■
障害者福祉における専門職の役割

医師，看護師，保健師，理学療法士，作業療法士，
言語聴覚士，公認心理師

医　師

　医師の役割は，主に診断とそれにもとづく治療方針の決定といえる。たとえば，腹痛の人がいるとする。その腹痛の原因を診察し，診断する。そして，その診断にもとづいて，外科的手術をする場合もあれば，投薬治療をする場合もある。これが治療方針の決定である。障害児者は医療とのつながりは切っても切れないものがある。身体障害，精神障害はもとより，知的障害のある人にも基礎疾患を抱えている人は多い。また，重症心身障害児者には高度な医療的ケアが必要な人が多い。医療を提供する場合，その指示役が医師ということができる。そして，障害児者の場合，日々の生活を送る上で医療が欠かせないものであることが多い。そのため，地域で生活する障害児者にとって，医師は生活を支えるキーパーソンの一人といえる。

　施設においては，そこで生活する障害児者の医療的ケアの必要度によって，医師が常勤で配置されている場合もあれば，非常勤，または嘱託で配置されている場合もある。

　このほか，障害者総合支援法を利用する場合は，医師の意見書が必要になる。また身体障害者手帳，療育手帳，精神障害者保健福祉手帳の交付や障害者年金の申請の際にも，医師の診断書が必要になる。このようにさまざまな障害福祉サービスを利用する場合にも医師がかかわることになる。

看護師

　看護師の役割は，医師の指示のもとに医療的行為を行うことといえる。期待される役割や行う行為は専門領域によって大きく異なる。地域で生活する障害児者の場合，医療保険の訪問看護を利用する者がいるため，ここでは訪問看護を担う看護師の役割について考えたい。訪問看護の内容としては，以下の点があげられる。[1]

- 健康状態の観察
- 病状悪化の防止・回復
- 療養生活の相談とアドバイス
- リハビリテーション
- 点滴，注射などの医療的処置

- 痛みの軽減や服薬管理
- 緊急時の対応
- 主治医，社会福祉関係者等との連携

　一方，施設で生活する障害児者における看護師の役割も，上記の訪問看護を担う看護師と同様といえる。医師が常勤で配置できない施設の中では，看護師による健康状態の把握と気づきが重要になる。看護師は，障害児者の生活に最も身近な医療の視点をもった専門職といえる。

☐ 保健師

　日本で保健師になるためには，看護師資格を取得していることが前提となる。看護師と同様，期待される役割や行っている行為は幅広いが，公衆衛生の専門家としての役割が期待される。ここでは障害福祉領域で最も身近な，市町村及び保健所で働く保健師について紹介する。

　市町村における保健師の働く領域としては，市町村ごとに異なるものも多いが，共通する点として，母子保健関係，障害福祉関係，高齢者関係，その他当該地域の住民の保健・福祉の相談等を担っている。母子保健への取り組みとは，主に乳幼児や妊婦を対象に行うものである。たとえば，1歳半健診，3歳児健診といった乳幼児健診が地域のすべての子どもを対象に行われる。この乳幼児健診の目的の一つは，疾病や障害を早期に発見するスクリーニングといえる。また，近年では母親の産後うつや育児不安などへの対応や児童虐待の早期発見や予防等の目的も含まれる。このため，乳幼児健診での保健師らの気づきによって，機能障害の有無の発見が行われ，適切な療育につなげることができる。

　次に保健所における保健師の業務内容を確認する。保健所は，市町村に比べると広域的に設置されており，都道府県及び政令指定都市，中核市が設置する行政機関である。保健所の主な業務としては，地域保健法第6条に，以下の点があげられる。

- 地域保健に関する思想の普及及び向上に関する事項
- 人口動態統計その他地域保健に係る統計に関する事項
- 栄養の改善及び食品衛生に関する事項
- 住宅，水道，下水道，廃棄物の処理，清掃その他の環境の衛生に関する事項
- 医事及び薬事に関する事項
- 保健師に関する事項
- 公共医療事業の向上及び増進に関する事項
- 母性及び乳幼児並びに老人の保健に関する事項

- 歯科保健に関する事項
- 精神保健に関する事項
- 治療方法が確立していない疾病その他の特殊の疾病により長期に療養を必要とする者の保健に関する事項
- エイズ，結核，性病，伝染病その他の疾病の予防に関する事項
- 衛生上の試験及び検査に関する事項
- その他地域住民の健康の保持及び増進に関する事項

　これらすべてを保健師が行うわけではない。また市町村で働く保健師と連携して，当該地域の調査を行うことや，支援体制の構築を行う。具体的に，都道府県が設置する保健所で働く常勤保健師の1か月の業務内容は人材育成等，上記の「その他地域住民の健康の保持及び増進に関する事項」が最も多く，家庭訪問等の直接サービスは20％程度とされている。この直接サービスの対象として最も多いのが精神障害であり，全体の業務量の4.5％を占めている。また難病についても全体の業務量の3.5％を占めている。このように，直接サービスの中で，精神障害や難病等の対応を中心に行っているのが保健所の保健師である。保健師は働く場でさまざまな業務を行っているが，障害福祉領域の中でも障害児の早期発見や精神障害，難病等の対応を行う等，重要な役割を担っている。

❏ 理学療法士（PT）

　理学療法士が行う「『理学療法』とは，身体に障害のある者に対し，主としてその基本的動作能力の回復を図るため，治療体操その他の運動を行なわせ，及び電気刺激，マッサージ，温熱その他の物理的手段を加えることをいう」とされている（理学療法士及び作業療法士法第2条第1項）。そして，理学療法士は厚生労働大臣の免許を受けて名称を用いることができる専門資格である。

　理学療法士が実際に理学療法を行う場合は，医師の指示の下に行うことになる。障害福祉領域では身体障害のある人へのリハビリテーションが最もイメージしやすいといえよう。しかし，そのほかにも福祉の用具の選定や住宅改修の環境調整等も行うことが求められる。

❏ 作業療法士（OT）

　作業療法士が行う「『作業療法』とは，身体又は精神に障害のある者に対し，主としてその応用的動作能力又は社会的適応能力の回復を図るため，手芸，工作その他の作業を行なわせることをいう」とされている（理学療法士及び作業療法士第2条第2項）。そして，作業療法士

も理学療法士同様，厚生労働大臣の免許を受けて名称を用いることができる専門資格である。

　また作業療法士が作業療法を行う場合も，医師の指示のもと行うことになる。その具体的な内容は，必要とする作業（遊び，学習，身辺自立，介護負担の軽減，文化・スポーツ観戦や参加等）を見出し，その作業ができるように支援することである。そのため，その人の運動機能のほかに，感覚統合機能や生活機能等，幅広い視点で障害のある人を評価する点に特徴がある。[3]

❏ 言語聴覚士（ST）

　言語聴覚士は，「音声機能，言語機能又は聴覚に障害のある者についてその機能の維持向上を図るため，言語訓練その他の訓練，これに必要な検査及び助言，指導その他の援助を行う」とされている（言語聴覚士法第2条）。そして，言語聴覚士も理学療法士や作業療法士と同様に，厚生労働大臣の免許を受けて名称を用いることができる専門資格である。

　言語聴覚士は，言語障害，聴覚障害，言葉の発達の遅れ，声や発声の障害等への対応を行う。またこの他に，医師や歯科医師の指示のもと，嚥下訓練や人工内耳の調整を行うこともある。このように，話す，聞く，食べるといった行為に関する専門職であり，たとえば，言葉の発達に遅れのある子ども，脳梗塞等の言語障害のある人，高齢となり嚥下機能が落ちてきた人などへの対応では連携が必須となる専門職と言える。

❏ 公認心理師

　公認心理師は，日本で初めての心理職の国家資格である。公認心理師は公認心理師法により，「保健医療，福祉，教育その他の分野において，心理学に関する専門的知識及び技術をもって，次に掲げる行為を行うことを業とする者」と定義されている（公認心理師法第2条）。その行為として，以下の4点があげられる。

　①　心理に関する支援を要する者の心理状態を観察し，その結果を分析すること

　②　心理に関する支援を要する者に対し，その心理に関する相談に応じ，助言，指導その他の援助を行うこと

　③　心理に関する支援を要する者の関係者に対し，その相談に応じ，助言，指導その他の援助を行うこと

　④　心の健康に関する知識の普及を図るための教育及び情報の提供を行うこと

② 介護福祉士，保育士

☐ 介護福祉士

　介護福祉士は国家資格であり，「介護福祉士の名称を用いて，専門的知識及び技術をもつて，身体上又は精神上の障害があることにより日常生活を営むのに支障がある者につき心身の状況に応じた介護（中略）を行い，並びにその者及びその介護者に対して介護に関する指導を行うこと」と定義されている（社会福祉士及び介護福祉士法第2条第2項）。すなわち，障害児者への支援における介護福祉士の役割とは，障害児者の心身の状況に応じた介護の提供と，本人及び介護者への介護の指導ということができる。

　介護と聞いて，どのような行為をイメージするだろうか。多くの人が排泄や食事に対する身体的な手助けをイメージするのではないだろうか。しかし，日本介護福祉士会によれば，介護は「生活全般について，観察などから情報収集して，それらを統合・分析し，どのような課題，ニーズがあるのか発見したうえで，QOLを高めるための介護方法を見出していくこと」としている。そして，介護福祉士の専門性は，「利用者の生活をより良い方向へ変化させるために，根拠に基づいた介護の実践とともに環境を整備することができること」と示されている。このように介護福祉士の役割としては，身体的な介護を行うだけでなく，根拠にもとづいた介護の実践，介護技術等の指導・助言，さまざまな環境整備や多職種との連携があげられる。

　しかし，実際の支援現場では介護福祉士とその他の職種との業務分担がなされていないといった課題が指摘されている。そこで，今後求められる介護福祉士像として，以下の10点と高い倫理性の保持が指摘されている。

　　①　尊厳と自立を支えるケアを実践する
　　②　専門職として自律的に介護過程の展開ができる
　　③　身体的な支援だけでなく，心理的・社会的支援も展開できる
　　④　介護ニーズの複雑化・多様化・高度化に対応し，本人や家族等のエンパワメントを重視した支援ができる
　　⑤　QOL（生活の質）の維持・向上の視点を持って，介護予防からリハビリテーション，看取りまで，対象者の状態の変化に対応できる

⑥　地域の中で，施設・在宅にかかわらず，本人が望む生活を支えることができる

⑦　関連領域の基本的なことを理解し，多職種協働によるチームケアを実践する

⑧　本人や家族，チームに対するコミュニケーションや，的確な記録・記述ができる

⑨　制度を理解しつつ，地域や社会のニーズに対応できる

⑩　介護職の中で中核的な役割を担う

　これらの指摘からも，介護福祉士には，身体的な介護だけではなく，介護の必要な対象者やその人の環境について，幅広い視点と対応が求められていることがわかる。このように，介護福祉士は介護を必要とする人を対象にさまざまな支援を行う専門職であり，障害福祉の実践現場で活躍する専門職の一つといえる。

□ 保育士

　保育士とは児童福祉法第18条の 4 において，「第18条の18第 1 項の登録を受け，保育士の名称を用いて，専門的知識及び技術をもつて，児童の保育及び児童の保護者に対する保育に関する指導を行うことを業とする者をいう」と定義されている国家資格である。すなわち，保育士とは，子どもの保育及び，保護者に対する保育に関する指導を行う専門職ということができる。

　保育士の専門性は，全国保育士会倫理綱領からうかがうことができる。そこでは「私たちは，子どもの育ちを支えます。」「私たちは，保護者の子育てを支えます。」「私たちは，子どもと子育てにやさしい社会をつくります。」という 3 つの宣言のもとに，以下の項目が掲げられている。

①　子どもの最善の利益の尊重

②　子どもの発達保障

③　保護者との協力

④　プライバシーの保護

⑤　チームワークと自己評価

⑥　利用者の代弁

⑦　地域の子育て支援

⑧　専門職としての責務

　このように保育士は，子どもの保育を担うだけでなく，子どもの発達保障の観点から子どもの支援を行う専門職である。また保護者の子育てを支える役割や地域の子育ての支援についての役割も期待される。

障害福祉における保育士の活躍の場としては，児童福祉法に規定されている障害児福祉サービスがあげられる。障害児入所支援や児童発達支援センター，医療型児童発達支援においては，保育士を1人以上配置することが求められている。また放課後等デイサービスや児童発達支援においては，児童指導員又は保育士を半数以上配置することが必要とされている。このように，障害児の利用する福祉サービスにおいて，保育士の担う役割は大きいといえる。

　一方，上記のような専門的な機関ではなく，障害児であっても生活する地域にある保育所等を利用することも想定される。実際に，障害児の受け入れ実績のある保育施設は6割程度を占めることが報告されている。[6]　また児童発達支援事業所には保育所等との連携や移行支援が求められている。[7]　そのため，専門的な障害児の機関で働く保育士だけでなく，地域の保育所等で働く保育士との連携も，今後の共生社会の実現においては必要になると考えられる。

相談支援専門員，サービス管理責任者，居宅介護従業者

☐ 相談支援専門員

　障害児者やその家族の相談支援を担う専門職には，市町村職員や医療従事者，障害福祉サービスの従事者などがあり，多様である。障害者総合支援法においては，相談支援事業を行う相談支援事業所には相談支援専門員の配置が求められる。2019年4月時点で約22,000人の相談支援専門員が相談支援事業所に配置されている。[8]

　相談支援専門員の役割は相談支援事業所の特性によって大きく異なる。地域の中で，おおよそ3層の相談支援体制を整備するよう厚生労働省は求めている（図9-1）。

　1層目には指定特定相談支援事業所が位置づけられている。ここで働く相談支援専門員の主な役割は基本相談支援と計画相談支援と言える。障害者総合支援法のサービスを利用する場合は，サービス等利用計画が必要になる。計画を作成するためには，障害者の生活状況の情報収集やニーズ評価，ニーズにもとづくプラン作成，その後の介入とモニタリングといったケアマネジメントのプロセスが必要になる。ここでいう基本相談支援とは，プラン作成までのニーズ把握のための関係づくり等を意味し，計画相談支援がプラン作成を意味する。

　2層目には市町村相談支援事業を行う相談支援事業所が位置づけられている。この市町村相談支援事業とは，地域生活支援事業の必須事業である障害者相談支援事業を意味する。この事業を社会福祉法人やNPO法人等に委託するか，市町村直営で行うかについては，市町村の裁量に委ねられている。実際の実施方法としては，直営で行っている市町村は10％で，90％の市町村が委託を含む形式で実施している。[9]この市町村相談支援事業で働く相談支援専門員の役割は，1層目の指定特定相談支援事業所がサービス等利用計画作成に特化しているため，障害者総合支援法のサービスを利用しない人も含めた幅広い相談窓口として期待される場合が多い。すなわち，障害者総合支援法のサービスを利用する前に，まず2層目の市町村相談支援事業を行う相談支援事業所に相談し，障害者総合支援法のサービスが必要な場合は，1層目の指定特定相談支援事業所を紹介するといった流れになる。

　3層目の基幹相談支援センター等は，相談支援の機能強化と地域の中核的な役割を担う機関として期待される。主な役割は専門的な相談

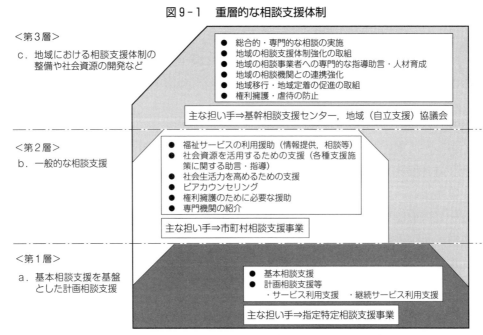

図9-1　重層的な相談支援体制

＜第3層＞ ｃ．地域における相談支援体制の 整備や社会資源の開発など	● 総合的・専門的な相談の実施 ● 地域の相談支援体制強化の取組 ● 地域の相談事業者への専門的な指導助言・人材育成 ● 地域の相談機関との連携強化 ● 地域移行・地域定着の促進の取組 ● 権利擁護・虐待の防止 主な担い手⇒基幹相談支援センター，地域（自立支援）協議会
＜第2層＞ ｂ．一般的な相談支援	● 福祉サービスの利用援助（情報提供，相談等） ● 社会資源を活用するための支援（各種支援施策に関する助言・指導） ● 社会生活力を高めるための支援 ● ピアカウンセリング ● 権利擁護のために必要な援助 ● 専門機関の紹介 主な担い手⇒市町村相談支援事業
＜第1層＞ ａ．基本相談支援を基盤 とした計画相談支援	● 基本相談支援 ● 計画相談支援等 ・サービス利用支援　・継続サービス利用支援 主な担い手⇒指定特定相談支援事業

出所：厚生労働省（2019）「令和元年度サービス管理責任者・児童発達支援管理責任者指導者養成研修資料」．

への対応や，1層目，2層目であげた相談支援事業所で働く相談支援専門員への支援，人材育成等がその役割となる。この基幹相談支援センターは，2019年4月時点で約39％の自治体で整備されている[10]。また基幹相談支援センターで働く相談支援専門員には専門的な知見と経験が求められていることから，主任相談支援専門員が配置されている場合もある。

　このほかに，相談支援事業には地域相談支援事業が位置づけられている。具体的には地域移行支援と地域定着支援を行う事業であり，その担い手としても相談支援専門員が必要とされる。

🔲 サービス管理責任者

　障害者総合支援法においては，サービスの質の向上を図る観点から，サービス事業所ごとに，サービス管理責任者の配置が義務づけられている。このサービス管理責任者の主な役割としては，まず個々のサービスを利用する障害者のアセスメントや個別支援計画の作成，定期的な評価などの一連のサービス提供プロセス全般に関する責任を担うことだといえる。次に，他のサービス提供職員に対する指導的役割があげられる。

　個別支援計画とは個々のサービスをどのように提供するかについて計画するものであり，サービス等利用計画を反映したものになる。そ

図9-2　指定特定相談支援事業者（計画作成担当）と障害福祉サービス事業者の関係

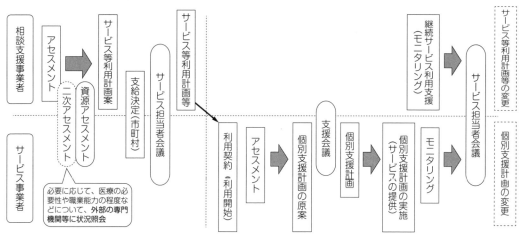

注：点線枠部分は必要により実施。
出所：図9-1と同じ.

れぞれの計画を作成する機関である相談支援事業所とサービス事業所の関係は**図9-2**のとおりである。個別支援計画は，より具体的なサービス提供にあたっての内容が記載される。具体的には，生活介護事業所であれば，どのような支援をそこで行うかが記載される。

　一方，その人の人生や日々の生活全体を意識し，生活介護を利用して，どのような効果を期待するのかはサービス等利用計画に記載される。たとえば，30年以上会社で働いてきたが，もともとの視覚障害だけでなく，聴覚の機能も衰えてきたことから，生活介護を利用する人の場合と，30年以上家族と一緒に生活して，全くサービスを利用せずに初めて生活介護を利用する人の場合とでは，生活介護を利用する意味合いも異なる。たとえば，就労経験のある人の場合は，聴覚機能の低下を抑制するためにどのようなことができるかを考え，一方，初めてサービスを利用する人の場合は，家族以外に本人を知り，支えることのできる人を増やすことを考えたサービス等利用計画を作成していくことが想定される。その上で，個別支援計画では，生活介護事業所において，どのようなサービスを提供できるかについて，それぞれの目標にアプローチしていくことになる。

☐ 居宅介護従業者

　居宅介護従業者とは，障害者総合支援法における居宅介護を提供する者を指す。居宅介護従業者の主な役割は，家事援助や身体介護などを行い，サービス利用者の日常生活を支えることだといえる。

　このほかに，重度訪問介護，同行援護，行動援護，移動支援それぞれのサービスごとに別の養成研修が設けられ，従業者と称されている。

④ ピアサポーター

障害福祉サービスにおけるピアサポーターの活用

　ピアサポートとは，仲間同士の支え合いを意味する。現在の日本では，多様な領域でピアサポートが活用されている。教育現場における学生たちや，がんや難病などの患者同士，犯罪被害者や，被災した人たちなど，その対象は枚挙にいとまがないほどである。障害領域でもさまざまなピアサポートが行われてきた。

　そうした**当事者**同士の支え合いが発展し，近年，海外でも障害当事者がスタッフとして働くことが注目を集めているが，日本においても医療保健福祉サービスのしくみづくりの中で，ピアサポーターの職員としての活用が進められている。2020（令和2）年度の地域生活支援事業として，「障害者ピアサポート研修事業」が位置づけられ，これまで自治体ごとに実施されてきた障害者を対象としたピアサポーター養成がある程度，標準化されることが期待されている。

ピアサポートの歴史と背景

　ピアサポートの歴史は18世紀に遡るともいわれているが，1907年にアメリカで自らの精神科病院入院の経験を出版したビーアズ（Beers, C. W.）によってはじめられた精神衛生運動や，1935年に設立されたAlcoholics Anonymous（AA）のセルフヘルプグループなどが有名である。1950年代以降のアメリカでは，公民権運動を背景として，ロバーツ（Roberts, E.）らを中心とした身体障害者の自立生活（Independent Living）運動が拡がりをみせ，社会に対して人間の多様性を許容することを求める大きなうねりにつながっていった。

　その背景には，1980年の国際障害分類初版（ICIDH）から2001年の国際生活機能分類（ICF）へという変化（本書第1章第2節参照）や，2006年に障害者の権利に関する条約（本書第4章第4節参照）の国連での採択などがある（2014年に日本でも批准）。ICFにより，人が生きることの全体像をポジティヴにとらえる機運が高まり，権利条約によって，社会モデルの視点が明確に示された。多様性を許容し，障害のある人もない人もともに地域で暮らすこと，つまり，地域共生社会を目指すことが福祉の大きな課題として共有されたのである。それは，権利としての福祉という視点に基づき，サービスの受け手というだけで

➡当事者
一般的に，起きている問題を現場で直接体験し，影響を受けている個人のことをいう。障害福祉領域で「当事者」という場合には，障害のある本人や家族を意味する。

はなく，多様な形での当事者参加が求められる時代に突入してきたといえる。アメリカなどの先進諸国では，ピアサポーターの職員としての雇用も進んできている。

◯ 日本の障害ピアサポート

　日本におけるピアサポート活動は1970年代から80年代にかけて広がりをみせた。身体障害領域の当事者団体としては，1970年代に激しい運動を展開した脳性麻痺者の全国青い芝の会が有名であるが，先に述べたアメリカを起点とする自立生活運動が各地で**自立生活センター**（CIL）の設立に結びついたのは1980年代のことである。自立生活センターでは，障害当事者が運営の中心であり，障害の重い人たちの地域での自立生活支援やピアカウンセラーの養成が今も意欲的に行われている。

　精神障害者に関しては，1970年代から病院の患者会や自助グループ活動がはじまり，地域における生活支援の一環として，JHC板橋会のピアカウンセラーなどの取り組みが注目された。そして，1990年代から徐々に当事者性を活かして働くピアサポーターが現れはじめた。2002（平成14）年に大阪府では，精神障害者ピアヘルパー等養成事業が開始されたが，2004（平成16）年には国から「精神保健福祉施策の改革ビジョン」が出され，入院から地域へという流れの中で，退院促進に力がそそがれるようになり，精神科病院からの長期入院者を支援するピアサポーターも活躍するようになった。2015（平成27）年には，各種専門職と協働し，精神障害者を支援できる「精神障がい者ピアサポート専門員」を育成することを目的として，一般社団法人日本メンタルヘルスピアサポート専門員研修機構が発足し，養成研修を実施している。

　知的障害者の活動は，家族を中心に展開されてきたが，全日本育成会（現在の日本手をつなぐ育成会）には1990年の世界育成会連盟会議への当事者の出席を機に，本人部会が設けられている。また，1995年に日本でも**ピープルファースト**が結成された。知的障害のある人たちが，自分たちの権利を自分たちで守ること（**セルフアドボカシー**）を目的として現在も活動を継続している。

　難病に関しては，1960年代以降，当事者団体が結成され，活動が行われてきた歴史があるが，2005（平成17）年に日本難病・疾病団体協議会（JPA）が設立され，疾病団体ごとの活動が集約されることとなった。2003（平成15）年からはじまった難病相談支援センターでもピアサポーターが活動している。難病相談支援センターや保健所での相

➡ 自立生活センター（CIL）

1972年，カリフォルニア州バークレーに，障害者自身が障害者のためにサービスを提供する「自立生活センター」が設立され，重度の障害があっても地域で自立して生活することが可能となった。1980年代以降，日本にも自立生活センターが設立され，自立生活を支援するサービスを提供するとともに，運動体としても活動している。

➡ ピープルファースト

1973年にオレゴン州で開かれた知的障害者の会合で「障害者としてではなく，ひとりの人間として遇してほしい」という発言から生まれたといわれている知的障害者本人が運営する団体。

➡ セルフアドボカシー

アドボカシーは権利擁護と訳されることが多く，社会的に弱い立場にいる人たちの権利を守るための活動を指す。アドボカシーと一言でいっても多様であるが，セルフアドボカシーは，生活上の困難を抱える当事者が，自分の利益や欲求，意思，権利を自ら主張し，権利擁護活動を行うことを指す。

談事業や交流会への参加，患者会での患者会リーダーとしての当事者活動が実施されている。

　高次脳機能障害に関しては，家族を含む「脳外傷友の会」の活動が有名であるが，近年，各地で当事者団体が設立されてきており，今後の活動が期待されている。発達障害に関してもようやく当事者活動が活発化しており，多様なピアサポート活動が社会の中に浸透し始めている。自立生活センター以外にも，当事者が福祉サービス事業所を立ち上げて運営している法人もある。

□ 障害ピアサポーターを活用するメリット

　障害ピアサポートの効果としては，障害当事者が社会の中で自己肯定感や自己効力感を得ながら自己実現に歩き出せるように，同じような体験をした障害当事者（ピア）が自身の経験を差し出すことによって支援することであるといわれる。またサービス利用者は，同じような経験をもつピアからその支援を受けることにより，お互いがお互いをエンパワメント➡することができる（**ヘルパー＝セラピー原則**➡）。それは，専門職が提供する専門的な知識やスキルによる支援からは得られない効果をもたらす。支援の受け手である利用者にとって，ピアサポーターはロールモデル➡として機能することができるという強みがあり，既存の福祉サービスにはない部分を担えるともいわれる。また，精神障害者の場合などは，医師になかなか本音が伝えにくいとき，寄り添ってもらえることで自分の意見が伝えられるなど，セルフアドボカシーへの貢献も効果としてあげられる。

　また，その効果は，当事者のみならず一緒に働く専門職にとっても，体験としての病気や障害がどういうものなのか身近なところで教えてもらえたり，当事者主体といいながらも支援者中心になってしまっている場面でのストッパーとなってくれたり，逆に専門職からはなかなか切り出せない厳しい助言も当事者同士だから言えるという強みもある。しかしながら，ピアサポーターの多くは他の専門職と一緒にチームで活動していることが多く，その客観的な効果を実証することは難しいのが現状である。

□ 専門職とピアサポーターの協働

　自立生活センターのように，身体障害者が運営している事業所以外の一般の福祉サービス事業所は，ピアサポーターがチームの一員として機能することを期待して雇用をはじめる。しかし，雇用に際しては，メリットもあればデメリットもある。ピアサポーターの側からすれば，

➡**エンパワメント**
アメリカにおける1950年代から60年代の公民権運動，黒人に対する差別・偏見を除去するためのブラック・パワー運動にはじまったといわれ，提唱者ソロモンは，スティグマ化された人々が，否定的な評価によって社会的にパワーレスな状態に置かれている現状から，パワーの障壁を取り除き，パワーを増強していくための援助過程としてエンパワメントを位置づけた。

➡**ヘルパー＝セラピー原則**
1965年にリースマン（Riessman, F.）によって提唱された，「援助する人が援助される人より多くのことを得る。援助をする人がもっとも援助を受ける」という原則である。セルフヘルプグループ，家族会等で活用されている。

➡**ロールモデル**
自分にとって，具体的な行動や考え方の模範となる人物のことをいう。「あの人のようになりたい」と思う人物に出会うことが成長の契機となりうる。

　まず待遇面での専門職との格差，ピアサポートを活用できる業務の少なさやその有効性への無理解といったことがあげられる。利用者だった事業所にそのまま雇用される場合には，同じ当事者であるという立ち位置と，職員という立ち位置の二重性による葛藤が生じやすいこともよく指摘されることである。また，ピアサポーターとしての仕事をやらせてもらえないという不満と対照的に，周囲からの「ピアとしての視点」への期待に応えようとしすぎて，燃え尽きてしまうことや調子を崩してしまうこともある。そのサポートが，他の職員にとって負担になったり負担をかけているとピアサポーターが感じてしまうことなどから，離職につながることもある。

　専門職の側からは，障害への配慮をしなければならないが，どこまで配慮すればいいかわからない，個人情報の取り扱いなど，倫理面で不安を感じるなどの声もあがってくる。ピアサポーターが職場にいると当事者の愚痴がこぼしにくいといった専門職の声も聞くが，その裏側には，ピアサポーターとともに働くことへの抵抗が潜んでいる場合もある。

　実は日本では，雇用されたピアサポーターと専門職である職員がどう協働していけるのかという点に関して，まだ十分な蓄積ができていないのが現状なのではないだろうか。

▢ 多様な人との協働を目指して

　専門職が，ピアサポーターとともに働くことに抵抗感を抱いたり，当事者や家族が，病いの経験がない専門職の共感を否定しようとする感情には，多くの要素が含まれている。その一つの要因として，精神障害者へのスティグマ，当事者家族のセルフ・スティグマがあるのではないかと考えられる。地域包括ケアシステムによる地域共生社会の実現が叫ばれ，人間の多様性を許容し，障害のある人もない人も安心して暮らし続けることが目指されている。また地域の福祉サービスは，この間，大きく転換し，人材不足も相まって，専門職とピアサポーター以外にも多様な人が職員として働いている。

　職場の仲間として，同じ人間として，困難が生じる状況に対して配慮するのは，相手が誰であれ当たり前のことである。また，職場の同僚という点では，専門職とピアサポーター，その他の職員もみんなある意味ピアなのである。お互いの対等な立ち位置でのかかわり合い，お互いを尊重していくことが職場で定着すれば，今後の福祉サービスの質の向上に大いに貢献できるのではないかと考える。

⑤ 養護教諭，スクールソーシャルワーカー

☐ 養護教諭

　養護教諭は，小学校・中学校・高校及び特別支援学校に勤務し，児童生徒が安全・安心な学校生活を送れるよう，学校保健活動の中核的な役割を担っている。児童生徒には，受容的で身近な存在である「保健室の先生」として親しまれていることも多い。養護教諭の職務は，学校教育法に「児童生徒の養護をつかさどる」と定められているが，職務内容の解釈や役割は，時代とともに変化してきた。勤務する学校の児童生徒数や地域性，校種によっても，求められる役割は多様である。2008（平成20）年の中央教育審議会答申で，養護教諭の職務は，救急処置や健康診断，疾病予防等を行う「保健管理」「健康教育」「保健組織活動」に加え，「保健室経営」「健康相談」の５項目に整理された。

　職務上の共通する役割として，人や組織をつなぐコーディネーターの役割がある。救急処置をした児童生徒の様子を，担任や管理職，保護者に伝えたり，医療機関と連携を図る等，一つの事例に対して複数の人や組織をつなぐこともあり，日常的にさまざまなレベルでのコーディネートを行っている。

　1990年代には，生活や意識の急激な変化もあり，不登校の児童生徒が10万人を超え，いじめや暴力行為，性に関する問題等，生徒指導上の課題が深刻化し，養護教諭の行う健康相談活動の重要性が増している。ストレス反応が身体症状として現れていることもあり，保健室への来室頻度や症状，身体症状を中心とした相談等をきっかけに，養護教諭がメンタルヘルスの問題に気づくことも少なくない。

　保健室登校を利用した不登校等の児童生徒への支援は，個別の対応となることから，担任だけで対応することは難しい。養護教諭がコーディネーターとなって，保護者や校内外との連携を図ることにより，さまざまな立場から，客観的な意見を得ることができ，担任の負担を軽減することにもつながるといえる。また，健康診断や応急処置等で，体に直接触れることもあることから，不自然な外傷の有無や，ネグレクト状態であるかどうかを観察することで，いじめや児童虐待等の早期発見・早期対応への手がかりを得ることも多い。

　共生社会の形成に向けた特別支援教育においても，養護教諭は，重

要な役割を担っている。**特別支援教育コーディネーター**➡は，児童生徒
への適切な支援のために，関係機関・関係者間を連絡・調整し，協同
的に対応できるようにするための役割として指名されていることから，
養護教諭の役割と重なる部分が多い。そのため，養護教諭が，特別支
援教育コーディネーターを兼務したり，特別支援教育コーディネータ
ーと協働したりすることが多い。

　通常の学級にも，特別な教育的支援を必要とする学習障害（LD），
注意欠陥多動性障害（ADHD），高機能自閉症等や，アレルギー疾患や
糖尿病等により，日常生活を安心して過ごすために配慮を要する児童
生徒がいる。児童・思春期に認められやすい精神疾患もあり，服薬管
理や行動観察が不可欠な疾患もあることから，適切な対応や判断を検
討するために，養護教諭がコーディネーターとなり，医療や福祉等の
外部機関と連携を図り，継続した支援体制を築くことも少なくない。
また，本人や保護者からの訴えや，目立ったトラブルがなくても，手
先の不器用さや，多動性によるケガ，コミュニケーションの難しさ等
から，本人の特性に養護教諭が気づき，支援につながるケースもある。

　特別な配慮を要する性の問題として，性同一性障害や性的指向，性
自認に係る児童生徒への対応があげられる。服装や更衣室，トイレや
授業等の物理的な配慮だけでなく，第二次性徴による身体の変化や，
制服や恋愛の問題が加わる時期には，メンタルヘルスの問題を伴うこ
とが多く，養護教諭が，身近にいつでも相談できる人として存在する
ことが不可欠である。偏見や差別をなくすためにも，児童生徒だけで
なく，教員の理解を深めるための学習会等を設けることも養護教諭が
中心となって進めていくことであるといえるだろう。

☐ スクールソーシャルワーカー

　日本におけるスクールソーシャルワーカーの取り組みは，1980年代
にはじまり，校内暴力から不登校，いじめ，児童虐待と，児童生徒や
家庭，学校や社会のニーズに合わせ，いくつかの地域で実践が重ねら
れてきた。2008（平成20）年には，文部科学省の「スクールソーシャ
ルワーカー活用事業」として予算化され，地域によって雇用形態や取
り組みに違いはあるものの，全国で事業展開されるようになった。

　スクールソーシャルワーカーは，教育分野に関する知識に加えて，
社会福祉等の専門的な知識や技術を有する，実践に基づいた専門職で
ある。人権と社会正義を価値基盤に置きながら，児童生徒と水平な視
点に立ち，児童生徒や保護者，学校，関係機関等と協働し，問題解決
に向けて，連携，仲介，調整を行う役割を担っている。資格に関して

➡**特別支援教育コ
ーディネーター**
保護者や関係機関に対
する学校の相談窓口と
して，また，学校内の
関係者や福祉，医療等
の関係機関との連絡調
整の役割を担う者とし
て位置づけられている。
特別支援学校における
特別支援教育コーディ
ネーターは，地域内の
小中学校等への支援や，
地域のセンター的機能
の中心的役割を果たす
ことも期待されている。

は，社会福祉士や精神保健福祉士等が求められているが，急激なニーズの高まりにより，スクールソーシャルワーカーとして対応することができる有資格者数は十分であるとはいえない。有資格者であっても，よりよい実践を行うためには，スクールソーシャルワーカーとしてのあり方やケース等に対するスーパービジョン，研修会等が必要であり，スクールソーシャルワーカーの配置や養成に関しても，重要な課題があるといえる。

スクールソーシャルワーカーの職務の内容は，スクールソーシャルワーカーの活用事業において，問題を抱える児童生徒が置かれた環境への働き掛け，関係機関等とのネットワークの構築，連携・調整，学校内におけるチーム体制の構築・支援，保護者，教職員等に対する支援・相談・情報提供，教職員等への研修活動等と示されている。

学校に配置，教育委員会に配置で学校に派遣等の配置形態により，児童生徒や保護者とのかかわり方や，求められる職務内容もさまざまであるが，具体的な実践は，**➡️ミクロ，メゾ，マクロ**の３つのレベルで行われる。ミクロレベルでは，児童生徒や家族への面談や家庭訪問，教員との情報共有等をもとに，関係する機関と連絡調整を行い，制度や資源の活用を行うことで，問題解決に向けていく。スクールソーシャルワーカーの実践における相談種別では，不登校，児童虐待，発達障害に関する問題等が多いことから，校内でのケース会議や研修会，児童生徒を支援するための新たな支援や役割の提案等，組織の変革に取り組むメゾレベルの実践へ展開することも少なくない。ケースに関連する機関の職員等に，研修会の講師を依頼することで，具体的な理解を深めるとともに，外部機関との連携を築くことにもつながるといえる。マクロレベルでは，市区町村等の相談体制づくりへの対応として，外部機関と連携したケース会議や，相談体制づくりへの関与等があげられ，スクールソーシャルワーカー事業の定着や拡充も重要な取り組みの一つであるといえる。

スクールソーシャルワーカーの主要な役割として求められている関係機関との連携には，個人情報の観点における注意が不可欠である。生命にかかわるような緊急を要する場合には，守秘義務を超えて，他機関と情報共有を図ることもあるが，スクールソーシャルワーカーもソーシャルワーカーとしての守秘義務を負っているため，児童生徒から知り得たことを他者と共有することは，本人の同意を得ることが大前提となる。

また，発達障害に関連する相談の増加に伴い，合理的配慮や通級指導等に関して，診断書や検査結果等の重要な個人情報を扱う機会も増

➡️ミクロ，メゾ，マクロの実践
スクールソーシャルワークでは，子ども・家族・教員への直接的な支援を含む個別事例への環境づくりを行うミクロレベル，校内体制づくりや変革へ取り組むメゾレベル，制度・政策立案などシステムづくりにかかわるマクロレベル等，対象に合わせて示されるが，連続性があり，重複している部分も多い。

えている。秘密を守ることと同様に，秘密を第三者に伝えることの目的を，本人の納得が得られるように伝えることも，関係性を築く上で不可欠であるといえる。

　スクールソーシャルワーカーとスクールカウンセラーは，問題を抱えた児童生徒や保護者を学校で支援する専門職として，共通したイメージをもたれることが多い。支援方法も，個別の面接やアセスメント等，共通する部分があるが，スクールカウンセラーは臨床心理学にもとづく専門性をもち，心理的な問題に起因する症状を，心理療法等を用いて，改善する等，児童生徒の心のケアを行っている。スクールソーシャルワーカーとスクールカウンセラーは，複雑化・多様化した課題を解決していくための**チーム学校**のメンバーとしても連携し，お互いの専門性を生かして活動していく必要があるといえる。

▶**チーム学校**
「専門性に基づくチーム体制の構築」「学校のマネジメント機能の強化」「教員一人ひとりが力を発揮できる環境の整備」の3つの視点にそった学校のマネジメントモデル。教員，スクールカウンセラーやスクールソーシャルワーカー，部活動指導員，図書館司書など，外部の専門性をもつ職員がチームのメンバーとして連携，協働し，課題の解決にあたる。

6 家族，住民・ボランティア

☐ 障害者家族

　障害者の家族はこれまで多くの役割を担ってきた。当事者として家族組織が運動を行ったり，介護者や支援者であったり，精神障害者の精神科病院への非自発的入院に際しては，保護者としての役割を長年担ってきた経過がある。

　そうした歴史を振り返りながら，家族の役割を考えていきたい。

　障害者の家族としての活動のうち，ここでは，知的障害者と精神障害者の家族組織について紹介する。

　知的障害者の代表的な家族組織である全国手をつなぐ育成会は，1952（昭和27）年に，知的障害児をもつ3人の母親が仲間の親・関係者・市民に呼びかけたことをきっかけに，精神薄弱児育成会（別称：手をつなぐ親の会）として設立された。1955（昭和30）年には全国精神薄弱者育成会として社団法人化するに至った。以後，親の高齢化による将来への不安，障害者本人の高齢化や，学齢期からの切れ目ない支援，インクルーシブ教育の推進と特別支援教育の充実など，多くの政策課題を掲げて活動を行っている。

　精神障害者の家族の活動は，1950年代に病院家族会という形ではじまったといわれている。1965（昭和40）年には，全国精神障害者家族会連合会（以下，全家連）が結成され，各自治体を中心に地域家族会の創設も相次いだ。全家連は，家族を代表する全国組織として，精神保健福祉法における保護者制度の撤廃や，手帳制度の創設，精神分裂病の呼称変更など，さまざまな政治的な運動を行うとともに，家族の相談や精神障害者社会復帰施設の運営，精神障害者社会復帰促進センターとしての活動，精神障害者に係る調査・研究なども行っていた。しかし，2002（平成14）年，補助金の目的外使用が発覚し，負債約10億円を抱え2007（平成19）年に破産・解散した。その活動はNPO法人全国精神保健福祉会連合会（略称：福連，愛称：みんなねっと）と，2007（平成19）年2月に創設された認定NPO法人地域精神保健福祉機構（略称：COMHBO）に引き継がれている。

　歴史ある家族組織が共通して抱えるのは，後継者の不足であり，若い家族をどう巻き込んでいけるかということである。知的障害，精神障害を例として挙げたが，その他の障害に関しても，家族の会がさま

ざまな活動を行っている。

☐ 精神障害者の保護者問題

　かつて，精神障害者の家族に特有の問題として，精神保健福祉法における保護者問題が存在した。なぜ過去形かというと，2013（平成25）年の精神保健福祉法改正において，保護者制度は撤廃されたからである。これにより，明治に制定された精神病者監護法から続いてきた，家族が患者の責任を負うしくみがようやく終わりを告げた。

　保護者問題とは何だったのかというと，精神科病院に本人の了解なく入院させなければならない場合，民法上の扶養義務者等が，入院に関して本人の代わりに責任をもつというしくみであった。そして，当時の精神保健福祉法には，同意する家族には，①精神障害者に治療を受けさせること，②精神障害者の財産上の利益を保護すること，③精神障害者の診断が正しく行われるよう医師に協力すること，④引き取りを行うに際して，精神病院の管理者又は当該病院と関連する精神障害者社会復帰施設の長に相談し，及び必要な援助を求めること，⑤精神障害者に医療を受けさせるに当たって医師の指示に従うこと，⑥医療保護入院に同意すること，⑦退院等の請求をすることができること，⑧回復した措置入院者等を引き取ることが課されていたのである。

☐ 支援者としての家族と支援対象としての家族

　生来の障害や思春期以降に障害の状態が生じる場合，親世代が介護や支援を担うことが多い。子どもに障害があることに関して，責任を感じたり，将来に不安を感じたり，家族の思いもさまざまである。そして，何よりも家族を苦しめてきたのは，社会の障害者への差別や偏見だったのではないだろうか。セルフスティグマにより，自分の子どもが精神障害者であるということを受け入れることが難しい家族もいる。

　時間をかけたさまざまな学習や経験を通して，障害者本人だけでなく，家族も障害を受容するプロセスを歩んでいく。日本の家族制度の中では，地域自立支援のカギを握るのは家族である。家族との関係性がストレスとなる人もいれば，家族の支援により，社会で安定して暮らせる人もいる。障害者を支援する専門職からみると，家族は貴重な社会資源であると同時に，支援対象でもある。歴史的にも多様な家族支援や家族療法が試みられてきた。

　近年では，障害のある親の世話をする**ヤングケアラー**➡の問題がクローズアップされている。家族を支えていく責任を負わされた子どもた

➡ヤングケアラー

本来，大人が担うような家族の介護や世話をすることによって，心身の成長に影響を受けている子どもを指す。障害や病気などを抱える家族の介護（高齢の祖父母や精神疾患のある親など）やきょうだいの世話などを行うことが，ネグレクトや心理的虐待につながっている可能性も指摘されている。

ちが孤立し，学業や精神的な成長に影響が出ているといった問題である。日本の家族制度は，貧困や疾病，障害などの問題を家族間で解決していこうとする傾向があり，家族以外の人に支援を求めること，家族以外の人がその関係性に介入していくことが難しい傾向がある。

今後，地域包括ケア➡ということで，誰もが安心して生活できるような共生社会を目指す方向性が模索されているが，障害者と家族の問題も，病気に対する正確な知識の普及が進むことによって解消されていくことが望まれる。

☐ 住民参加とボランティア

1980年代以降，第二次世界大戦後にできた日本の福祉のしくみが，経済の低成長や急激な少子高齢化によって見直しを迫られ，地域社会においても住民参加が一つのキーワードになった。住民の福祉ニーズという形で，障害者のサービスが生まれたり，オンブズマン活動に発展したり，多様な活動が生み出されていった。

閉鎖的だった福祉施設も，時代の流れとともに社会化され，地域にひらかれた施設へと転換を求められてもいる。ボランティアの受け入れも積極的に行われるようになり，そうした活動の中から，NPO化し，新たな団体を立ち上げるような活動に発展した例もある。障害領域でのさまざまな活動を通して，障害者も同じ地域の生活者であり，住民としての権利を等しく有しているというあたり前のことが，少しずつではあるが知られてきたように思う。

社会福祉協議会はこれまで，地域福祉の第一線の機関としてその役割を果たしてきた。ボランティアセンターを窓口としてボランティアの育成とコーディネート（ボランティアコーディネーター）にも熱心に取り組んできた。最近では，日常的な地域ボランティアの活動以外に，被災地支援などに注目が集まる傾向がある。

☐ 障害福祉におけるボランティア

障害領域のボランティアはというと，地域の障害者関連のイベントや施設行事などでのボランティアのように，短期的なボランティアもあれば，定期的に施設の日常活動に参加したり，個別の介護や移動にかかわる長期のボランティアもある。社会福祉協議会のボランティアセンターや近隣の学校などから紹介されることもあれば，ホームページなどを通じて，直接連絡をくれる場合もある。福祉現場にとって，ボランティアに来てもらうことは，風通しをよくし，自分たちの日常業務を点検することにもつながるため，常に募集している状況である。

➡ **地域包括ケア**
2025年には団塊の世代が75歳以上となる。その年を目途に国は，高齢者が要介護状態となっても住み慣れた地域で自分らしい暮らしを続けていくことができるよう，住まい・医療・介護・予防・生活支援が一体的に提供される地域包括ケアシステムの構築を進めている。また，高齢者の問題だけではなく，生きづらさを抱えた人たちが地域にはたくさんおり，精神障害者もまた，そこに含まれる。精神科病院から地域への移行を支援していくために，精神障害にも対応した地域包括ケアシステムの構築もまた，政策として掲げられている。

しかし，忙しい現場での受け入れは，ボランティアの希望と実際の活動に齟齬を生じやすく，ボランティアの満足度が低いと長続きしないという現状もある。

□ 地域包括ケアの時代におけるボランティア活動

2011（平成23）年の介護保険法改正では，「自治体が地域包括ケアシステム推進の義務を担う」と明記され，システムの構築が義務化された。また，2015（平成27）年の同法改正では，NPO・社会福祉法人・民間企業・ボランティア等，多様な主体による助け合い活動や生活支援サービスの拡充を，市町村が実施する総合事業に位置づけることが盛り込まれた。社会福祉協議会では同年，誰もがボランティア活動できる地域社会，誰も排除しない共生文化を創造することを使命とし，地域の「支えあう関係」や「つながりの再構築」を基盤に，多様な主体が協働して地域の生活課題を解決していくことを目的として，「市区町村社会福祉協議会ボランティア・市民活動センター強化方策 2015」を策定している。

障害領域においても，「精神障害にも対応した地域包括ケアシステムの構築」への取り組みが進められている。今後，社会構造の変化や人々の暮らしの変化を踏まえ，制度・分野ごとの「縦割り」や「支え手」「受け手」という関係を超えて，地域住民や地域の多様な主体がつながることで，地域共生社会の実現に向けた具体的な青写真がみえてくるのではないだろうか。

○注 ─────

(1)　公益財団法人訪問看護財団（2015）『こんにちは！訪問看護です』.

(2)　厚生労働省（2018）「平成30年度保健師活動領域調査」.

(3)　菊池恵美子（2016）「発達障害とOT作業療法」日本発達障害学会監修『キーワードで読む発達障害研究と実践のための医学診断／福祉サービス／特別支援教育／就労支援』福村出版，170-171.

(4)　日本介護福祉士会ホームページ「介護福祉士の専門性」（http://www.jaccw.or.jp/fukushishi/senmon.php）.

(5)　厚生労働省（2017）「『介護人材に求められる機能の明確化とキャリアパスの実現に向けて』（福祉人材確保専門委員会報告書）について」第20回社会保障審議会福祉部会資料.

(6)　日本保育協会（2016）「保育所における障害児やいわゆる『気になる子』等の受入れ実態，障害児保育等のその支援の内容，居宅訪問型保育の利用実態に関する調査研究報告書」.

(7)　厚生労働省（2018）「児童発達支援ガイドライン」（https://www.mhlw.go.jp/file/06-Seisakujouhou-12200000-Shakaiengokyokushougaihokenfukushibu/0000171670.pdf）.

(8)　厚生労働省（2020）「障害者相談支援事業の実施状況等の調査結果につい

て」.

　⑼　同前.

　⑽　同前.

●参考文献──────

第 1 節

日本言語聴覚士協会ホームページ（https://www.japanslht.or.jp/what/）.

第 4 節

相川章子（2013）『精神障がいピアサポーター』中央法規出版.

相川章子（2014）「ピアスタッフの現在と未来──日本の精神保健福祉の変革を
　　目指して」『精神医療』（74），36-45.

江間由紀夫（2016）「ピアスタッフとソーシャルワーカーの関係性に関する一
　　考察」『東京成徳大学研究紀要──人文学部・応用心理学部』第23号，27-35.

岩崎香編著（2018）『障害ピアサポート』中央法規出版.

栄セツコ（2016）「リカバリーを促進するピアサポートの人材育成」『精神障害
　　とリハビリテーション』20（2），128-132.

坂本智代枝（2008）「ピアサポーターと支援者がよりよいパートナーシップを
　　構築するために」『大正大學研究紀要　人間學部・文學部』（93），190-172.

第 5 節

日本学校保健会（2012）「学校保健の課題とその対応──養護教諭の職務等に
　　関する調査から」.

全国特別支援教育推進連盟・全国養護教諭連絡協議会編（2015）『特別支援教
　　育における養護教諭の役割』東洋館出版社.

文部科学省（2007）「養護教諭のための児童虐待対応の手引き」.

文部科学省（2012）「共生社会の形成にむけて」.

文部科学省（2016）「性同一性障害や性的指向・性自認に係る，児童生徒に対す
　　るきめ細かな対応等の実施について（教職員向け）」.

文部科学省（2008）「スクールソーシャルワーカー活用事業」.

文部科学省（2017）「『チームとしての学校』の在り方」.

文部科学省（2019）「平成30年度スクールソーシャルワーカー実践活動事例集」.

山野則子・野田正人・半羽利美佳編著（2012）『よくわかるスクールソーシャ
　　ルワーク［第 2 版］』ミネルヴァ書房.

■ 第 10 章 ■

障害者福祉における
相談支援の実際

地域における相談支援事例：虐待

☐ 事例の概要

　Aさん（50歳代，男性）は重度の知的障害がある。平易な話し言葉は理解でき，自分の伝えたいことはジェスチャーや物を指差して伝えている。Aさんは生まれてから両親と弟と自宅で生活していた。Aさんの身の回りの世話については，母親が主に行っていた。Aさんが45歳の頃に父親が亡くなり，そのことをきっかけにして，生活介護サービスの利用を開始した。またその頃から，同じ市内で生活していた弟家族（実弟，妻，子2人）と一緒に自宅での生活をはじめた。一方，2，3年前より母親は物忘れが多くなり，認知症と診断された。

　ある日，Aさんが生活介護サービスを利用しているとき，自宅へ帰る時間になっても送迎車に乗りたがらないことがあった。Aさんが生活介護サービスを利用開始してからこのようなことはなかったので，職員たちは不思議に思ったが，その後も1週間の間に数回みられた。生活介護サービスのサービス管理責任者はAさんのことが気になり，職員間でAさんの最近の様子について情報共有をした。その結果，Aさんの着ている服がほとんど変わらないこと，昼食のおかわりの回数が増えていること，笑顔が減っていること等が職員間で共有された。サービス管理責任者は担当の相談支援専門員と相談し，B市虐待防止センターへ相談することにした。

☐ 課題への対応

① 対応方針の検討

　B市虐待防止センターではコアメンバーで対応方針を協議した。参加したのは，B市障害福祉担当部署の管理職と担当職員，高齢者福祉担当部署の担当職員であった。緊急性については極端な栄養不良，脱水症状があるわけではないことから，低いと判断した。しかし，事実確認の必要性が共有された。

　またAさんの母親のサービス利用状況等を収集する必要性も共有した。そこで，障害福祉担当部署の職員がAさんの自宅への訪問調査を，Aさんの担当の相談支援専門員に協力を依頼して行うことにした。また，高齢者福祉担当部署の職員が，Aさんの母親の状況について，地域包括支援センター等から情報収集するといった対応の方向性を共有

した。

② **事実確認・訪問調査**

障害福祉担当部署の職員と相談支援専門員は自宅への訪問を行い，弟とその妻から，Ａさんの自宅での様子について聞き取りを行った。自宅では，Ａさんと母親は１階，弟世帯は２階で生活しているが，母親が認知症になった頃から，母親とＡさんの食事づくりや洗濯，入浴等は弟の妻が行っていたと，弟の妻は疲弊した顔で話した。弟は仕事で忙しく，ほとんど手伝っていないということだった。職員たちは弟とその妻にねぎらいの言葉を伝え，次回，弟の妻のみに面談の約束をして，初回の面談を終了した。

数回の面談を繰り返し，弟の妻が徐々に自分の気持ちを話すようになった。自分の家族の家事や育児に加え，認知症の母親とＡさんの対応のすべてが自分に集中した状態であったこと，段々と母親とＡさんの世話が煩わしくなったこと，少しぐらい手を抜いても誰も気づかないだろうと思ったこと，食事は１日１回の日もあり，入浴をしない日や着替えをしない日もあったと話した。また，Ａさんの母親についても同様な対応をしていた。

③ **ケース会議**

主介護者である弟の妻からの発言を受け，これまでの情報を整理した後で，虐待の有無の判断，虐待の発生要因の分析，支援方針の検討を行った。参加者は，障害福祉担当部署の管理職，担当職員，高齢者福祉担当部署の管理職，担当職員，相談支援専門員，サービス管理責任者，地域包括支援センターの社会福祉士であった。

虐待の有無の判断としては，食事は１日１回の日もあり，入浴をしない日や着替えをしない日もあったという弟の妻の話を根拠として，放置・放任（ネグレクト）があったと判断した。

また放置・放任（ネグレクト）が発生した要因の分析を行った。その際，収集した情報を年表に落とし込み，Ａさんの家族の状況を可視化した。その結果，(1)Ａさんの母親の認知症の発症をきっかけに主介護者である弟の妻への負担が一気に増大したこと，(2)弟の妻をサポートする体制が皆無であること，(3)弟の妻の相談相手がいないこと等があげられた。

以上の結果にもとづき，今後の支援方針を検討した。支援方針は短期的なものと長期的なものに分かれた。まず短期的なものとして，Ａさんはできれば通所先を変更しない形で一時保護を行う。Ａさんの母親もＡさんと同様に一時保護を行う。弟の妻については，ＡさんとＡさんの母親の介助負担の軽減を図るというものであった。また弟の妻

へは，障害福祉担当部署の担当職員が月1回程度訪問していくことにした。一方，長期的には，Aさんには誰とどこで生活するのか選択できるようにさまざまな体験を提供すること，Aさんの母親についても介護保険サービスの利用をしながら，今後の生活の場所について本人の意思を確認していくこととした。また，弟の妻については，AさんとAさんの母親の介護負担の軽減を目的に，障害福祉サービスや介護保険サービスや家族会，介護者の集まり等の情報提供を行った。最後に虐待事例としての対応の終結時期を明確にするため，一時保護の継続の判断時期を確認した。

上記の支援を実施していくため，役割分担を明確にした。Aさんには相談支援専門員とサービス管理責任者，Aさんの母親には地域包括支援センターの社会福祉士，弟の妻には障害福祉担当部署の担当職員がそれぞれ担当することになった。

☐ 対応の結果

① Aさん

Aさんは，以前から利用していた生活介護事業所が運営する共同生活援助（グループホーム）の短期入所を利用して，一時保護された。一時保護当日は，不安な様子であったが，生活介護のサービス管理責任者や担当職員が訪問する等して，落ち着いた生活を送るようになった。その後，料理や洗濯も自ら行うことを目標にして，世話人からさまざまなことを教わった。

平日は今まで通っていた生活介護を利用した。また土曜日，日曜日は移動支援サービスを利用して，外出を楽しんだ。先日は母親が一時保護をしている特別養護老人ホームへ面会に行き，母親，弟，弟の妻と4人で食事をした。

② Aさんの母親

Aさんの母親は特別養護老人ホームの短期入所を利用して，一時保護された。現在も特別養護老人ホームの短期入所を利用している。

③ 弟の妻

弟の妻は，AさんとAさんの母親の介護の負担がなくなり，障害者福祉担当部署の担当職員との面会でも笑顔がみられるようになった。AさんとAさんの母親との生活について，一緒に生活する場合は，このサービスを利用するよう提案してみるといった前向きな発言がみられるようになった。

④ 一時保護の継続の判断

一時保護を行い，1か月が経った頃，一時保護の継続についてのケ

ース会議を行った。参加者は前回のケース会議と同様であった。Aさん，Aさんの母親ともに自宅での生活の希望があったこと，Aさんが以前より自分で行える家事が増えたこと，弟の妻が虐待行為をしない意志が確認されたこと，弟の妻が以前からの友人で認知症の家族を介護しているCさんと連絡を取り合い，相談していること等が確認された。その結果，AさんとAさんの母親は自宅へ戻ることになった。

　Aさんは生活介護のほか，休日の短期入所，移動支援の利用を開始した。またAさんの母親は，通所介護週3回，ホームヘルプを週1回から利用することになった。これらの対応を確認して，虐待事例としての対応は終結となった。

☐ ここから学ぶこと

① 虐待者である養護者を支援する視点の必要性

　障害者虐待防止法は，正式には「障害者虐待の防止，障害者の養護者に対する支援等に関する法律」であり，法律名にも"養護者に対する支援等"という言葉が入っている。虐待を行っている養護者も何らかの支援が必要な人と位置づけて，対応することが求められる。[(1)]

② 虐待行為＝犯罪行為だけではない

　障害者虐待のニュースを多く目にすると，虐待行為の多くが刑法上の罪に問うことのできる行為と思う人は多いであろう。しかし，この事例のように適切な予防・支援につながった事例は，マスコミ等に取り上げられることは少ない。障害者虐待防止法の目的は，虐待者の処罰ではなく，虐待の早期発見と予防を重視している。そのため，虐待防止の対象は，刑法上の罪だけでなく，虐待が疑われる，あるいは不適切ととらえられかねない支援も対象となる（図10－1）。重要なのは，虐待が疑われる，不適切ととらえられかねられない支援をしっかりと認識し，予防することである。[(2)]

③ 虐待者と被虐待者の支援担当者を分ける

　虐待案件への対応のプロセスは，主に(1)市町村等の窓口での受付，(2)対応方針の検討，(3)事実確認，訪問調査（安否確認），(4)ケース会議の開催，(5)支援の実施，(6)モニタリング・障害者虐待の終結となる。[(3)]この中で，具体的に，(3)以降，市町村職員をはじめとする専門職は虐待者と被虐待者等の人々に直接対応することになる。その際，障害当事者と虐待者は別々に対応することが求められる。先述したように，虐待者である養護者への支援も必要になることから，障害当事者，養護者それぞれに支援担当者を配置することが有効といえる。

図10-1 虐待のピラミッド図

出所：国立重度知的障害者総合施設のぞみの園
（2016）『事例で読み解く障害者虐待』50.

④ 終結を意識する

虐待対応における終結は，虐待行為の発生要因そのものが解消されたときということができる[(4)]。虐待対応が終結したとしても，支援が必要な場合も想定されるが，それは虐待対応ではなく，通常の支援として考える必要がある。すなわち，虐待への対応とは，緊急的に集中した支援が必要となり，通常の支援とは異なることを支援者は意識しておく必要がある。そして，その要因が除去されたときは，通常の支援に変更することも意識することが求められる。

⑤ 意思決定支援

虐待案件とは異なるが，本事例の場合，長期的な支援の視点として，Ａさん自らが生活の場を選択するために，さまざまな体験をして，選択肢を獲得するという取り組みの必要性が指摘されている。これは意思決定支援の考え方にもとづくものといえる。

意思決定支援は，(1)意思形成支援，(2)意思表出支援，(3)意思実現支援の３つの要素に分類される[(5)]。(1)意思形成支援とは，適切な情報，認識，環境のもとで意思が形成されることへの支援，(2)意思表出支援とは，形成された意思を適切に表明・表出することへの支援，(3)意思実現支援とは，本人の意思を日常生活・社会生活に反映することへの支援とされている[(6)]。本事例の場合は，(1)の意思形成支援の必要性が確認されたといえるだろう。今後，本事例ではＡさんが自ら自身の生活の場を選択するという点を視野に入れた支援が行われている点を忘れてはならない。

地域における相談支援事例：就労支援

事例の概要

① 診断まで

Bさん（20歳代，男性）は知的な遅れのない発達障害（**自閉スペクトラム症**）がある。コミュニケーション面に特徴があり，基本的には無口だが，発話する際に四文字熟語など難解な言い回しを多用する。

幼少時は一人遊び，また同じ遊びを繰り返し行うことを好んだ。小学校，中学校，普通高校を経て大学に進学した。中学校時代には多少のいじめはあったものの，不登校とはならなかった。高校では一人だけ会話をする友人がいたが，自分から連絡を取って学校以外の場面で会うこと等はなかった。

大学には真面目に通学していたが，クラブやサークルなどに入ることもなく友人はいなかった。グループ活動が含まれる実験・演習などの科目や卒業論文がない学科に所属していたこともあり，本人が苦手とする他者との協調場面に直面することはほとんどなく，家と大学を往復する生活を送っていた。大学の4年時になり，周囲の学生がやっていることもあり，焦って一般的な就職活動を行おうとした。いくつかの会社にエントリーし一度面接まで進んだが，「大学で取り組んできたことは何なのか」等うまく答えられない質問があったためか，面接を通過することはできなかった。その経験から，就職活動を続けることが怖くなってしまい，就職活動をやめた。その後，在学中は，数科目の単位取得のために週2日程度大学に行く以外は引きこもりがちであった。就職先のないまま卒業した。

② 診断後の支援

Bさんは卒業後1年程度は，在籍した大学のキャリアセンターに月1回通い相談をしていたが，徐々に相談から足が遠のいた。徐々に家に引きこもるようになり，テレビゲームに没頭してしまい昼夜逆転するようになった。卒業して2年半ほど経過後，心配した家族の強い勧めで精神科病院に行った。病院では医師から発達障害（自閉症スペクトラム障害）に該当するとの診断を受けた。診断を聞いた際は「なぜ自分が障害者なのか」とも感じた反面，「自分は発達障害では」とこれまでもうっすらと感じており，ショックを受けるというより「やはり」という感覚で受け止めた。

自閉スペクトラム症

発達障害の一つであり，典型的には，相互的な対人関係の障害，コミュニケーションの障害，興味や行動の偏り（こだわり）の3つの特徴が現れるもの。症状の強さに従って，いくつかの診断名に分類されるが，本質的には同じ1つの障害単位だと考えられている（スペクトラムとは「連続体」の意味）。従来，自閉性障害（自閉症），アスペルガー症候群等と呼ばれていた各障害は，2013年のアメリカ精神医学会の「精神障害の診断と統計マニュアル（第5版）」（DSM-5）より，自閉スペクトラム症としてまとめて表現されるようになった。

**➡居場所型のデイ
ケア**

デイケアとは，精神障
害者の社会生活機能の
回復を目的として，
個々の患者に応じたプ
ログラムに従ってグル
ープごとに治療するも
のである。精神障害者
を対象としたデイケア
は，その機能に応じて
さらに，生活支援・居
場所型，就労支援型に
分類でき，前者の居場
所型デイケアとは，利
用期限の区切りがなく，
慢性期患者の「居場
所」として用いられる
デイケアのことである。

**➡ナビゲーション
ブック**

障害者が，就労支援プ
ログラムでの体験等を
もとに，自らの特徴や
セールスポイント，障
害特性，職業上の課題，
事業所に配慮を依頼す
ること等を取りまとめ
て，自らの特徴等を事
業主や支援機関に説明
する際に活用するツー
ル。

➡トライアル雇用

ハローワークまたは民
間の職業紹介事業者等
の紹介により，就職が
困難な障害者を一定期
間（3か月など）雇用
（トライアル雇用）す
ることにより，その適
性や業務遂行可能性を
見極め，求職者及び求
人者の相互理解を促進
すること等を通じて，
障害者の早期就職の実
現や雇用機会の創出を
図ることを目的とする
制度。

その後，その病院に3週間に1回程度通院することとなった。服薬はなかった。さらに，病院では「**居場所型のデイケア**」が提供されていたため，たまに参加するようになった。デイケア通院時には（診察がなくても），ソーシャルワーカーや心理師と話をするようになった。病院に通いだして1年ほど過ぎ，「このままではいけないと思う」と病院のソーシャルワーカー（精神保健福祉士）に相談したところ，発達障害者が多く通う就労移行支援事業所を紹介された。そして見学を経て，その事業所への通所を開始した。

病院に通うようになり，昼夜逆転は多少改善されていたが，就労移行支援事業所では企業への就職を目指してさらに生活リズムを整えることとなった。通所開始当初は午前10時から，慣れてきたら9時からの出勤ということとなった。このように漸進的に，社会の一般的な生活リズムに合わせていった。パソコンでの作業を行う中で課題（作業へ過集中し疲労困憊する）が認められ，その改善のための支援や工夫が行われた。電話応対については，臨機応変な対応は苦手ではあるが，定型的なやり取りならばできるようになった。

さらに，グループワークや個人面談を通じ，自分はどのようなことが長所・苦手で，どのような配慮があれば力を発揮することができるのかを書類（**ナビゲーションブック**）[7]にまとめていく作業を就労支援員（社会福祉士）と一緒にしていった。この書類を作成することは大変だったが，この作業により自分の特徴が以前よりはみえてきたと感じた。併せて，就労移行支援事業所在籍中に，就職を目的としない体験的職場実習を行った。このような体験を経て，自分の中で「社会で働く」イメージが少しずつ湧くようになった。なお，当該事業所に通っている間に，精神障害者保健福祉手帳3級を取得した。

③　トライアル雇用

Bさんは就労移行支援事業所がハローワーク（公共職業安定所）と連携して大手の企業と調整し，3か月間の**トライアル雇用**となった。企業側は発達障害者の雇用は全く初めてではなく，人事担当者は発達障害の特性についてある程度把握しているものの，本人の配属される部署の上司は大卒の発達障害者と接した経験はあまりなく，受け入れに不安を感じていた。そこでトライアル雇用の開始前に，本人作成のナビゲーションブックも用い，就労支援員同席のもとで，本人の特性をBさん自身から説明する機会を設けた。

このようなこともあり，当初，会社側は不安を感じつつも，徐々にBさんと接することに慣れていった。トライアル雇用を開始しても間もなく，たまたま指示が重なってしまいBさんが固まってしまうとい

う「事件」もあったが，すぐに就労移行支援事業所と企業とで対応を行い大事には至らなかった。そしてトライアル雇用期間中はいくつかの作業を経験してもらい，最終的に経理関連の作業を担当することとなった。作業導入当初はていねいな説明が必要だが，知的能力は十分あるため，作業の習熟は早かった。会社側も少しずつBさんと接することに自信をつけていっている。

　それでも，会社の職員には話せないことを就労支援機関の職員は聞いてくれていると会社は感じ，就労移行支援事業の終了6か月経過時点から就労定着支援を受けることになった。就労定着支援では月に1回，就労定着支援員が企業を訪問し，Bさんから仕事ぶりや生活上のことについて話を聞き，必要があれば調整を行っている。

☐ 課題への対応

①　障害の告知

　Bさんはもともと，自分は発達障害かもしれないと疑い，そのように診断が下ることを半ば恐れていたが，精神科医師から発達障害の診断を正式に受けた。この際，Bさんだけでなく家族にも，その旨や，またBさんへの接し方の助言も行われ，Bさんには苦手な点もあるものの，「長所・強み」もあり，それをみていくことの重要性も伝えられた。

②　生活リズムの乱れ

　病院では「生活リズム表」を渡しBさんに記録してもらい，診察時に生活リズムについての話し合いを行った。また家庭にも協力を依頼した。さらに，生活リズムが完全に正常化していなくても，少しずつ改善してきていることに目を向けさせるようにした。このようなことで少しずつ生活リズムが安定するようになった。

　さらに，病院での生活リズムの安定化に向けた取り組みについて，病院から就労移行支援事業所に説明があった。事業所ではすでに生活リズムの安定が認められたため，生活リズム表は使用しなかったものの，毎日記述することになっている訓練日誌に，就寝時間・起床時間を記述し，生活リズムの維持について意識化する支援を行った。

③　就労移行支援事業所での作業への過集中の課題

　目の前にある作業の課題について集中し過ぎてしまい，疲労困憊してしまうということがあった。そのため，タイマーと定期的な小休憩を導入することとした。

④　障害受容，自己理解の問題

　Bさんはこれまで漠然とした不全感をもっていたが，そのことを文

章などに表現したことがなく，さらにどのような配慮があればそのような不全感が少なくなるのかについてあまり考えてこなかった。ナビゲーションブックを作成し，自分の障害や必要な配慮や，長所（セールスポイント）についても文章化し，かつ就労移行支援事業所でその内容を説明する練習を行った。

⑤　就職時における企業に対する配慮事項の依頼・調整

ナビゲーションブックをもとにしたBさん自らによる説明（過集中防止にタイマーを活用，臨機応変な対応が苦手等）を行ったことに加え，どのような職務に配置するのか，どのような配慮が可能かについて，ハローワーク職員，就労支援員，企業人事担当者，現場の上司が，Bさんを交えてトライアル雇用開始前に打ち合わせを行った。さらにトライアル雇用開始後，特に最初の3週間は，就労支援員が週に数回企業を訪問するなどして経過観察を行うとともに，問題発生の早期把握や解決に努めた。

□ 対応の結果

①　障害の告知への受け止め

Bさんは公式に医師から診断をされたことに加え，大学の就職活動時代から人生がうまくいっていないと感じており，「やはり仕方がない」という思いをもつようになった。また家族も，これまで接し方に苦慮してきたが，Bさんの特徴について徐々に理解するようになった。

②　生活リズムの乱れ

病院に通い，特に居場所型デイケアにもたまに参加するようになってから，大幅な改善ではないものの，家庭からの協力もあって午前10時までには起床できるようになってきた。このような状態で1年ほど経過して，次のステップである就労移行支援事業所では社会人としての生活リズムを確立するために，訓練日誌も活用し，生活リズムが安定するようになった。

③　作業への過集中

過集中が障害特性の一つであり，かつそれを，ツールを活用すること等を通してある程度改善していく必要があることをBさんに伝えた。そして具体的にはタイマーを使用し，一定時間（45分）が経過したら必ず「伸び」をするという習慣の練習を重ねた。このようにすることでこれまでより疲れなくなった。また，ツールが必要であることをBさんも実感し，過集中の課題について一定程度の改善が認められた。

④　障害受容，自己理解の問題

ナビゲーションブックを作成し，客観的に自分の状態，障害特性を

とらえようとしたことで，対処の必要性を理解できるようになった。情緒的に完全に障害を受容しているというわけではないが，「なぜ自分が障害者なのか」については少しずつ気にならなくなっていった。

⑤　就職時における企業に対する配慮事項の依頼・調整

先述した対応を行うことで，早めに把握して今後の予防策について検討し，問題は発生しなくなった。また企業としても，そのような事態を経て，Ｂさんと接することに少しずつ自信がもてるようになっている。

◻ ここから学ぶこと

本事例の支援の基礎として，医師から公式な障害の告知がなされていることの影響は無視できないだろう。障害告知により最初から障害を受容したわけではないものの，その後の病院の居場所型デイケアや障害福祉サービスである就労移行支援事業の利用，そして障害者雇用枠での採用につながったといえる。

また，ソーシャルワークでは自己決定は基本的な価値として示されているが，自己決定を支えるものとして，自己理解を図っていくことを支えることは重要であろう。そして本事例では，自己理解のサポートツールとして「ナビゲーションブック」が用いられた。ただし自己理解を図るプロセスにおいて，自分の障害特性や苦手なことを受けとめるのは，苦しみを伴うことも多い。このようなプロセスを支援者が支えることが非常に重要であろう。

さらに，就労に向けたプロセスを支える上で，医師，心理師，ソーシャルワーカー（病院），就労支援員，ハローワーク職員，さらには家族や企業が，情報共有はもちろんのこと，効果的に役割分担をしていることがわかる。どのような事例でも指摘されることではあるが，本事例においても連携の重要性が改めて確認された。

就労支援において特徴的な，企業への理解促進の重要性も指摘できる。いくら就職前に訓練を行っても，就職先の職場環境で適切な理解が得られないと，本人も企業も苦しくなることが多い。就職後に本人に長く接するのは企業であり，企業側の理解を図っていくのが重要である。

だからといって，企業側の事情を無視して一方的に理解や配慮を依頼しても，理解や協力が得られないことがある。企業の納得感や，企業の事情（負担感，その企業の文化・風土など）を理解した上での，必要な配慮の調整等が求められる。本事例では，本人から障害特性や必要な配慮を説明したことや，また「事件」があった際にも就労移行支

援事業所が早めに対応したことで，企業と就労移行支援事業所との信頼関係が育まれ，企業の理解や配慮につながっていったのではないだろうか。

　また，本事例では企業側も少しずつ本人と接することに自信をもつようになっている。障害者を雇用するのはあくまでも企業である。就労支援を行う機関には，障害者だけでなく企業もうまく支援していくことが求められる。

3 地域における相談支援事例：居住支援

☐ 事例の概要

　Dさん（35歳，男性）は，生後すぐに発症した重度の脳性まひによる身体障害（四肢・体幹機能障害，身体障害者手帳１級）があり，これまで両親，妹と実家で暮らしてきた。日常生活のほぼ全般で介助を必要とする状態で，移動は車椅子（手動）を使っている。構音障害があるものの，日常会話には大きな支障はない。これまでの生活においては，主に両親と妹がDさんの介護を担ってきた。

　Dさんは，X市において就労継続支援B型，生活介護等を運営している事業所「P」を利用している。最近，通所仲間で同年代のEさんが，実家を出て単身でのアパート暮らしをはじめた。また，妹が結婚して家を出ることが決まった。

　Dさんは仲がよかったEさんが一人暮らしをはじめたことを祝福する気持ちと同時に，自分が取り残されたような気になった。加えて，長い間同居してきた妹の結婚を機に，自身の人生を見つめ直した。そして，自分も家を出て一人暮らしに挑戦したい気持ちが日増しに大きくなっていった。

　Dさんの両親はともに60歳代後半で，持病もある。このため，将来自分は施設に入所することになるだろうと漠然と考えていた。一方で，以前家族が入院した際に短期入所で利用したときの印象から，入所施設での生活は自分が望む暮らしとはいえず，Dさんは将来について考えることを先延ばしにしてきた。今回，一人暮らしをはじめたEさんの生き生きとした姿を見て大いに刺激を受け，自立生活を目指すことを決意したが，Dさんはそのことをまだ両親には話せていない。今回はこれまでにない大きな決断であり，もう少し心の準備が必要だと思ったからである。

　一人暮らしを決意したものの，次にどう行動すればよいのか―Dさんは，P事業所のスタッフの勧めもあり，まずはX市が委託している基幹相談支援センター「Q」に相談に行くことにした。ここは自立生活に向けた相談に力を入れている事業所で，**ピアカウンセラー**も複数配置している。Dさんは自分から電話でコンタクトを取り，初回面接を受けた。担当のC相談支援専門員（以下「C相談員」）はDさんの希望を聞き，2回目の面接は，両親も同席する形で行われた。

→ピアカウンセラー
ピアカウンセリングにおけるカウンセラー。「ピアカウンセリング」の項（223頁）も参照。

Dさんは，この場で初めて両親の前で一人暮らしをしたいことを伝え，それを聞いた両親は驚きを隠さなかった。二人ともDさんの一人暮らしに反対し，特に母親の態度は強硬であった。これまでのDさんならここで主張をあきらめて引き下がっていたかもしれないが，今回は違った。自分のこれからの人生を考えて決めたことだとしっかりとした口調で言い切った。重い沈黙が続いたが，C相談員がその場をとりなし，これからそれぞれの思いを言葉に出し，しっかり話し合っていきましょう，できる限りのサポートをしますと話して，この時の面談は終わった。

◻ 課題への対応

　C相談員は，Dさんの思いに共感しつつ，両親の態度もDさんを心配するゆえだと理解した。過去にも同様のケースで，両親が強硬に反対したり，家からの自立を支援する相談支援専門員に対して強く反発することも少なくなかった。長きにわたって「親亡き後」問題に悩んできた家族からすれば，やっとの思いで維持してきた安定が脅かされる気持ちになっても無理はない。

　このような場合，ソーシャルワーカーは本人を第一に考えることが基本だが，家族の思いもしっかり傾聴しなければ対立が深まってしまい，結局本人の不利益になるおそれがある。ここが難しいところであるが，C相談員は次のように考えていた。たしかに「親亡き後」の切実さは理解できるが，Dさんは今，はじめて自分の人生を模索しはじめているといえる。その人が悩みながらも困難に挑戦する強さ（ストレングス）を尊重し，その過程に寄り添うこと，すなわちエンパワメントが大事だとC相談員は考えた。

　初回面接のとき，Dさんは自立生活という夢ができた充実感を語る一方で，本当に実現できるのだろうかという不安感も口にしていた。C相談員は，いま，自分から来談し，動きはじめていること自体がDさんのもっているストレングスだと思うと伝えた。このような葛藤経験を含め，今回の相談は，単に住まいの問題だけではなく，Dさんにとっての精神的自立へと向かうプロセスでもある。

　C相談員は，初期のアセスメントとして，Dさんと共に課題を整理した。まずは自分がどのような暮らしを望んでいるか，その実現に向けてどのような方法や利用可能な社会資源があるかについて，丁寧に考えていくことである。それにもとづいた具体的な計画を立てることができなければ，両親に納得してもらうこともできず，今後地域生活で壁にぶつかったときに対処することも難しいであろう。

とはいえ，このような経験のないDさんが自分の力だけで考えていくことは難しい。そこでC相談員は，同じように重度の身体障害があり，現在地域で一人暮らしをしているピアカウンセラーから話を聞くことが有効だと考えた。早速，Q事業所に配置されているピアカウンセラー，F相談支援専門員（以下「F相談員」）による**ピアカウンセリング**が行われた。その結果，Dさんは，自立生活の具体的なアドバイスを得られたことも大きかったが，何よりもF相談員の存在自体が，自分の将来像のモデルとして励みになり刺激になった。Dさんは，今まで家族との同居生活が当たり前と思ってきたが，自分の暮らしを自分で決めていいのだという自由を，はじめて実感できた。

ピアカウンセリングを終えたDさんは，そのことを興奮気味にC相談員に報告してくれた。C相談員は，Dさんのこれからの自立と自己実現の過程を思い，心から応援したい気持ちを新たにした。同時に，専門職としての冷静な態度も忘れずに，具体的なプランニングの準備を進めていった。

Dさんはこれまで介護のほとんどを両親と妹に頼っていたが，今後はホームヘルパー利用にも慣れておく必要がある。Dさんは温和で大人しい性格であり，要望を相手に伝えたり，必要に応じ反論もできるようになることが課題である。C相談員は，これら一つひとつの過程に丁寧に寄り添い，プランニングを進めた。

また，先に一人暮らしを始めたEさんから得た情報も非常に有益であった。物件選びのポイントや不動産業者の情報をはじめ，その地域の利用しやすいスーパーや飲食店の情報などである。また，苦労話として体調不良のときの対処や，訪問販売が来たときにどう対応するかなども聞くことができた。

特にDさんが学んだのは，生活費と金銭管理のことである。月々の収入と支出のバランスを考える経験は，これまでの家族との同居生活にはなかった。Eさんの場合は，家賃が生活保護の住宅扶助の基準額内の住居を探すのに苦労し，何件も見て回ってようやく希望する物件に出会えたという。また，住宅改修の必要があり，日常生活用具給付制度によるスロープの設置や，生活福祉資金貸付制度の利用など，苦労話がむしろDさんには新鮮で，自分のしたい生活に合わせ，自分で制度を選ぶという意識が芽生えていった。

次の段階としてDさんは，Eさんも利用し勧めてくれた不動産屋に物件情報を聞きに行くことにし，C相談員も同行した。早速物件の紹介があり，現地に見に行くことになった。そのアパートは全体的にゆとりのあるつくりで間口も広く，段差もほとんどなかった。築年数も

▶ピアカウンセリング

「ピア（peer）」とは「仲間」「同僚」「対等な立場の人」などの意味であり，ピアカウンセリングとは同じ障害がある人がカウンセラーとして相談援助を行うことである。1970年代にアメリカの自立生活運動の中で取り入れられるなど，障害のない専門職にはできない共感や，経験者ならではの立場で支援が行える弾みがある。

浅く，きれいで明るい雰囲気をDさんはとても気に入った。しかし，そのぶん家賃が高く，Dさんが障害年金や貯金でまかなう計画の金額を上回ってしまう。現在の就労継続支援B型の毎月の工賃は1万円弱で，これではいかによい物件であっても断念せざるを得なかった。C相談員は落ち込むDさんを見て気の毒になったが，実際に現地に行き，金銭面も含め生活設計をする経験も，自立への大事なプロセスである。実際，Dさんはここまでの過程で，簡単にあきらめない力をつけてきており，これからも不動産探しを続けていくと前を向いていた。しかし，その後いくつかの物件の紹介があり，現地に行ってみたが，バリアフリー環境や交通アクセス，家賃などの面で希望どおりにはいかず，徐々にDさんは弱気になりはじめた。

　そんなとき，父親が病気で入院することになった。幸い2週間ほどで軽快し退院となったが，母親からの要望もあり，妹も同席のうえDさんの今後について面談をすることになった。Dさんは今回の件で動揺しており，一人暮らしへの不安が急に高まっている。母親は，家族として今後Dさんの自立を支えられるか不安が大きく，やはり選択肢は施設入所以外ないと言い出した。Dさんは葛藤し，ここまで一人暮らしに向けてチャレンジしてきたが，やはり親を安心させる意味でも入所施設がよいのか，混乱して考えがうまくまとまらなくなった。

　C相談員は家族の話をよく傾聴し，利用可能な福祉サービスの情報提供をしながら，家族の話し合いの行方を見守った。話し合いが行き詰ったように見えたとき，妹が，やはりDさんの人生なのだから，本人の希望を第一に考えるべきで，そのために家族は何ができるかを考えようと発言した。これをきっかけに，母親もやはりDさんの人生だからと思い直し，徐々に態度が変化していった。

☐ 対応の結果

　その後，父親の病状が安定したところで，家族全員の話し合いが重ねられた。親亡き後，結婚した妹がDさんを介護することは難しく，その意味では入所施設が安心かつ安全な選択肢となる。しかしDさんは自分の思いを一生懸命に訴え，やはり自立を応援しようという方向に家族全員が変化したのだった。このプロセスによって家族全体にこれまでとは違った連帯や協力関係が生まれた。

　この時期に，もう一つ変化があった。Dさんは，X市にある福祉ホームの体験入居の利用をはじめたのである。これは1か月間自立に向けた訓練をするプログラムで，部屋探しが難航するなか，将来に向けて今できることに取り組もうとするDさんの姿勢の表れだった。そし

て，１回目の利用が順調に終わろうとするころ，福祉ホームのスタッフからある物件の情報が入ってきたのだった。以前ホームを利用していた身体障害のある人がそこに住んでおり，付き合いのある大家から空き部屋の情報が来たのである。早速見学に行くと，交通アクセス，建物の構造も問題なく，家賃も予算内で収まる額であった。何よりも理解のある大家の存在が大きかった。Ｄさんは再度家族とともに訪問し，両親，妹もここなら安心だと契約することになった。あきらめずに一人暮らしを模索し続けたＤさんに，思わぬ形で希望の物件が見つかったのである。

　Ｄさんの一人暮らしを支えるためには，住居と同様に日常生活の支援が不可欠となる。重度訪問介護の利用などについて，Ｘ市の障害福祉課に申請に行くことになった。Ｃ相談員は，自分も市役所に同行はするが，窓口での手続きはＤさんひとりで行うことを勧めた。初めは不安がっていたＤさんだったが，想定される問答などを**ロールプレイ**をしながら練習し，準備した。そして市役所訪問時，Ｄさんは緊張しながらも，用意したメモを見ながら窓口でしっかりと自分の考えを説明することができた。市の担当者はＣ相談員がよく連携している担当者で，あらかじめ情報について伝えておいた。Ｄさんの希望は聞き入れられ，重度訪問介護の支給はスムーズに決まった。

　その後，Ｄさんはついに念願の一人暮らしを実現した。両親も時々アパートを訪れ，本人の生き生きとした姿を見て喜んでいた。母親は「もっと早くＤの自立を考えてあげればよかった。自立を妨げていたのは私たちだったのかもしれない」と，後日Ｃ相談員に語ってくれた。時々小さなトラブルもあるが，Ｄさんは今，自分らしい暮らしを心から楽しんでいる。

▶ ロールプレイ

ロールプレインヅとも呼ばれる。実生活の中で起こりうる場面を想定し，参加者が演劇のようにそれぞれの役を演じることを通して，適切な対処行動を学習する方法。社会生活技能訓練（SST）などにおいて広く採用されている訓練技法である。

☐ ここから学ぶこと

　初めは不安が大きかったＤさんが，試行錯誤しながらも自分らしい生活を模索していくプロセスは，そのままエンパワメントの過程と言い換えることができる。この事例のように，物件探しの苦労や，月々の収入と支出の計画，両親の健康状態の変化に至るまで，新しい生活を創造していくときには予測できないことが次々に起こってくる。その一つひとつに向き合い，皆で一緒に考えていった結果，Ｄさんは目標としていた一人暮らしを実現することができた。人の生活をすべて予測したりコントロールすることはできない。この事例が示すように，Ｄさんが自分の望んだ暮らしを実現する過程は，一進一退を繰り返しながら進んでいくのがむしろ当然だといえる。大事なのは，ソーシャ

ルワーカーをはじめとする周囲の人々がDさんと一緒に考え，試行錯誤しながらその過程に寄り添っていく姿勢である。その支援の根底にあるのは，やはりクライエントが潜在的に有しているストレングスへの信頼だといえる。

◯注

(1) 国立重度知的障害者総合施設のぞみの園（2016）『事例で読み解く障害者虐待』.
(2) 厚生労働省（2018）「市町村・都道府県における障害者虐待防止と対応の手引き」.
(3) 同前.
(4) 同前.
(5) 日本相談支援専門員協会編（2019）『事例で学ぶ 福祉専門職のための意思決定支援ガイドブック』中央法規出版.
(6) 同前書.
(7) 障害者職業総合センター職業センター（2016）『障害者職業総合センター職業センター支援マニュアル No. 13, 発達障害者のワークシステム・サポートプログラム ナビゲーションブックの作成と活用』.

◯参考文献

第1節
日本総合研究所（2019）『「障害者虐待の未然防止等に関する研究事業」報告書』厚生労働省 平成30年度障害者総合福祉推進事業「障害者虐待の未然防止等に関する研究事業」.

■終　章■
これからの障害者福祉

これからの障害者福祉を考える：
「障害者権利条約」批准をめぐる制度改革の議論をもとに

　これからの障害者福祉を展望する上では，「障害者の権利に関する
条約」（以下，障害者権利条約）の批准後に，障害者権利条約の理念が
どのくらい国内で定着し，今後の障害者福祉の中心概念になっていく
のかが最も重要な課題であると考える。

　障害者権利条約の批准に至る経緯は，国連総会で2006年に採択され
てから，政府は国内法の整備を中心に行うことを進め，2014年１月に
国連で条約に批准し，2014年２月から国内で発効した。その後，障害
者権利条約では，条約批准後２年経過後に，条約履行状況のモニタリ
ングとして政府による報告書[1]を2016年に公表し，国連に提出した。併
せて，民間団体（日本障害フォーラム）によるパラレルレポート[2]が2019
年に公表され，国連に提出された。その後，パラレルレポートをふま
えて政府報告が国連・障害者権利委員会で審査される。

　ここでは，最初に，障害者権利条約の批准の経緯についてふれる。
次に，障害者権利条約の理念にかかわる障害者基本法の改正と障害者
総合支援法を含めた障害者福祉の新たな方向性について，骨格提言の
内容を紹介することによって，今後の課題と展望に代えたい。

 障害者権利条約の批准に至るまでの歩み

□「障がい者制度改革推進会議」意見書

　障害者権利条約が2006年に国連で採択され，日本は障害者権利条約
の批准の条件づくりとして，国内における法制度の整備を優先的に進
めていくことに力点を置くこととした。2009年には，障害者権利条約
の批准とそれに対応するための国内法の整備の検討を目的とした「障
がい者制度改革推進会議」（以下，推進会議）が内閣府に設置された。
推進会議では，障害者権利条約の批准に向けての国内法の整備を目的
として，障害者基本法の抜本的な改正，障害者差別禁止法，障害者自
立支援法の廃止と障害者総合福祉法（当時の名称）の制定，などの検
討が2010年に行われた。

　推進会議の意見書が2010年にまとめられ，その中で，障害者基本法

の抜本的な改正，障害者差別禁止にかかわる法律の制定，障害者総合福祉法の制定などの法改正に加えて，障害者政策関連分野（労働・雇用，教育，所得保障，医療，障害児支援，虐待防止，建築物・交通アクセス，情報アクセス・コミュニケーション，政治参加，司法手続，国際協力など）の法制度に関しての検討の必要性が指摘された。その後，障害者権利条約の批准に必要な障害者基本法の改正案を含んだ意見書が示された。この意見書では，「社会モデル」の考え方をふまえた障害の定義の見直し，「地域社会で生活する平等の権利」の確認，必要な支援を受けた意思決定にもとづく社会参加の権利の確認，手話等の言語の使用及びコミュニケーション手段の利用は，障害者権利条約の批准の前提として重視されていた。

障害者基本法の改正

　この意見書を受けて，障害者基本法の改正は2011（平成23）年に成立した。この法律は障害者権利条約の批准を意識した法律であり，障害者権利条約の理念の法定化として，これまでの障害者福祉の基盤を大きく変える可能性を含んでいる点で重要であった。

　障害者基本法では，本書第1章第3節でふれているように，「障害者」の定義を「身体障害，知的障害，精神障害（発達障害を含む。）その他の心身の機能の障害（以下「障害」と総称する。）がある者であつて，障害及び社会的障壁により継続的に日常生活又は社会生活に相当な制限を受ける状態にあるものをいう」（第2条1号）としている。「社会的障壁」とは「障害がある者にとつて日常生活又は社会生活を営む上で障壁となるような社会における事物，制度，慣行，観念その他一切のものをいう」（第2条2号）としている。

　また，地域社会で生活する平等の権利では，「全て障害者は，可能な限り，どこで誰と生活するかについての選択の機会が保障され，地域社会において他の人々と共生することを妨げられないこと」（第3条2号）としている。手話等の言語の使用及びコミュニケーション手段の利用では，「全て障害者は，可能な限り，言語（手話を含む。）その他の意思疎通のための手段についての選択の機会が確保されるとともに，情報の取得又は利用のための手段についての選択の機会の拡大が図られること」（第3条3号）としている。

　「障害者権利条約」の中で重視された「合理的配慮」に関しては，「社会的障壁の除去は，それを必要としている障害者が現に存し，かつ，その実施に伴う負担が過重でないときは，それを怠ることによつて前項（著者注：第4条第1項の差別と権利侵害の禁止規定のこと）の規定に

違反することとならないよう，その実施について必要かつ合理的な配慮がなされなければならない」（第4条第2項）としている。環境のバリアフリーに関しては，第21条において，公共施設のバリアフリー化に関して言及しており，第22条では，情報の利用におけるバリアフリー化に関して言及している。なお，障害者権利条約では，障害の有無にかかわらずすべての国民にアクセスを保障する「ユニバーサルデザイン」の考え方を強調しているが，これに対して，障害者基本法では，障害者に焦点をあてたバリアフリーに力点を置いており，この点で相違がみられる。

□ 第3次障害者基本計画

　この改正された障害者基本法に基づいて，2013（平成25）年に，第3次障害者基本計画（2013～2017年度）が政府により公表された。この計画は，これまで2回策定された障害者基本計画と異なり，障害者権利条約をかなり意識した内容になっている点で特徴的である。この計画の基本理念は，障害者基本法の理念を踏襲し，共生社会の実現を目指すこととしている。基本原則は，地域社会における共生，差別の禁止，国際的協調であり，分野横断的な視点では，障害者の自己決定の尊重及び意思決定の支援，当事者本位の総合的な支援，障害特性等に配慮した支援，アクセシビリティの向上，総合的かつ計画的な取り組みの推進の5点である。

　分野別施策の基本的方向は，①生活支援，②保健・医療，③教育，文化芸術活動・スポーツ等，④雇用・就業，経済的自立の支援，⑤生活環境，⑥情報アクセシビリティ，⑦安全・安心，⑧差別の解消及び権利擁護の推進，⑨行政サービス等における配慮，⑩国際協力，の項目ごとにあげられている。これらの項目は，障害者権利条約の国内における推進と密接にかかわりがあるものも多いので，第3次障害者基本計画の進捗の点検によって，障害者権利条約の遂行の状況をモニタリングしていくことができる。

　このうち，⑧差別の解消及び権利擁護の推進，⑨行政サービス等における配慮，は第3次障害者基本計画で新たに加わった項目である。差別の解消及び権利擁護の推進は権利条約を明確に意識した事項であり，障害者差別解消法と障害者雇用促進法における差別解消の取り組みの強化に言及している。行政サービス等における配慮では，選挙や司法手続きにおける配慮といったこれまで国内法で対応が明確にされてこなかった事項に言及しており，障害者権利条約の推進の点で重要である。

❏ 第4次障害者基本計画

　第4次障害者基本計画（2018〜2022年度）では，基本理念として「共生社会の実現に向けて，障害者が，自らの決定に基づき社会のあらゆる活動に参加し，その能力を最大限発揮して自己実現できるように支援」（第4次障害者基本計画概要版の表現）することを目的として，基本方向として，次の4点をあげている。①2020東京パラリンピックを契機として，社会のバリア（社会的障壁）除去をより強力に推進，②障害者権利条約の理念を尊重し，整合性を確保，③障害者差別の解消に向けた取組を着実に推進，④着実かつ効果的な実施のための成果目標を充実である。

　これをふまえて，各論では，11項目にわたってその内容が示されている。特に，安全・安心な生活環境の整備，情報アクセシビリティの向上及び意思疎通支援の充実，差別の解消・権利擁護の推進及び虐待の防止，行政等における配慮の充実，雇用・就業・経済的自立の支援，教育の振興などの各論は，ハード面，ソフト面にかかわる合理的配慮にかかわる部分が大きいものがあり，今後の拡充がとりわけ必要な分野である。このような内容からみると，第4次障害者基本計画は，全体的に，障害者権利条約の理念の推進に資する方向になっていることは明らかであり，今後この計画の具体的な展開が一層重要である。

3　骨格提言の内容と障害者福祉の課題

　障害者自立支援法の改正，名称変更に伴う障害者総合福祉法の検討に関しては扱う内容が多岐にわたるため，推進会議の下に「総合福祉部会」が設置され，2011（平成23）年に障害者総合福祉法の骨格を示す報告書（骨格提言）(3)がまとめられた。この骨格提言にもとづいて新法の制定がなされることとなった。ただし，その後実際に成立し，現行法である障害者総合支援法には，骨格提言が十分生かされていないという指摘が多方面からあった。そのため障害者総合支援法で今後検討事項とされた項目の中に，骨格提言の趣旨をどの程度盛り込むことができるかが大きな課題となっている。ここでは，骨格提言の内容にふれて，これからの日本の障害者福祉に求められていることを考えることにする。

　この報告書の最初に障害者総合福祉法がめざすべき6つのポイントが示されている。それは，①障害のない市民との平等と公平，②（制

度の）谷間や空白の解消，③格差の是正，④放置できない社会問題（社会的入院，社会的入所などの問題）の解決，⑤本人のニーズにあった支援サービス，⑥安定した予算の確保，であり，このポイントにもとづいて障害者総合福祉法の制定の必要性を指摘している。

　骨格提言の具体的な項目は，①法の理念・目的・範囲，②障害（者）の範囲，③選択と決定（支給決定），④支援（サービス）体系，⑤地域移行，⑥地域生活の資源整備，⑦利用者負担，⑧相談支援，⑨権利擁護，⑩報酬と人材確保，の障害者総合福祉法の柱である10項目に関する提言からなっている。このほかに，障害者総合福祉法制定と実施への道程に関する4項目の提言（①障害者自立支援法の事業体系への移行問題，②障害者総合福祉法の制定及び実施までに行うべき課題，③障害者総合福祉法の円滑な実施，④財政のあり方），関連する他の法律や分野との関係に関する提言（①医療，②障害児，③労働と雇用）に関しても示している。ここでは，これまでの障害者福祉の法制度の考え方とは大きく異なる項目に関して簡単にその内容を記した。

　「法の理念・目的・範囲」では，障害者を保護の対象から権利の主体としてとらえる価値観の転換と「医学モデル」から「社会モデル」への障害概念の転換の2つが重視されている。法の理念としては，障害の有無によって分離されない「共生社会」と地域で自立した生活を営む権利を推進することを重視している。この考えの根底には，障害者権利条約と改正障害者基本法の理念があり，障害者総合支援法では，具体的な支援体系の中で，これらの理念をより具現化していくことが求められている。

　「選択と決定（支給決定）」では，障害程度区分に代わる新たな支給決定のしくみを提案している。障害のある本人中心のサービス利用計画の作成が行われ，市町村はその計画をもとにサービスを支給する。利用計画と市町村の支給の判断が異なる場合は，当該の障害者と市町村との協議調整によりサービス支給を決めるしくみである。合議機関や不服申し立ての制度により，障害者と支給決定機関（市町村）とが対等な関係によりサービス支給を定める点でこれまで以上に利用者中心の理念を強化している点が重要である。

　「地域移行」では，国が障害者の社会的入院，入所を解消するために地域移行の促進を法に明記することが提言されている。そのために必要な地域移行プログラムと地域定着支援システムを法定施策として策定する。その際に，障害者同士の支えあいと相談支援を重視したピアサポーターの活用が提言されている。

　「地域生活の資源整備」では，地域移行と地域定着の計画的な推進

のために，これまでの障害者自立支援法のもとでの障害福祉計画に代わり，市町村，都道府県の「地域基盤整備10か年戦略」策定（国に対しては基本方針の策定）の法定化を提言している。

　以上，総合福祉部会の骨格提言の柱の中からいくつか取り上げて内容を概略的に紹介した。この骨格提言を通して，今後，日本の障害者福祉のあり方として，いかに，「社会モデル」の考え方と当事者中心の考え方が，障害者権利条約の理念の実現化という文脈で求められているかが理解できる。

○注 ─────────

⑴　「障害者の権利に関する条約」第1回日本政府報告（日本語仮訳）（http://www.mofa.go.jp/mofaj/files/000171085.pdf）（2020. 4. 15).

⑵　日本障害フォーラムのパラレルレポート，2019年6月（http://www.normanet.ne.jp/~jdf/data/pr/jdf_report_for_lois_jp_r9d.pdf）（2020. 4. 15).

⑶　厚生労働省（2011）「障害者総合福祉法の骨格に関する総合福祉部会の提言」（http://www.mhlw.go.jp/bunya/shougaihoken/sougoufukusi/dl/0916-1a.pdf）（2020. 4. 5).

さくいん

ページ数太字は用語解説で説明されているもの。

◆ あ 行 ◆

青い芝の会　111
旭療護園事件　**107**
アジア太平洋障害者の権利を実現するためのインチョン戦略　112
アジア太平洋障害者の十年　112
医学モデル　10, 19
育成医療　129
医師　186
石井亮一　104
意思決定支援　214
一次判定（障害支援区分）　124
一般就労　**35**
糸賀一雄　110
居場所型のデイケア　**216**
医療型児童発達支援　145
インクルーシブ教育　**94**
ヴォルフェンスベルガー（Wolfensberger, W.）　78, 79
宇都宮病院事件　113
エンパワメント　10, 13, 19, **198**
応益負担　116
オストメイト　**55**
親なき後の支援　69
親の会　110

◆ か 行 ◆

介護給付費　128
介護需要　42
介護福祉士　190
介護保険法　21
介助犬訓練事業　134
隔離収容　2
活動（ICF）　16
活動制限（ICF）　16
過齢児問題　107
環境因子　54
看護師　186
完全参加と平等　**112**
監置　**102**
基幹相談支援センター　193
機能障害（ICF）　16
基本相談支援　128, 193
基本的人権　87
虐待の5類型　65
虐待防止施策　153
救護法　2, 101

旧優生保護法　84
きょうされん　110
共生型サービス　**43**, 128
行政警察規則　2
共同作業所全国連絡会　110
共同生活援助（グループホーム）　**30**, 127
居住支援　31
居宅介護　127
居宅介護従業者　195
居宅訪問型児童発達支援　145
国等による障害者就労施設等からの物品等の調達の推進等に関する法律（障害者優先調達推進法）　163-165
呉秀三　**102**
軍事援護　101
軍事補助法　2
訓練等給付費　128
ケアマネジメント　4, 11-13, 19
計画相談支援　128, 193
欠格条項　**56**
言語聴覚士　189
高額障害福祉サービス等給付費　124
高次脳機能障害　12
更生　**134**
更生医療　129
厚生局　173
厚生労働省　172
行動援護　127
公認障がい者スポーツ指導者制度　50
公認心理師　189
合理的配慮　88, 89, 155, **156**
高齢者，障害者等の移動等の円滑化の促進に関する法律（バリアフリー法）　166-168
国際障害者年　2, 111
国際障害分類　→ICIDH
国際人権（A）規約　**64**
国際人権（B）規約　**64**
国際生活機能分類　→ICF
国民優生法　103
国連・障害者の十年　2
心のバリアフリー　57, **168**
子育て世代包括支援センター　147
コミュニティワーク　11

雇用指導官　182
コロニー　**108**
コロニー政策　69

◆ さ 行 ◆

サービス管理責任者　5, **194**
在宅就業支援団体　**160**
作業療法士　188
差別解消のための支援措置　156
参加（ICF）　17
シェルタード・ワークショップ　**89**
支援費制度　114
施設コンフリクト　59, 62
　　──への対応　60
施設入所支援　127
肢体不自由　**104**
私宅監置　102, 141
視聴覚障害者情報提供施設　134, 177
市町村障害者虐待防止センター　154
市町村障害福祉計画　125
市町村相談支援事業　193
指定特定相談支援事業所　193
児童発達支援　145
児童福祉法　138, 145
自閉スペクトラム症　**215**
社会運動　**100**
社会・援護局障害保健福祉部　172
社会参加　54
社会資源　**61**
社会的障壁　**93**
社会的入院　**80**
社会的入所　**80**
社会福祉基礎構造改革　114
社会福祉主事　**4**
社会防衛思想　**82**
社会モデル　10, 19, **88**
就学義務の猶予・免除規定　**109**
重層的な相談支援体制　194
重点整備地区（バリアフリー法）　167
重度障害者等包括支援　127
重度訪問介護　127
就労移行支援　127
就労継続支援（A型）　127
就労継続支援（B型）　127
就労定着支援　127

──事業　162
受益者負担　**3**
宿泊型自立訓練　127
恤救規則　2, 101
主任相談支援専門員　194
手話通訳事業　134
傷痍軍人　101
障害観　19
障害支援区分　21, 124
障害児相談支援　146
障害児通所支援　145
障害児入所施設　145
障害者家族　204
障害者基本計画　29, 94
障害者基本法　90-95, 113
──の2004年改正　91
──の2011年改正　92
障害者虐待の定義　65
障害者虐待の防止，障害者の養護者
　　に対する支援等に関する法律
　　（障害者虐待防止法）65, 152,
　　213
障害者虐待防止法　→障害者虐待の
　　防止，障害者の養護者に対する
　　支援等に関する法律
障害者芸術活動支援センター　45
障害者権利条約　→障害者の権利に
　　関する条約
障害者雇用納付金制度　158, 159
障害者差別解消法　**62**, 155-157
──の付帯決議　62
障害者支援施設　26, 44, 132
障害者実雇用率　35
障害者就業・生活支援センター
　　177
障害者職業センター　160
障害者自立支援法　3, 115
障害者数　29
障がい者スポーツセンター協議会
　　49
障害者政策委員会　94
障がい者制度改革推進会議　**89**, 116,
　　228
障害者総合支援法（障害者の日常生
　　活及び社会生活を総合的に支援
　　するための法律）3, 117, 122,
　　139
──における居住系サービス　30
──に基づく支援　126
──の対象等　122
障害者総合福祉法の骨格に関する総
　　合福祉部会の提言（骨格提言）

117, 231
障害者相談支援事業　193
障害者手帳　**134**
障害者トライアル雇用　181, 182
障害者に関する世界行動計画　2
障害者に対する支援と障害者自立支
　　援制度　i
障害者の芸術　45
障害者の権利宣言　87, 112
障害者の権利に関する条約（障害者
　　権利条約）28, 87, 88, 116
──第19条　28
障害者の高齢化　38
障害者の雇用の促進等に関する法律
　　（障害者雇用促進法）158
障害者のスポーツ　48
障害者の定義（障害者基本法）20
障害者の日常生活及び社会生活を総
　　合的に支援するための法律　→
　　障害者総合支援法
障害者の日常生活及び社会生活を総
　　合的に支援するための法律に基
　　づく障害福祉サービス事業の設
　　備及び運営に関する基準　175
障害者の日　91
障害者福祉サービスの受給資格要件
　　（障害者総合支援法）21
障害者福祉施設従事者等による障害
　　者虐待　153
障害者福祉の対象　10
障害者プラン　114
障害者文化芸術活動推進基本計画
　　47
障害者文化芸術活動推進法　46
障害程度区分　21, 115
障害のあるアメリカ人法　→ADA
障害福祉計画　94, 125, 126
障害福祉サービス　**125**, 128
障害福祉年金　**107**
障害保健福祉改革のグランドデザイ
　　ン　142
障害を理由とする差別の解消の推進
　　に関する法律　→障害者差別解
　　消法
障害者優先調達推進法　→国等によ
　　る障害者就労施設等からの物品
　　等の調達の推進等に関する法律
使用者　**152**
使用者による障害者虐待　153
情報のバリアフリー　55
職業指導官　182
職業リハビリテーション　160

職場適応援助者（ジョブコーチ）
　　160
自立訓練（機能訓練）127
自立訓練（生活訓練）127
自立支援医療　129
自立支援給付　126
自立生活運動（IL）3
自立生活援助　127
自立生活援助事業　30
自立生活センター（CIL）111, **197**
自立生活プログラム　11
心身機能（ICF）16
心身障害者対策基本法　90, 109
身体構造（ICF）16
身体障害者更生相談所　135, 173
身体障害者雇用促進法　107
身体障害者障害程度等級　134
身体障害者生活訓練事業　134
身体障害者手帳　**136**
身体障害者の定義（身体障害者福祉
　　法）20
身体障害者福祉司　135
身体障害者福祉センター　134, 176
身体障害者福祉法　2, 134
スクールカウンセラー　203
スクールソーシャルワーカー
　　201-203
スティグマ　**78**
ステレオタイプ　85
スポーツ基本法　**48**
スモン病　**108**
生活介護　127
精神衛生法　2, 106, **137**
精神障害者雇用トータルサポーター
　　183
精神障害者支援地域協議会　143
精神障害者の定義（精神保健福祉
　　法）20
精神障がい者ピアサポート専門員
　　197
精神障害者保健福祉手帳　**142**
精神通院医療　129
精神薄弱者福祉法　2, 107, 139
精神病者監護法　102, 141
精神保健及び精神障害者福祉に関す
　　る法律　→精神保健福祉法
精神保健医療福祉の改革ビジョン
　　143
精神保健福祉センター　173
精神保健福祉法（精神保健及び精神
　　障害者福祉に関する法律）2,
　　141-144

精神保健法 142
制度のバリアフリー 56
世界人権宣言 **64**
セルフアドボカシー **197**
セルフプラン **133**
セルフヘルプ活動 **3**
セルフヘルプグループ 196
全国障害者とともに歩む兄弟姉妹の
　　会 72
全日本精神薄弱者育成会 109
全日本手をつなぐ育成会 109
相談支援 128, 129
相談支援事業 193
相談支援事業所 193
相談支援専門員（ケアマネジャー）
　　5, 193
ソーシャルアクション **6**
ソーシャル・インクルージョン（社
　　会的包摂）80
ソーシャル・エクスクルージョン
　　（社会的排除）81
ソーシャルプランニング 11
ソーシャルワーク 11
ソーシャルワークのグローバル定義
　6
措置 136
措置入院 141

◆ た 行 ◆

退院後支援計画 143
退院後生活環境相談員 143
第3次障害者基本計画 230
第4次障害者基本計画 231
滝乃川学園 104
脱施設化 **31**
ダブルカウント 159
短期入所 127
地域移行 26-28
地域移行者数 26
地域生活支援事業 126, 131
地域相談支援 128, 129
地域包括ケア **206**
チーム学校 **203**
知的障害者更生相談所 137, 138,
　　173
知的障害者相談員 **138**
知的障害者の権利宣言 **87**
知的障害者福祉司 138
知的障害者福祉法 2, 137-140
聴覚障害者情報提供施設 135
聴覚障害の定義 137
点字出版施設 135

点字図書館 135
同意入院 **141**
同行援護 127
当事者 **196**
特定疾病 **42**
特定障害者特別給付費（補足給付）
　　125
特別支援学校 32, 178
特別支援教育コーディネーター
　201
特別支援教育を利用する小学校・中
　　学校の児童生徒の数 32
特例子会社制度 160
都道府県障害者権利擁護センター
　　154
都道府県障害者スポーツ協会 49
都道府県障害福祉計画 125
トライアル雇用 **216**
「トライアングル」プロジェクト
　　32, 34, 147

◆ な 行 ◆

ナビゲーションブック **216**
ニィリエ（Nirje, B.）31, 77, 79
二次判定（障害支援区分）124
日本手をつなぐ育成会 197
任用資格 **4**
ノーマライゼーション **59**, 76-78
──の理念 31, 79

◆ は 行 ◆

バザーリア法（イタリア）112
パターナリズム **82**
発達障害者雇用トータルサポーター
　　183
発達障害者支援センター 149
発達障害者支援法 148, 149
──の対象 148
発達障害の定義（発達障害者支援
　　法）21, 148
バリアフリー 54-56, 166
バリアフリー法 →高齢者, 障害者
　　等の移動等の円滑化の促進に関
　　する法律
ハローワーク 160, 179
──の業務 180
バンク-ミケルセン（Bank-
　　Mikkelsen, N. E.）76, 79, 86
ハンセン病者 102
ピアカウンセラー **221**
ピアカウンセリング **223**
ピアサポーター **5**, 196-199

ピアサポート 196
ビーアズ（Beers, C. W.）196
ピープルファースト 3, **197**
フォーマル及びインフォーマルな支
　　援 12
福祉事務所 **138**
福祉的就労 **35**
不具廃疾 101
物理的なバリアフリー 54
不当な差別的取扱い 157
ヘルパー＝セラピー原則 **198**
保育士 191
保育所等訪問支援 145
放課後等デイサービス 32, 145
法定雇用率制度 158
保健師 187
保護義務者 141
保護者問題（精神障害者）205
補装具 130
補装具製作施設 134, 176
ボランティアコーディネーター
　　206
堀木訴訟 **107**

◆ ま 行 ◆

ミクロ, メゾ, マクロの実践 **202**
面前DV **65**
盲導犬訓練施設 134, 176

◆ や 行 ◆

役割理論 78
ヤングケアラー **205**
優生思想 **103**
ゆたか共同作業所 110
養護学校義務化 111
養護教諭 200, 201
養護者 152
──による障害者虐待 152

◆ ら・わ 行 ◆

ライシャワー事件 **112**
癩予防に関する件 102
らい予防法 103
理学療法士 188
リカバリー概念 **3**
リハビリテーション 18
療育手帳 137
利用者負担（障害者総合支援法）
　　124
療養介護 127
ロールモデル **198**
ロールプレイ **225**

ワーキングプア **81**

◆　欧文　◆

ADA（障害のあるアメリカ人法）

87
DSM-5　149
ICF（国際生活機能分類）　2, 15,
　18, 54

ICIDH（国際障害分類）　2, 15, 18
ICT　**56**
NIMBY 問題　**59**

監修者 （50音順）

岩崎　晋也（法政大学現代福祉学部教授）
　いわさき　しんや

白澤　政和（国際医療福祉大学大学院教授）
　しらさわ　まさかず

和気　純子（東京都立大学人文社会学部教授）
　わけ　じゅんこ

執筆者紹介 （所属：分担，執筆順，＊印は編著者）

＊與那嶺　司（編著者紹介参照：はじめに，第4章，第6章第3節）
　よなみね　つかさ

＊岩崎　香（編著者紹介参照：序章，第6章第4節，第9章第4・6節）
　いわさき　かおり

＊小澤　温（編著者紹介参照：第1章，終章）
　おざわ　あつし

相馬　大祐（福井県立大学看護福祉学部准教授：第2章第1節，第6章第2・6節，
　そうま　だいすけ
　　　　　　第9章第1-3節，第10章第1節）

樽井　康彦（龍谷大学社会学部准教授：第2章第2節，第10章第3節）
　たるい　やすひこ

関　剛規（国立障害者リハビリテーションセンター学院児童指導員科主任教官：
　せき　たけのり
　　　　　　第2章第3節，第6章第5節）

若林　功（常磐大学人間科学部准教授：第2章第4節，第7章第3・4節，
　わかばやし　いさお
　　　　　　第10章第2節）

木下　大生（武蔵野大学人間科学部教授：第2章第5節）
　きのした　だいせい

大村　美保（筑波大学人間系障害科学域助教：第2章第6節，第3章第3・4節，
　おおむら　みほ
　　　　　　第7章第1・2節）

田端　一恵（社会福祉法人グロー法人本部企画事業部部長：第2章第7節）
　たばた　かずえ

小淵　和也（公益財団法人笹川スポーツ財団スポーツ政策研究所政策ディレクター：
　おぶち　かずなり
　　　　　　第2章第8節）

古山周太郎（早稲田大学人間科学学術院准教授：第3章第1・2節，第7章第5節）
　こやましゅうたろう

藤井　渉（日本福祉大学社会福祉学部准教授：第5章）
　ふじい　わたる

谷口　泰司（関西福祉大学社会福祉学部教授：第6章第1節）
　たにぐち　たいじ

榎本　悠孝（皇學館大学現代日本社会学部准教授：第8章）
　えのもと　ひろたか

朝日　華子（福島工業高等専門学校スクールソーシャルワーカー：第9章第5節）
　あさひ　はなこ

編著者紹介 (50音順)

岩崎　香（いわさき・かおり）
2008年　大正大学人間学研究科福祉・臨床心理学専攻博士課程満期退学。
現　在　早稲田大学人間科学学術院教授。博士（人間学）。
主　著　『障害ピアサポート——多様な障害領域の歴史と今後の展望』〔編著〕（2019）中央法規出版。

小澤　温（おざわ・あつし）
1989年　東京大学大学院医学研究科博士課程修了。
現　在　筑波大学大学院人間総合科学学術院教授。博士（保健学）。
主　著　『障害者福祉の世界（第5版）』〔共著〕（2016）有斐閣。

與那嶺　司（よなみね・つかさ）
2010年　大阪市立大学大学院生活科学研究科博士課程修了。
現　在　神戸女学院大学文学部教授。博士（学術）。
主　著　『日常を拓く知6　支える』〔編著〕（2016）世界思想社。

新・MINERVA社会福祉士養成テキストブック⑪

障害者福祉

2021年4月20日　初版第1刷発行	〈検印省略〉
2022年12月30日　初版第2刷発行	

定価はカバーに表示しています

監修者	岩	崎	晋	也	
	白	澤	政	和	
	和	気	純	子	
編著者	岩	崎		香	
	小	澤		温	
	與	那	嶺	司	
発行者	杉	田	啓	三	
印刷者	田	中	雅	博	

発行所　株式会社　**ミネルヴァ書房**
607-8494　京都市山科区日ノ岡堤谷町1
電話代表　(075)581-5191
振替口座　01020-0-8076

ISBN978-4-623-09097-6
Printed in Japan

岩崎晋也・白澤政和・和気純子 監修

新・MINERVA 社会福祉士養成テキストブック

全18巻
Ｂ５判・各巻220〜280頁
順次刊行予定

① 社会福祉の原理と政策
岩崎晋也・金子光一・木原活信 編著

② 権利擁護を支える法制度
秋元美世・西田和弘・平野隆之 編著

③ 社会保障
木下武徳・嵯峨嘉子・所道彦 編著

④ ソーシャルワークの基盤と専門職
空閑浩人・白澤政和・和気純子 編著

⑤ ソーシャルワークの理論と方法Ⅰ
空閑浩人・白澤政和・和気純子 編著

⑥ ソーシャルワークの理論と方法Ⅱ
空閑浩人・白澤政和・和気純子 編著

⑦ 社会福祉調査の基礎
潮谷有二・杉澤秀博・武田丈 編著

⑧ 福祉サービスの組織と経営
千葉正展・早瀬昇 編著

⑨ 地域福祉と包括的支援体制
川島ゆり子・小松理佐子・原田正樹・藤井博志 編著

⑩ 高齢者福祉
大和三重・岡田進一・斉藤雅茂 編著

⑪ 障害者福祉
岩崎香・小澤温・與那嶺司 編著

⑫ 児童・家庭福祉
林浩康・山本真実・湯澤直美 編著

⑬ 貧困に対する支援
岩永理恵・後藤広史・山田壮志郎 編著

⑭ 保健医療と福祉
小原眞知子・今野広紀・竹本与志人 編著

⑮ 刑事司法と福祉
蛯原正敏・清水義悳・羽間京子 編著

⑯ 医学概論
黒田研二・鶴岡浩樹 編著

⑰ 心理学と心理的支援
加藤伸司・松田修 編著

⑱ 社会学と社会システム
高野和良・武川正吾・田渕六郎 編著

＊編著者名50音順

━━━ミネルヴァ書房━━━
https://www.minervashobo.co.jp/